Gaoxiao Xuesheng
Jilü Chufen Jiufen ji Qi Chuli

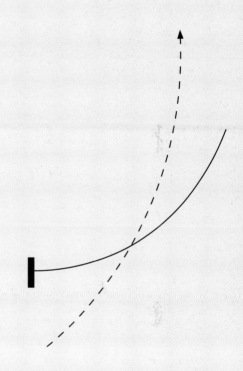

高校学生纪律处分纠纷及其处理

马焕灵／著

教育科学出版社
·北京·

作 者 简 介

马焕灵，男，1973年11月出生于山东省诸城市，教育学博士，沈阳师范大学教育科学学院副教授。主要从事教育管理、教育政策和法规的教学与研究工作。

2003年至2004年在美国伊利诺斯大学教育学院访学一年；2004年至2007年就读于华东师范大学公共管理学院教育经济与管理专业，并获教育学博士学位；2008年至2010年在西南大学民族教育与心理研究中心做博士后研究，现已出站。主持承担教育部人文社科青年基金课题和省级创新团队课题等4项。在《中国教育学刊》《教师教育研究》《清华大学教育研究》等中文核心期刊发表论文15篇。

摘 要

高等学校学生纪律处分纠纷是近年来教育法学研究领域的热点问题。全面深入研究高等学校学生纪律处分纠纷问题，完善高等学校学生纪律处分纠纷的解决机制，对于摆脱学生纪律处分纠纷解决的困境，推进我国高等学校学生纪律处分制度的构建进程，促进新的高等教育秩序的形成，以及构建和谐社会，都有重要的理论价值和实践意义。本书在已有相关研究成果的基础上，采用比较法、案例法、文献法和调查法，集中讨论以下五个问题。

一、纪律处分纠纷的产生原因、发生状况以及争议所在。纠纷的产生缘起于学生对纪律处分不服。纠纷的争议集中在处分标准、处分程序和救济途径的选择三个问题上。

二、纪律处分纠纷的解决途径及其问题。途径主要有校内申诉、行政申诉、行政复议、行政诉讼和民事诉讼等，尽管不乏成功的案例，但都不同程度地存在问题与障碍。

三、纪律处分纠纷涉及的法律关系及其定位。鉴于高等学校教育管理权在性质上是一种不能排除国家影响的社会自治公权力，高等学校与学生之间必然存在行政与民事两种法律关系。因此，从学校管理权的来源出发，通过确认纪律处分的性质和相应的法律关系，进而可以选择相应的解决途径。

四、纪律处分纠纷解决内部机制的完善。其一，完善高等学校学生纪律处分制度。(1) 明确高等学校学生纪律处分制度存在的理论前提：秩序与自由的统一；（2）完善高等学校学生纪律处分制度的标准：范围标准是三维场域，内容标准是最低的权利保障和最低的义务履行，程度标准是比例原则，依据标准是符合法治精神的校规；（3）完善高等学校学生纪律处分制度的程序：可借鉴美国"北卡罗来纳州立大学纪律处分程序"设计程序公正的纪律处分制度。其二，确立高等学校学生的纪律处分校内申诉权。纪律处分申诉权应是学生的一项基本人权，也是一项宪法性程序权利。其三，设立学生纪律处分校内申诉机构。学生纪律处分申诉委员会应定性为校内行政仲裁机构，并在学校组织结构中独立设置。其四，完善高等学校学生纪律处分申诉制度。高等学校应当遵循合法、公开、精简、统一、效能的原则，以学校名义遵循起草、审查与决定、备案与公布、修改与废止等程序来制定有关纪律处分申诉制度。其五，保障高等学校学生纪律处分申诉制度的有效运行。（1）运行原则：合法、公正、公开、及时、方便学生的原则，依"法"独立行使仲裁权的原则，一次仲裁的原则，对具体行政行为的合法性、合适性进行审查的原则，不调解原则，回避原则；（2）与外在程序的衔接：通过修改《教育法》和《高等教育法》，提高高等学校学生申诉制度的立法地位，并明确校内申诉制度与外在法律救济途径的衔接方式。

五、纪律处分纠纷外部机制的完善。其一，完善与纪律处分纠纷处理有关的教育行政申诉制度。（1）教育行政申诉制度在法律上应该定性为教育行政仲裁；（2）确认纪律处分纠纷的教育行政申诉途径，有充分的法律依据表明教育行政部门对学生纪律处分纠纷的解决负有责任，它不能怠于行使申诉受理权；（3）教育行政部门应通过对高等学校的纪律处分规章审查行使教育行政监督权；（4）应制定相关规范保证教育行政申诉的公正实施，如可由教育部制定《普通高等学校学生教育行政申诉实施办法》来确保地方教育行政部门依法履行处理纪律处分纠纷的职责。其二，完善教育行政复议制度。（1）确认行政复议制度作为解决高等学校学生纪律处分纠纷的必要途径，如开除学籍行政处罚和由纪律处分引发的拒绝颁发毕业证和学位证的行为应当纳入行政复议渠道；（2）为纪律处分纠纷的解决改进行政复议制度，《行政复议法》应该对明显违法的具体行政行为实行暂停执行和先行撤销制度，应该健全《行政复议法》对抽象行政行为中的规定的处理机关和处理程序规定，明确具体行政行为明显不当的认定标准，增强行政复议对不当行为进行监督的可操作性。其三，完善诉讼机制。（1）完善与纪律处分纠纷处理有关的行政诉讼机制：通过深层次的司法解释可以确认高等学校的行政被告资格；法院加强对高等学校学生纪律处分规定的审查；（2）完善与纪律处分纠纷处理有关的民事诉讼机制：高等学校学生纪律处分在程序上或者行为上侵害了学生的财产权、名誉权、人身自由权和隐私权等权利时，学生完全应当可以提起民事诉讼。

关键词：高等学校　学生　纪律处分　纠纷　处理

The Settlement of Disputes Over Disciplinary Actions Between Students and Tertiary Institutions

ABSTRACT

Disputes over disciplinary actions between students and tertiary institutions have been a hot topic in the field of educational law in recent years. To study further and thoroughly the disputes over disciplinary actions, and to perfect the mechanism are theoretically and practically significant to extricating us from the predicament of disciplinary action disputes, to constructing disciplinary action system in Chinese institutions of higher learning, to forming a new order in higher education, and establishing harmonious society. This dissertation, on the basis of relevant researches, focuses on the discussion and solution of five issues.

1. Causes, situations, and focuses of disciplinary action disputes. The causes are mainly from students' refusal to accept disciplinary actions. The disputes are mainly centered round the three issues of action standards, action procedures and remedy approaches.

2. Present solutions and problems of disciplinary action disputes. The

approaches mainly include in-school appeal, administrative appeal, administrative reconsideration, administrative litigation and civil litigation. Although there are successful cases, problems and obstacles do exist to different extents.

3. Legal relationships and positioning of disciplinary action dispute. Educational administrative power in institutions of higher learning, in nature, is the administrative power of social economy which is subjected to the national influence, so there must be both administrative and civil legal relationships between universities and students. As a result, from the origin of universities' administrative right, the nature of disciplinary actions and relevant legal relationships can be defined and corresponding approaches can be adopted.

4. Further perfection of the inner mechanism of solving disciplinary action disputes. Firstly, perfect the disciplinary action system in colleges and universities. To begin with, clarify the theoretical premise for disciplinary action system exists in universities: the unity between order and freedom; next, perfect the standard of disciplinary action system. The standard of scope is three-dimensional field; the standard of contents is the guarantee of fundamental rights and the minimum performance of duty; the standard of degree is the principle of proportions and the standard of basis is that the rule should comply with the law. Moreover, perfect the procedure. The disciplinary procedure of North Carolina University can be used as reference to design disciplinary action system with impartial procedures. Secondly, define in-school appeal right in terms of disciplinary actions. The appeal right is a basic human right of students, and it is also a right of constitutional procedure. Thirdly, set up appeal organ for disciplinary actions. The appeal committee should be defined as in-school administrative arbitrary institution and established independently from the organizational structure of the university. Fourthly, formulate appeal system as to the disciplinary action. The university should, based on the principle of being legal, open, simple, uniform and effective, and on behalf of the school itself, draft, examine and decide, record and issue, revise and abolish the appeal system. Fifthly, guarantee the effective operation of the appeal system. To start with, operating principles include the principle of being legitimate, fair, open,

timely and convenient for the students, the principle of independently performing arbitrary right based on "rule", the principle of one-time arbitration, the principle of examining the legality and appropriateness of detailed administrative action, the principle of non-mediation, and the principle of evasion. Additionally, the linking-up with exterior procedures. By revising Educational Law and the Law of Higher Education, the legal position of student's appeal system can be improved and the linking-up in-school appeal system and exterior legal remedy approaches can be clarified.

5. Further perfect the exterior mechanism of settling disciplinary action disputes. Firstly, perfect the educational administrative appeal system that is relevant to disciplinary action disputes. To begin with, educational administrative appeal system, in law, should be defined as educational administrative arbitration. Next, confirm the approach of educational administrative appeal in disciplinary action disputes, there must be adequate legal basis to show that educational administrative departments have responsibility to settle the dispute, and it shouldn't be considered inferior to the appeal reception right. Furthermore, educational administrative departments should supervise educational administration through examining the disciplinary action regulations of universities and colleges. What's more, relevant regulations should be formulated to guarantee the fair operation of educational administrative appeal. For example, Ministry of Education can formulate Implementing Measures of Educational Administrative Appeal from Students in institutions of higher learning to guarantee that the local educational administrative departments perform the responsibility of dealing with disciplinary action disputes based on law. Secondly, perfect educational administrative reconsideration system. On one hand, confirm that administrative reconsideration system is a way to settle disciplinary action disputes. For example, administrative punishments like dismissal and refusal to issue diploma or degree diploma should be brought into the channel of administrative reconsideration. On the other hand, improve administrative consideration system to settle disciplinary action disputes. Administrative Consideration Law should include the right of suspension or advance withdrawal for specific administrative actions against laws; the operating authority or procedure in

IV

abstract administrative action stipulated in Administrative Reconsideration Law should be completed, the defining standard of inappropriate detailed administrative action should be clarified; the operability of administrative reconsideration's supervising of inappropriate action should be enhanced. Thirdly, perfect litigation mechanism. To start with, perfect administrative litigation mechanism relevant to handling disciplinary action disputes: define the qualification of administrative defendant in universities and colleges by deep-rooted judicial interpretation; the court strengthens the examination towards the regulations on disciplinary actions in universities or colleges. Next, perfect the civil litigation mechanism relevant to handling disciplinary action disputes. The students can bring civil litigation when the disciplinary action, in procedure or action, violates their property right, right of reputation, right of personal freedom, right of privacy and so on.

key words: tertiary institution, student, disciplinary action, disputes, settlement

目　　录

序

　　高等学校学生纪律处分是一个备受社会关注的课题。选择这一课题，需要目光敏锐。

　　1999年高校扩招以来，高等教育领域内的各种法律主体之间的纠纷数量大增，因纪律处分而产生的纠纷成为高校学生管理中的一个热点问题。

　　纪律处分是维护教育教学工作秩序的不可缺少的有力手段。当学生违反学校纪律时，就对正常的教育教学秩序造成破坏。而纠正的手段之一就是采用纪律处分，对违反纪律的学生给予相应的惩罚。这种惩罚既是对违纪者本人的教育，也是对其他学生的警示。对学生进行纪律处分，涉及多方面的利益，非常容易引发法律纠纷。相关的利益主体都迫切需要对自己的诉求获得满意的解答，这无疑是向我们提出了研究的必要。

　　高等学校学生纪律处分纠纷及其处理是一个深刻而复杂的课题。研究这一课题，需要思维深邃。

　　恰如其分的纪律处分会发挥我们所期待的教育作用，而不恰当的纪律处分则会造成我们所不希望的后果。

　　当一个学生受到纪律处分的时候，他的发展前途必将受到影响，有的时候甚至会影响他的一生。特别是当一个学生受到开除学籍或者勒令退学的纪律处分时，这种可能性更大。

　　对学生的纪律处分，还将对学生的家庭产生影响，也必然会对社会产生影响，同时也会对国家的教育事业产生影响。

　　过重的纪律处分，会使学生畏首畏尾，扼制学生的创新精神，而过轻的纪律处分，会使学生肆无忌惮，造成学校秩序混乱。正因为学生纪律处分影响深远而重大，我们的研究需要深刻而全面。这对研究者的思维提出了很高的要求。

　　高等学校学生纪律纠纷及处理涉及多学科知识，内容广泛，进行这项研究，需要深厚的专业素养。

　　我们需要明确对学生的哪些违纪行为应该进行处分，哪些行为不能给予处分。在现行的高校学生纪律处分中，有些是不恰当的。对不应该给予纪律处分的给予了纪律处分，给予畸重或畸轻的纪律处分，用错误的方式对学生进行处分，这些错误的处分侵犯了学生的合法权益。

　　我们需要明确处分学生的法定程序。处分一个学生对学生本人是一件大事，必须慎重行事。因此必须有严格的、严密的法定程序。在形式上保证学生的权益，同时也保证学校的合法权益。

　　我们需要给学生寻求救济的权利。当学生对纪律处分不服的时候，要允许他们有渠道诉求。

　　学生纪律处分涉及教育行政部门、学校、教师、学生、家长、社会等多方面的权利（力）、义务、责任等问题，对这些问题的阐述，涉及教育学、管理学、社会学、心理学、教育史、比教教育、法学、政治学等学科。

　　要想准确地把握对学生的纪律处分尺度，需要弄清其中能涉及的重大理论问题和现实问题。学校的纪律处分是什么性质的，是行政性质的，还是民事性质的。在市场经济条件下，学生纪律处分的性质有哪些变化。

　　学校与学生是什么法律关系。学校处分学生的权力、义务、责任、程序及救济的理论来源是什么。

　　学校的纪律处分与刑法、民法、行政法之间的关系是什么，其特殊性是什么。

　　高等学校的学生纪律处分与中小学有没有区别。

　　在实践当中，随着教育事业和社会的发展，经常会出现一些新问题，需要我们去分析、解答。

　　对高等学校里的未成年学生如何实施纪律处分，这对高等学校实施纪律处分提出了新问题。对违反考试纪律被录取的学生如何处分，也是一个不容回避的现实问题。例如，冒名顶替的学生，冒充少数民族加分的学生，体育加分造假的学生，高考移民的学生，等等。对这些学生的处分是艰难的抉择。

高等学校不授予学生学位证书和毕业证书，也是学生纪律处分中的一个重要问题。其中的原因很多，有的是因为未按规定发表文章，有的是因为英语考试未达级别，有的是因为中期考核不合格。高等学校这方面的规定五花八门，引起的法律纠纷不断。

高等学校学生纪律处分涉及的理论和现实问题，艰深、复杂、广泛，只有具备理论和实际的宽厚背景才有可能完成这一研究。

马焕灵博士具备了研究这一课题的基本条件。他在攻读硕士学位和博士学位期间，并在前后的大学教师生涯中，致力于教育法学的学习和研究，特别注意了高等学校中的学生纪律处分的问题。他搜集了相关案例，阅读了相关资料，从实践和理论两个方面，进行了比较深入的研究，提出了一些独到的见解。他的同情心、勤奋和严谨的治学态度、豪放的性格，都对这一课题的研究，起到了助推作用。

马焕灵以自己的才智和努力，让《高校学生纪律处分纠纷及其处理》著作问世，为教育法学增添了一抹色彩。

他认为，高等教育与国家生活的特殊关系决定了前者必须成为后者行政权力"自然"的延伸。受各个国家科学技术、民主政治发展水平的制约，这种延伸既可能向上发展成为一种特别权利关系，也可能向下发展为纯粹的民事关系。在我国目前法律与行政权利高度黏合的背景下，其发展是难以剥离的，由此作者提出高校具有"民事法律关系与行政法律关系兼有"的观点。

他深入分析了我国高等学校学业生纪律处分纠纷的原因，并对内外部管理机制进行了积极探索，作者基于自身的精细分析，对我国部分相关法律、法规条文的表述提出了具体的修改意见。直接取向于高校学生纪律处分纠纷相关的法律关系研究，即强化了学理分析，又承上启下，为管理机制部分的研究提供了坚实的理论支撑。这必将为他人的后续研究、高校管理和我国司法实践提供重要的启示，也表明了研究者具有较高的驾驭问题的能力和良好的学术修养。

《高校学生纪律处分纠纷及其处理》选题恰当，结构合理，逻辑清晰。作者阅读大量文献，并对很多典型判例、案例进行了深入分析，提出了新观点，如对高校纪律处分的性质，提出公行政和私行政的关系，对我国现行有关高校学生纪律处分的规定提出了许多不同见解，很有新意；再如，对现行学校申诉制度提出改进意见，也表明了作者独立思考意识；还有，本书所提出的学生低度权利、低度道德与高校学生纪律范围标准、程度标准的构建紧密联系，是非常有创见的观点，对于改进高校学生管理，完善学生处分程序非常具有借鉴价值。

但是，作者在有些方面思考还不够全面，如高校纪律的内容标准逻辑结构不够严谨；对纪律与法律、纪律与道德、纪律与政策、纪律与规律等的关系缺乏探析，这为继续进行这一课题的研究，留下了期望。

1997 年至 2000 年，马焕灵在我的指导下攻读硕士学位，三年磨砺，硕果累累。后马焕灵到华东师范大学教育管理学专家吴志宏教授门下，攻读博士学位。如今，他的博士论文出版在即，承蒙吴志宏教授信任与委托，我很愿意为他的专著说几句话。是为序！

张维平
2010 年 7 月 9 日

第一章　导　言

一、问题提出

　　高等学校学生纪律处分纠纷是近几年来的热点问题。从 1998 年"田永诉北京科技大学案"① 开始，到 2000 年"梁小永诉贵州大学案"②，再到 2004 年"柳斌、陈芳诉成都某大学案"③，2005 年"郑州大学王志给予勒令退学纪律处分不发毕业文凭案"[1]，以及发生在 2006 年 6 月的"西安科技大学 19 名学生被开除案"[2]，由高等学校学生纪律处分引发的纠纷案件俯拾皆是。这些纠纷的出现引起了法学界和教育界众多人士的关注和思考。但是，由于缺乏深入的研究，各种观点相互冲突，司法实践依然我行我素，例如，在各地法院的判决中，即便是同类型纪律处分纠纷案件，无论从程序到实体的处理都存在较大差异。甚至有不少高等学校，已经将规避诉讼风险作为学校工作的一个重要原则。法学理论界和教育界对高等学校涉讼的现象做了大量的研究分析，但迄今为止并没有形成一个为大家共同认可的观点或理论。难能可贵的是，面对高等学校学生纪律处分纠纷案件层出不穷的现状，教育行政机关和高等学校已经开始行动起来，

①② 详见附件二。
③　详见【案例5】。

一套新的高等学校学生纪律处分体系正在构建当中。

基于以上现状，笔者选择"高校学生纪律处分纠纷及其处理"作为博士论文的研究课题。现将本研究的理论价值和现实意义概述如下。

（一）本研究有助于高等学校教育秩序的恢复和新的教育秩序的形成

"如果一个纠纷根本得不到解决，那么社会机体上就可能产生溃烂的伤口；如果此纠纷是以不适当的和不公正的方式解决的，那么社会机体上就会留下一个创伤，而且这种创伤的增多，又可能严重危及人们对令人满意的社会秩序的维护。"[3] 解决高等学校学生纪律处分纠纷对于教育和社会秩序的意义也不例外。同时，本研究可以为当事人权利的生成提供契机。虽然高等学校学生纪律处分纠纷可能会带来教育秩序的无序状态，但这种纠纷的存在表明高等学校和学生在相互的权利与利益关系中出现了冲突。其间蕴涵着大学生对权利与利益的安定性和扩大现有权利的渴望。这就表明，现行的教育秩序在这些方面可能已经无法有效地满足大学生的这种渴望。从这个意义上讲，高等学校学生纪律处分纠纷犹如教育秩序的报警器，它表明教育秩序需要在大学生与高等学校之间的结构性权利和利益关系方面进行必要的整合。因此，对纠纷解决机制的研究将有助于满足大学生的利益需求，有利于更具有稳定性的新的教育秩序的形成，而新的教育秩序的形成，将为当事人的权利提供新的空间。

（二）本研究是基于构建和谐社会的需要

首先，受过纪律处分的学生，往往心理失衡，如果调节不当或不及时，就会自卑、自轻、自暴、自弃，甚至认为自己一无是处，干脆破罐子破摔；或对教育者存有疑心、戒心等盲目的自我防护反应。而且，现在学生中的独生子女越来越多，个性特征突出，如果他们认为学校纪律处分不公正，往往会通过多种途径主张自己的权利，一旦诉讼无门，有可能对社会和未来失去信心，甚至采取极端手段，走向反社会的道路。其次，随着教育体制改革的深入和学生权利意识的上升，高等学校学生纪律处分纠纷愈发凸显，各地发生的学校纪律处分纠纷让人不禁心生忧虑。在教育改革发展的同时，纠纷问题如不妥善解决，必将影响正常学校秩序，最终成为高等教育发展的障碍。再次，从社会学的角度看，这种学校内部冲突有双重功能：一是"增强群体生存、整合及稳定，群体内部冲突可重新导致团结和平衡"[4]；二是"内部冲突在某种关系中涉及事物的根本基础时，就很难形成新的和谐，反而导致关系破裂"[5]。由于高等学校是社会各种利益高度涉入的地方，纠纷出现后，如果不处理或者处理不力，将可能给构建和谐社会带来负面影响。因此，必须采取正确的方法合理稳妥地处理现存的各类学校纪律处分引起的权利冲突，通过各种方式协调不同利益群体的利益关系，缓解冲突的剧烈程度，避免其副作用的发生。和谐社会是一个公平、稳定、利益协调的社会，更是一个能够有效化解冲突、建立健全化解矛盾冲突机制的社会。而和谐校园是和谐社会的重要组成部分，从这个意义上讲，该研究对于高等学校矛盾冲突化解机制的建立和健全，将大有助益。

（三）本研究有助于教育法学理论界走出研究的困境，开拓高等学校学生纪律处分纠纷的理论研究视野

对于高等学校学生纪律处分纠纷的研究，学者们偏重于权利层面，对高等学校学生纪律处分司法审查的讨论较多，但是对高等学校学生纪律处分规定的质疑只是停留在表面层次上。如果不从教育原理层面和伦理学层面研究学校纪律处分纠纷的原点问题，很难将问题研究透彻，也很难提出减少纠纷的有效办法。

（四）本研究试图解决司法实践的困境，对我国依法治教贡献绵薄之力

沈岿认为，众多学生状告学校的案例表明，不同法院在对待类似问题上，经常作出截然不同的裁判。[6]例如，有关高等学校处分学生的决定是否可诉的问题，2000年8月，贵州大学梁小永因为考试作弊被开除向贵阳市花溪区人民法院提起行政诉讼，被法院驳回，理由是该案不属于行政诉讼的受理范围。① 与此完全相反，2000年4月，刘兵对天津轻工业学院提起行政诉讼，天津市河西区法院认为，学校与学生的关系不是一般民事关系，高等学校作为国家委托授权的机关，虽不是法律意

---

① 详见附件二。

义上的行政机关，但原告提出的其教育中的管理行为符合《行政诉讼法》中有关被告的条件，遂受理此案。① 司法实践的混乱，源于对学校纪律处分纠纷的研究不够深入和我国法制进程的滞后，该研究将致力于改变这种状况。

（五）本研究将有助于推进我国高等学校学生纪律处分体系的构建进程

2004 年 1 月，北京市海淀区实施了"处分学生听证制"，五成违纪学生用处分听证降低受处分等级。[7] 2005 年 9 月 1 日起开始实行的《普通高等学校学生管理规定》已取消了"勒令退学"这一处分种类，高等学校对学生的纪律处分可有 5 种：警告、严重警告、记过、留校察看和开除学籍。"以往导致给予大学生处分的'道德败坏，品质恶劣'等评价标准也被取消，用法律术语取代容易引起歧义的道德评价，并要求学校成立学生申诉处理委员会，受理学生因不服处分决定而提起的申诉。"[8] 比如 2005年 11 月青岛科技大学推出的撤销处分制，给那些曾受过处分的学生一个洗刷档案"污点"的机会，处分决定可以不再一背终身。[9] 为此，青岛科技大学出台了《关于撤销违纪学生纪律处分的有关规定》。该规定明确提出，凡因违纪（作弊除外）受到警告、严重警告、记过处分的学生，自受到处分之日起满一年，思想品德表现好，遵纪守法，综合测评名次在班级中游以上，且符合相关条件者，可撤销处分。与此同时，许多学校的纪律处分规定也正在修订之中。因此，本研究的进行，无疑会对高等学校学生纪律处分体系的构建具有现实指导意义。

二、概念界定

（一）高等学校

学校是指经教育行政主管机关批准或登记注册，以实施学制系统内各阶段教育为主的教育机构。高等学校是指经教育行政主管机关批准或登记注册，以实施高中程度教育后的专业教育为主的教育机构。本研究所指的高等学校，主要是指公立高等学校，其范围包括是指由政府举办并维持，

---

① 详见附件二。

实施本科及本科以上教育的高等学校及独立设置的学院，以及实施专科教育的高等专科学校。本研究将高等学校作为一个"构成性社群"[10]来看待，这样的视角，有利于从社群的低度道德的角度对高等学校纪律规范进行考察。

需要指出的是，从现存的高等学校学生纪律处分纠纷案例来看，公立高等学校学生纪律处分纠纷占绝大多数，私立高等学校学生纪律处分纠纷极少而没有成为普遍性问题。另外，由于私立高等学校与学生之间的法律关系主要是民事法律关系，较为单一，纠纷处理的难度不是很大。所以，本研究选取公立高等学校作为研究对象，从而有助于问题的明确化和研究的针对性。

（二）高等学校纪律规范

高等学校纪律规范是指高等学校为了保证一定的秩序而规定其所属人员共同遵守的内部道德规范。谢晖在《论法律关系》[11]一文中，对社会规范进行了划分，提出了本源性规范和调整性规范的概念，谢晖把人的本质直接决定下所产生的社会关系规范称为"本源性规范"，对本源性社会关系调整基础上形成的新型的有利于本源性社会关系进一步展开的人类交往关系规范称为"调整性规范"。受此启发，本研究认为，高等学校纪律规范是高等学校为了维持自身的存在和秩序，根据法律法规以及规章、社会的主流道德规范、主流意识形态制定的，以学校共同体成员行为规范为核心的道德准则。高等学校纪律规范是高等学校内最基本的道德，是维系整个学校存在的最基本规范，也是高等学校作为一个共同体的集体意志的体现。

（三）高等学校学生纪律处分

根据 2005 年 9 月 1 日实施的《普通高等学校学生管理规定》，高等学校学生纪律处分是指高等学校对有违法、违规、违纪行为的学生给予警告、严重警告、记过、留校察看、开除学籍五种形式带来的消极后果的惩罚性行为。（1）警告与严重警告。警告是对违反学生纪律规范的学生进行书面的、公开的批评和谴责，并提出限期改正的通告。严重警告是比警告更加严厉，措辞更加强烈的一种处分措施；（2）记过。记过是指把学生所犯的错误记载下来，作为个人档案的一部分。由于记过会影响到学生未来的就业机会，甚至会对学生进入社会造成一定的消极影响，所以是比较严重的一种处分；（3）留校察看。留校察看是针对那些应当被开除学籍的学生，但是本人确有悔改表现的，学校也认为有继续教育的必要，在规定的考察期限内（一般为一年），暂时保留学生的学籍和正常学习权利的情况下，严格考察学生的行为表现。如果学生的实际行动能够表明该学生已经认识错误并积极地改正了错误，则恢复该学生的学籍；如果该学生在考察期内有违反纪律并应当受到处罚，则撤销察看，对学生给予开除学籍的处罚；（4）开除学籍。这是一种剥夺学生在校学习机会的处罚，因此是一种最为严厉、最极端的处罚措施。由于该处分已经伤害到学生与学校之间的基础关系，该处分必须经过正式听证方可生效。

综上所述，高等学校学生纪律处分至少应该涵盖以下五个因素：（1）处分主体是高等学校；（2）对象是在高等学校中接受教育的学生；（3）原因是学生违反了法律、校规和校纪；（4）处分形式限定为警告、严重警告、记过、留校察看和开除学籍五种法定形式；（5）纪律处分本质上是一种惩罚行为。

（四）高等学校学生纪律处分纠纷

高等学校学生纪律处分纠纷是指高等学校与学生基于高等学校给予学生纪律处分这一行为所产生的一种持续的纠葛状态，而这种纠葛是以高等学校管理权与学生权利之间的对抗和争执为核心内容的。本研究中的纪律处分纠纷的行为标准是由于学校纪律处分而引起的学生提起校内申诉、行政申诉、行政复议和诉讼的行为，不包括一般的口头异议。

（五）校内申诉

学生申诉包括校内申诉和校外申诉。校内申诉，是指学生在接受学校教育过程中，学生及其利害关系人对学校作出的处分、处理决定不服，以及认为在与学校和教职工互动中遭受冤屈、不公正待遇，或学校内部行政、管理措施致其生活、学习、受教育等权益遭受损害，而向学校提出说明、陈情、申诉，以期学校给予其适当处理的行为。本研究所指的校内申诉，是一种学生纪律处分纠纷的校内解决途径，是指大学生在接受学校教育过程中，由于其违反高等学校规定受到纪律处分之后，认为其合法权益受到侵害或处分不公正，依法向学校内部的有关机构申诉理由，要求重新处理的行为。

（六）教育法律救济

教育法律救济是指依据法律对权利冲突的解决。也就是说，当学生的权利受到侵害时，可以从教育法律上获得解决，或请求司法机关或者教育行政机关予以解决，使受损害的权益得到补救。与本研究密切相关的教育法律救济途径有教育行政申诉、教育行政复议和诉讼。

教育行政申诉，是指学生在其合法权益受到侵害时，依照《中华人民共和国教育法》（以下简称《教育法》）及其他法律和规章的规定，向主管的行政机关申诉理由、请求处理的制度。根据《教育法》第四十二条的规定，学生享有对学校给予的处分不服向有关部门提出申诉，对学校、教师侵犯其人身权、财产权等合法权益提出申诉或者依法提起诉讼的权利。这就为维护学生的合法权益确立了法律救济的制度，也是《教育法》赋予学生维护自身合法权益的一项民主权利。

行政复议是指公民、法人或者其他组织对行政机关作出的行政处罚或者其他处理决定不服，依法向上一级行政机关或者法律规定的其他行政机关提出申请，由上级行政机关或者其他有关机关对行政处罚决定是不是合法和适当进行审查，并在规定的期限内作出裁决。一般来说，公民、法人或者其他组织向行政机关申请复议的，复议机关应当在收到申请书之日起2个月内作出决定，法律法规另有规定的除外。行政复议是行政机关自我纠正错误的一种法律制度，也是上级行政机关监督下级行政机关的一种重要措施。

诉讼是由人民法院依据法律对当事人之间的争议事实进行审理，通过司法程序解决争议的活动。诉讼就是通常所说的打官司，是通过国家审判机关解决争议的过程。我国有三部诉讼法，分别是《民事诉讼法》《刑事诉讼法》和《行政诉讼法》，与此相对应，诉讼也分为民事诉讼、刑事诉讼和行政诉讼。与本研究密切相关的是民事诉讼和行政诉讼。

所谓民事诉讼，是指当事人之间因民事权益矛盾或者经济利益冲突，向人民法院提起诉讼，人民法院立案受理，在双方当事人和其他诉讼参与人的参加下，经人民法院审理和解决民事案件、经济纠纷案件和法律规定由人民法院审理的特殊案件的活动，以及这些诉讼活动中所产生的法律关系的总和。

所谓行政诉讼，是指公民、法人或其他组织认为行政机关及其工作人员的行政行为侵犯自己的合法权益时，依法向法院请求司法保护，并由法院对行政行为进行审查和裁判的一种诉讼活动。在行政诉讼中，以不服行政行为的公民、法人或者其他组织为原告，以作出行政行为的行政机关为被告，由法院运用国家审判权来监督行政机关依法行使职权和履行职责，保护公民、法人和其他组织的合法权益不受行政机关违法行政行为的侵害。

三、研究综述

从搜集到的文献资料来看，未见有论述高等学校学生纪律处分纠纷及其处理问题的专著，但是，有四本著作涉及了高等学校学生纪律处分纠纷问题，分别是张静的《学生权利及其司法保护》[12]、张驰与韩强合著的《学校的法律治理研究》[13]、周光礼的《法律制度与高等教育》[14]、陈鹏与祁占勇合著的《教育法学的理论与实践》[15]。这些著作虽然对本研究所涉及的高等学校与学生的法律关系问题以及高等学校学籍管理和学位管理问题进行了较为深入的探讨，但是对高等学校学生纪律处分纠纷问题没有进行系统研究。笔者通过万方数据资源系统的"学位论文全文数据库"以"纪律处分"为题名关键词对2000年以来的国内博、硕士论文进行检索，命中结果为零；通过中国期刊网的"中国优秀博硕士学位论文全文数据库"以"纪律处分"为题名关键词对2000年以来的研究论文进行检索，命中6条，其中与本研究有关的有两篇硕士论文，且这两篇论文都是2006年的硕士论文，一篇是中国政法大学吕庆安的《高等学校学生违纪处分正当程序研究》，另外一篇是苏州大学朱佳丹的《高校学生纪律处分法治化研究》。

与本研究有关的文献，主要是学术期刊上公开发表的论文，其内容可概括为以下三个方面。

（一）关于高等学校与学生的法律关系问题

高等学校与学生的法律关系问题是高等学校学生纪律处分纠纷处理不可回避的首要理论问题。高等学校与学生之间的法律关系，质言之，就是高等学校与学生之间的权利和义务关系，其核心是学生权利范围及其法律保障问题。使用中国期刊网以"学校""学生""法律关系"为主题词对1994年至2006年的文章进行模糊查询，共命中474篇论文，然后再以"高等学校""学生""法律关系"为主题词进行模糊查询，共命中181篇论文。从这些文献来看，对于这个问题，最早的研究始于1999年并集中于2002年与2005年间，有关探讨一直持续到今天。这说明，1999年以前，高等学校和学生二者的关系究竟是何种性质的问题是一个一直为我国理论界所忽视的问题。直至近几年来，随着学生因权利遭到侵害而与学校对簿公堂案件的不断出现，这个问题才引起理论界的关注。

从文献上看，对于这个问题的研究，以日本为代表的国外学术界主要有两种观点，其一认为高等学校与学生的关系为公法上的特别权力关系，其二认为高等学校与学生的关系是教育法上的契约关系。学术界关于高等学校与学生的关系有8种提法，即宪法关系、特别权力关系、教育服务关系、教育法律关系、一般行政关系、教育契约关系、教育管理关系、教育民事关系。虽然这些提法名称各异，但是概括起来不外乎四种观点，即特别权力关系说、行政法律关系说、民事法律关系说、行政兼民事法律关系说。由于高等学校与学生的法律关系问题关系到高等学校学生纪律处分纠纷解决途径的选择，后文将进行详细探讨，在此不予赘述。

（二）关于高等学校学生纪律处分理性化问题

高等学校学生纪律处分理性化问题是指高等学校学生纪律处分行为是否符合以及如何符合实体正义和程序正义的问题。高等学校学生纪律处分理性化问题关系到纪律处分的标准问题，也关系到纪律处分纠纷解决的标准问题。这个问题与高等学校自主管理权的范围、学生权利的范围、高等学校内的自由与秩序、高等学校学生纪律处分的程序等问题密切相关，对这些问题的相关研究可概括为以下四个方面。

1. 高等学校自主管理权范围问题

学术界主要从《中华人民共和国高等教育法》（以下简称《高等教育

法》）和《普通高等学校学生管理规定》以及《学位条例》出发，论证了高等学校自主管理权的范围，代表性的观点是：高等学校自主管理权包括三个方面的权力，即机构设置与人事管理自主权、行政管理权和其他管理权。其中行政管理权包括对学生的纪律处分权、毕业证颁发权和学位授予权，其他管理权包括制定规划权和自主筹资权。[16]对于高等学校纪律规范的调整范围问题，学者们只是从《普通高等学校学生管理规定》出发进行了划定，未见有深层次的探讨。

2. 学生权利的范围问题

这方面的研究很多，以"学生权利"为主题关键词对中国期刊全文数据库、中国优秀博硕士学位论文全文数据库、中国重要会议论文全文数据库、中国重要报纸全文数据库进行跨库模糊查询，命中 2794 条，其中硕博士论文 393 条。从这些文献来看，学者们研究集中于学生权利体系的构建和权利的保护问题，郭兰英认为："高等学校学生的权利包括实体性权利和救济性权利两大部分。实体性权利主要有：学籍权、获得良好教育权、民主管理权、教育教学活动参与权、获得公正评价权、获得学历学位证书权、获得学金权、组织社团权。救济性权利主要有：契约上的请求权与抗辩权、行政申诉权、申请仲裁权、诉讼请求权。"[17]从这些资料来看，这些研究并没有涉及学生权利行使的边界问题。

3. 高等学校内的自由与秩序问题

这是一个原点问题，但是从收集的资料来看，学者们对这个问题的探讨很少。关于学校内的自由问题，程红艳对三个问题进行了研究：学生的自由是什么？学校中学生的自由如何可能？学校中学生的自由如何成为现实？[18]卢毓清对学校内的秩序与自由的关系问题进行了研究，其主要观点是：自由和秩序作为两种具有完全相反属性的基本追求，两者互相对立，但同时又互相统一，两者互相依存，一方的存在必须以另一方的存在为根据。因此，"校规的应然价值取向：秩序与自由的和谐统一"[19]18。卢毓清进一步认为："一个合理的规范必须在秩序与自由之间形成一种张力，从而使学生生活既具有稳定的秩序，又具有足够的自由空间。如果只有秩序，没有自由，不是引起更大的师生冲突，就是学生必将失去应有的朝气，成为规范所奴化的物；如果只有自由，没有秩序，学校也将陷于混乱。在理想的学校规范创造的生活中，学生不仅能在稳定的社会秩序中享受到学习生活的安宁，又能在自由的环境中享受到创造的快乐。"[19]19综上所述，以上学者的研究具有重要学术价值，可惜的是他们并没有对学校内自由和秩序划分清晰的边界。这说明高等学校内的自由和秩序的边界问题还存在一定的学术空白。

4. 高等学校学生纪律处分的程序问题

针对此问题，刘稳丰分析了高等学校处分权的权力与权利结合的属性，以及目前我国公立学校在处分权的行使中存在诸多与法治精神不符的问题及其原因，在此基础上，提出了处分违纪学生必须遵循处分法定、公平公正、处分慎重、重在教育、权利保障等法治原则。依据这些原则，刘稳丰认为，处分违纪学生必须以正当程序来保障，处分学生的程序设计为：立案，调查取证，审理复核，听证，决定，送达与执行。[20]该论文的研究对纪律处分的法治化具有重要意义，但是，高等学校所作出的所有纪律处分是否都需要严格的程序，这在法治化程度较高的美国都是一个有争议的问题。因此，需要对高等纪律处分程序的必要性问题作进一步探讨。

（三）关于高等学校学生权益的法律救济问题

高等学校学生权益的法律救济问题与高等学校学生纪律处分纠纷的解决机制密切相关。与本研究相关的问题包括以下几个方面。

1. 高等学校学生纪律处分权的性质问题

对于这个问题，学术界有三种观点。（1）高等学校学生纪律处分权是高等学校内部自主管理权。方益权认为，高等学校的学生纪律处分权是高等学校内部"自主管理权的重要内容，一般不受其他任何组织或者个人的干涉。根据法律规定，非受教育者提出申诉，教育行政部门一般不能插手属于学校内部事务的学生处分问题；受教育者对学校行使处分权，按照学生管理规定给予的处分不服的，不能提起诉讼，但可以向学校或者教育行政部门等提起申诉"[21]40。（2）高等学校学生纪律处分权是一种公权力。其主要理由在于，高等学校行使纪律处分权的行为，"对与它处于不平等地位的学生来说，具有明显的单方性、强制性，符合行政行为的特征，是典型的行政行为。可见，高等学校是根据法律法规的授权，行使构成国家公共管理权力之一的教育行政权，属于行政主体中的法律、法规授权的组织，具备行政主体资格，其对学生的处分是基于公法上的规定，是一种具有教育与被教育、管理与被管理性质的公权力"[22]。（3）高等学校的纪律处分权应该分为非身份处分权和身份处分权，非身份处分权属于学校自主权范畴，身份处分权属于公权力范畴。[23]

2. 纪律处分纠纷的申诉解决途径问题

以"申诉"和"学生"为主题关键词对中国期刊全文数据库、中国优秀博硕士学位论文全文数据库、中国重要会议论文全文数据库、中国重要报纸全文数据库进行跨库精确进阶查询，命中96条。从这些论文来看，对于学生申诉问题的研究应该始于1998年，而集中于2005年和2006年，从学术研究的时间段分析，2005年9月1日实施的《普通高等学校学生管理规定》对该问题的研究起到了推动作用。学术界对高等学校学生申诉问题的研究，主要研究了以下问题：（1）学生申诉制度的性质问题。学者们的基本观点是，"高校学生申诉制度是高校学生的一项法定非诉讼性的权利救济制度"[24]。但是对该制度属于行政裁决制度，或属于行政复议制度，抑或仅仅是一种非正式的法律救济制度的法律定性问题却鲜有探讨。（2）我国校内申诉制度和行政申诉的构建问题。学者们主要从该制度建立的依据出发，对申诉委员会的设立和运行规则进行了探讨。也有学者借鉴我国台湾地区的申诉制度，对我国申诉制度的构建提出了建议。[25]（3）国内申诉制度的缺陷问题和解决途径问题。这方面的探讨集中在2005年和2006年，学者们主要对现行校内申诉制度的效力和运行障碍进行了研究。

3. 纪律处分纠纷的行政解决途径问题

以"行政复议"和"学生"为主题关键词对中国期刊全文数据库、中国优秀博硕士学位论文全文数据库、中国重要会议论文全文数据库、中国重要报纸全文数据库进行跨库精确进阶查询，命中79条，但是未见有对学生纪律处分纠纷行政复议解决途径的专论文章。

4. 纪律处分纠纷的诉讼解决途径问题

以"纪律处分"和"司法审查"为主题关键词对中国期刊全文数据库、中国优秀博硕士学位论文全文数据库、中国重要会议论文全文数据库、中国重要报纸全文数据库进行跨库精确进阶查询，命中6条，其中以"纪律处分"及"司法审查"为题名的专论文章3篇。方益权认为："由于对受教育者颁发相应的学业证书、学位证书属于国家对学校的行政授权，因此，当学生处分权之行使致使受教育者的学业证书、学位证书不能获得时，学校的处分行为属于行政行为，受教育者依法可以提起行政复议或者行政诉讼；当学生处分权之行使损害受教育者的受教育权、人身权、财产权等合法权益时，受教育者也可以依法提起诉讼，以求获得司法救济。"[21]41胡肖华认为："学校纪律处分关涉受教育者的受教育权、财产权、隐私权、言论自由等诸多权利和自由，因此对受处分者提供司法保护乃法治主义应有之义。实践中将学校纪律处分纳入民事诉讼的范围，侵害了学校的管理自主权，不利于我国教育事业的发展。为了尊重学校管理自主权并保护受教育者的合法权益，我国应借鉴国外相关制度建立学校纪律处分司法审查制度。"[26]从学者们的以上观点来看，大多数学者主张高等学校的纪律处分，特别是涉及学生的学历和学位证书的颁发和受教育权的纪律处分时应该接受司法审查，但是对何种纪律处分纠纷适用民事诉讼途径、何种纪律处分纠纷适用行政诉讼途径等问题并无定论。

四、研究方法

本研究采用的研究方法有以下几种。

（一）比较法

比较研究法不仅是教育学科的重要研究方法，也是法学研究的基本方法之一。德国法学家海因·克茨说："如人们在创制和发展本国的法律规则时竟然对外国相似的规则凝结成的经验财富视而不见或不加利用，便是不明智的。因此，作为法律学者和从事法律工作的每一位科学研究者，都必须熟知进行法律比较的工作方法，而且必须随时自由无阻地敞开通向外国法律之门。"[27]鉴于此，本研究拟对美国和中国内地的高等学校学生纪律处分状况和纪律处分纠纷处理制度进行比较。比较的理由在于：美国虽然属普通法系，但是其高等教育之发达程度位居世界前列，而且其高等学校学生纪律处分程序和纪律处分纠纷的处理制度非常完备，具有典型的借鉴意义。

（二）案例法

案例研究法，是法学研究最受重视的方法之一。案例能为我们提供具体的争议或纠纷的情境，并在这些具体的纠纷情境中展现裁判者评议案件事实、认定责任、作出裁判的理由，因而在处理纠纷的案例中，反映了国家机关依法处理纠纷所遵循的法理规则。有人认为，如果把成文法看成是"静的法律"，那么判例就是一种"活的法律"。[28]不仅如此，案例的研究还有助于我们通过成文法和高等学校校规的具体适用，来分析成文法和校规本身存在的不足。

在高等学校学生纪律处分和纪律处分纠纷方面，本研究将案例法作为主要的研究方法之一。研究集中收集到的高等学校学生纪律处分纠纷的案例，要求案情完整，关键事实交代清楚，处理结果和理由明确。本研究共收集了 32 例国内案例，这些案例主要来源于网上报道以及教育法律案例集。另外，通过调查，本研究整理了法院判决等司法材料，撰写和补充了部分案例，以弥补文献资料的不足。

（三）文献法

利用现代信息技术，搜集和整理相关资料，对已有研究成果进行分析和借鉴，以及对现存法律法规和高等学校的规章制度进行整理和分析，是本研究的基础内容。本研究主要集中整理了两类文献，一类是与高等学校学生纪律处分纠纷问题相关的学术著作和论文；一类是我国大陆地区与高等学校学生纪律处分和纪律处分纠纷处理相关的法律和规章，以及中美两国某些高等学校的纪律处分和纪律处分纠纷处理的规范性文件。

（四）调查法

本研究运用调查法，主要针对三个方面的问题展开调查：一是对2004—2007 年高等学校学生纪律处分和纪律处分纠纷以及处理状况的调查①。本书选择了沈阳市七所有代表性的高等院校：沈阳师范大学、沈阳建筑大学、沈阳理工大学、辽宁大学、鲁迅美术学院、沈阳音乐学院、沈阳航空工业学院，对这些学校的纪律处分和纪律处分纠纷以及处理状况进

---

① 访谈问题详见附件三。

行了调查，取得了相关数据。二是典型纪律处分纠纷案件的处理过程的调查。比如，对"刘璐不服大连外国语学院处分案"① 的调查中，本研究在对案情进行详细调查的同时，又收集了案件处理过程中的相关文书②，这样可以保证整个案例内容翔实、真实可靠，为纠纷处理途径的研究打下了坚实的基础。三是对待纪律处分和纪律处分纠纷态度的调查。针对"5 学生诉沈阳师范大学案"③，通过走访相关人员，包括沈阳师范大学的学生处处长、相关律师和法官以及被处分学生和家长，获取了对待纪律处分和纪律处分纠纷态度的第一手资料。

五、研究框架

除导言部分外，本书分以下五部分展开论述。

（一）高等学校学生纪律处分纠纷的产生及现状。首先从理论上分析高等学校学生纪律处分纠纷产生的可能性和必然性，然后从调查入手，在对当前高等学校学生纪律处分纠纷进行类型划分的基础上，分析高等学校学生纪律处分纠纷的发生状况和纠纷的主要争议所在。

（二）高等学校学生纪律处分纠纷的解决及困境。研究当前处理高等学校学生纪律处分纠纷的主要途径，在此基础之上，分析高等学校学生法律救济制度的缺陷。

（三）高等学校学生纪律处分纠纷涉及的法律关系。首先分析高等学校与学生的法律关系，为纪律处分纠纷解决途径的选择打下基础；然后分析各类高等学校学生纪律处分的性质；最后分析解决高校学生纪律处分纠纷的相应途径。

（四）高等学校学生纪律处分纠纷解决的内部机制。首先探讨高等学校学生纪律处分制度的完善问题，这个问题的解决是纪律处分纠纷减少的前提，并为合理解决纠纷提供了判断依据；其次，在探讨高等学校学生纪律处分申诉权的基础上，提出从实践层面上解决高等学校学生纪律处分申诉机构的设立、申诉制度的制定和申诉制度的运行等问题。

---

① 参见【案例10】。

② 参见附件四。

③ 参见【案例4】

（五）高等学校学生纪律处分纠纷解决的外部机制。在前述内容的基础上，完善教育行政申诉制度、教育行政复议制度以及诉讼机制，解决高等学校学生纪律处分纠纷的外部机制所存在的问题。

第二章 高等学校学生纪律处分纠纷的产生及现状

高等学校学生纪律处分纠纷的产生缘于受处分学生对纪律处分结果不服。要具体讨论高等学校学生纪律处分纠纷及其处理问题，有必要了解高等学校学生纪律处分纠纷的基本状况，包括概况、类型、特征等方面，同时还需要对纪律处分纠纷的争议所在予以梳理和界定。

一、高等学校学生纪律处分纠纷的产生

（一）纪律规范：高等学校存在所必需的共同道德

从社会学意义上来理解，高等学校作为一种特殊的社会共同体，是一种构成意义上的社群。王中宪认为："社群是基于人们的共有利益而形成并相互作用的各种各样组织的总称。诸如生产企业和行业集团，学校和科研单位，政治组织和机构，阶级和阶层等等，都是具体的社群构成体。"[29]之所以说高等学校是一种社群，是因为高等学校具有了社群的实质和特征，它不仅仅是指一群人，还是一个拥有共同需要的整体，它的共同需要就是教育实践的展开以及教育目的的实现。在高等学校中，个人是这个整体的成员，都拥有一种成员资格，这一点是最为重要的，因为社群

需要通过制度形式使得参与者有一种共同的认同。由于利益机制的形成和完善，高等学校取得了自主承担社会活动的实体地位，高等学校成员原有的普遍需要获得了更为具体的形式。换言之，人们的普遍需要在利益中被组织起来，为了实施教育活动而自主的组织起来并在这一活动中获得现实意义。说高等学校是构成意义的社群，是因为在学校内部，个人的自我目的不可能独自实现，而必须在与他人共同追求理想的过程中才能实现。而这些与他人共同追求的理想便成为与自我不可分割的、构成自我本身的基本要素。这样，自我和他人一道构成的社群，同时也是构成自我的基本要素。高等学校也因此具有了构成性社群的两大基本特征：第一，高等学校成员认同高等学校这个共同体，而且高等学校完全可以界定成员的基本归属，比如问："你是谁？"我可以回答："我是华东师范大学的博士生。"华东师范大学可以成为成员界定自己的标识。第二，高等学校可以为成员提供思维、行为、判断和生活的基本背景。如果我们提起食堂、图书馆、宿舍，人们很自然地会想到高等学校生活。因此，高等学校是社群，而且是一种构成性社群。

作为一种构成性社群，高等学校有着自己的存在理由，那就是成员的共同利益。高等学校内的成员，不管他们的私人目的是什么，都有着共同的利益，那就是教育实践的展开和教育目的的实现。对大学生来讲，就是个人自由全面发展的实现，这是高等学校存在的终极目的，也是这个群体的共同利益。基于这种共同利益，成员之间就需要合作，因为共同利益是合作的充分理由。

合作想要达成，高等学校成员之间就必须有信任，因为信任是共同体存在的一个必要条件。"在缺乏信任的情况下，人类关系就将为猜疑所支配。每一个人都将把任何其他人作为一个潜在的敌人，一旦有机会，这种潜在的敌人就会'使他栽跟头'。"[30]43-44所以，没有信任，合作就很难达成。霍布斯（Hobbes）曾经想象了这样一种事态："在这种情况下，产业是无法存在的，因为其成果不稳定。这样一来，举凡土地的耕种、航海、海外进口商品的使用、宽敞的建筑、移动和转移须费巨大力量的物体的工具、地貌的知识、时间的记载、艺术、文学、社会，等等，都将不存在。最糟糕的是人们不断处于对危险和暴死的恐惧之中，生命短暂，生活则充满孤独、贫困、卑污、残忍。"[30]44霍布斯认为这是一种在人类没有政府，没有"一种使所有人敬畏的公共权力"下的自然状况。究其实，他描绘了在缺乏信任的情况下，人类会是什么样子——没有人会想要与其他任何人发生关系，因此根本不会有社会存在，也根本不可能有产业、建筑、艺术和文学的存在。同样，信任是高等学校作为构成性社群所存在的必要条件，如果高等学校成员之间没有信任，彼此就不能进行合作，作为教育实践的共同利益也不能实现。

共同道德为高等学校成员的信任提供了基础。人生下来没有同谁签订什么遵守道德与习俗的行为契约，但人会自觉地遵守，这是为什么？因为道德是人类生活智慧的积淀，是人类理性不及的、未经阐明的行为规则，是那种自生自发起来、经由环境检验、并通过规则之间的竞争而保留下的规则。遵循传统规则，对个人、对整个社会都是有益的，个人没有必要去"试误"或"验证"，若道德不具有这种普适性，那么就不能在这个文化样式内受到普遍的尊重。因为道德是一种实践智慧，是行动的程序。霍布斯哲学里的"自然状态"加强了这样一个要点，即没有信任，人们就无法共同生活。人们通常需要相互信任，讲真话，守协议，抑制暴力、盗窃和欺诈。通俗地讲，就是不相互获取不公平的利益。尽管如此，这种相互信任只有在其中每一个人都承认如此行事是正确的并相信其他人也承认这一点的人们中间，才有可能。也就是说，他们必须是一些有道德的主体，对于正当和非正当的行为，他们具有共同的观念，并意识到这一点。道德对于人类共同体的根本作用就是为社会成员间的信任提供必要的基础，如果没有道德，社会成员就不能进行各种不同形式的合作，而这类合作恰恰构成了共同体的共同生活。然而，"道德不是工具性的，它不是达到社会生活的手段，而是社会生活所涉及的生活的事物的一部分。一个人在成长和变成一个共同体成员的过程中，成了一个道德主体，在成为道德主体的过程中，他得知他负有各种义务"[30]52。对于高等学校而言，作为道德主体的个人，在获得高等学校成员资格以后，基于成员资格，必须受到两个基本原则的约束，其一，伙伴关系原则。所谓"伙伴"，是指那种共同事业的合作者，他们同担风险，共享利益。在高等学校这一构成性社群当中，其成员基于共同利益，必须关心彼此的利益，每个成员的利益，也是自我利益的体现。伙伴关系原则可以保证每个成员可以公平地享受整个高等学校社群所带来的福利和安全。其二，共同体责任原则。作为道德主体，高等学校共同体成员应该负有各种义务。"义务"概念的中心思想是必须做某种事，而不管偏好和自我利益如何，高等学校共同体的每个成员所负有的一项义务就是使共同体的利益优先于自我利益，不论两者在什么时候发生冲突都一样，而且，所有高等学校共同体的成员都要受这一原则的约束，这就是共同体责任原则。正是在伙伴关系原则和共同体责任原则的基础上，每个成员之间形成一种契约，这种契约是以共同道德为核心的，遵守这些共同道德是每个高等学校成员能够维系高等学校共同体和确保个体成员资格存在的一种必要条件。

总之，共同道德是高等学校这一社群存在的前提，其根本作用是为高等学校成员间的信任提供必要的基础，高等学校为了完成教育任务，就必须维持自身的存在和秩序，于是，这些共同道德被固定下来并成为高等学校调整内部关系和维持一定秩序的行为规则，通常表现为纪律规范。

（二）纪律处分：纪律规范在实践中发生效力的强制措施

在高等学校共同体中，有道德利己主义者的存在。作为高等学校纪律规范核心内容的道德本身是一种公共资源，在使用上具有非竞争性和非排他性的特征。但是，"作为一种特殊的公共产品——无形资源，道德资源的实现是以这种不成文契约的遵守为前提的"[31]。事实上，"正是因为道德的公共性特征，使道德与其他公共资源如空气、环境等一样，不仅存在着使用上的'搭便车'问题，而且还存在着机会主义。任何利己的个人都具有充分享用道德资源所带来的利益而不付出任何成本的动机。此外，道德资源的特殊性还表现在，作为一种公共资源，在对其使用时，只能依靠一种无形的约束和激励来保证道德资源的不受损害"[32]。因此，由于道德本身的性质，高等学校内必然会存在道德利己主义者，这在一定程度上可以解释某些大学生由于信用缺失而在考试中作弊等现象。

高等学校纪律规范的实施必须有强制力保证。"任何规范之所以能够在社会生活中发挥其规范人们的行为、调整各种社会关系的作用，其中一个重要的原因就在于在各种社会规范的结构中都存在着强制性的因素，从而促使人们按照它们所指引的方向或提供的模式来作出或抑制自己的行为。"[33]高等学校共同体的道德需要每一位具有成员资格的人来遵守，而在现实的学校生活中，遵守共同道德就意味着遵守共同体制定的纪律规范。既然有利己主义者的存在，那么高等学校纪律规范作为高等学校共同体意志的体现，在现实生活中的实施就必然受到阻碍，因此，必须有一种强制力量来保证纪律规范的实行和共同体意志的实现。

惩罚与纪律规范之间有着天然的联系。对于惩罚与纪律规范之间的关系，法国社会学家涂尔干认为："惩罚并未赋予纪律以权威，但惩罚可以防止纪律丧失权威。"[34] 换言之，"为纪律赋予权威的，并不是惩罚；而防止纪律丧失权威的，却是惩罚，如果允许违规行为不受惩罚，那么纪律的权威就会逐渐为违规行为所侵蚀"[35]。无疑，涂尔干只是揭示了惩罚的表层功能。在涂尔干看来，纪律所具有的权威表现在其包含的规范具有神圣不可侵犯性。实际上，纪律规范是学校这一构成性社群的共同道德的制度化，学生接受纪律规范则意味着学生认可与接受了这些纪律规范的道德价值，那么，"他就不能贬低、动摇这些规范的权威。如果说某学生有着高度的纪律性，那么其实质就是说纪律规范已内化为该学生之所需，他对纪律规范的权威性表现出了虔诚尊重之情感；而学生违纪的实质就在于他对纪律规范失去了内心的敬畏，不再对纪律规范所包含的内在的道德价值表现出虔诚尊重之情感"[36]。他藐视和贬低了自己和他人的价值，别人已经不是一种存在的目的，而是一种存在的手段。这样，在道德评价上，可以认为他成了一个绝对的利己主义者。前文已经提到，共同道德是学校这一构成性社群赖以存在的基础，学校纪律规范应该规定的是最基本的秩序。按照康德的"绝对命令"原则，每个人都应该受到平等的待遇。因此，当一个学校成员不再把别人当成目的，而把别人当成手段的时候，他不能拒绝别人也成为绝对的利己主义者。那样，学校这一社群就不会再存在下去了。所以，惩罚就成为一种必须，其在表层上是为了维护纪律规范的权威，在本质上是为了维护学校社群的共同道德的权威。

作为惩罚的纪律处分是保证高等学校纪律规范实施的强制措施。高等学校管理权作为一种强制力量，在现实生活中表现为否定性的强制措施，即任何违反高等学校纪律规范的行为都必须依照高等学校管理规范受到惩罚。这种惩罚就是纪律处分，它是由假定、处理、制裁构成高等学校纪律规范中的制裁。这种制裁是一种对违反规范者的惩罚，并通过这种惩罚对共同体内部成员所破坏的彼此权利义务关系进行修复，从而保证共同体所需要的秩序。在中国大陆地区，高等学校学生纪律处分的主要形式包括警告、严重警告、记过、留校察看和开除学籍。

学生违反高等学校纪律规范应该受到纪律处分。高等学校纪律规范的秩序功能主要体现在对高等学校秩序的构筑上，为大学生行为提供确定的行为模式。违反纪律规范的行为破坏了纪律目标的实现，使行为超出了高等学校核心价值观念与秩序的期望与要求。于是，因行为不同而进行的纪律处分便会产生。从秩序维持的角度讲，纪律处分的主要目的与其说要让违反规定的大学生为自己的行为付出相应的代价，不如说为了警示有违规企图的大学生更为准确。而个人私欲的无限膨胀是人的天性，不加限制必然摧毁高等学校存在的基础——共同道德，因此，在社会转型期，面对林林总总的大学生失范行为，高等学校行使管理权，以纪律处分的形式对违规学生实施惩罚，成为一种必然。

（三）纠纷产生：对纪律处分不服

纪律处分是不可欲的。纪律处分是一种否定性的评价，是一种惩罚。邱兴隆认为[37]："惩罚可以被界定为——根据显得业已实施的或者疏忽的某种行为，而从他人的直接意图中给个人引起的一种恶。"纪律处分作为一种惩罚，是一种恶，"这种恶是一种身体上的恶，既可以是一种痛苦，也可以是快乐的一种丧失"，一种纪律处分，必然使得受处分者权利受损甚至成员资格丧失，比如警告和严重警告使受处分者的评价度降低，而开除学籍则意味着丧失高等学校的成员资格。因此，高等学校所给予每一位成员的纪律处分，必然会使共同体成员权利受到损害，给其带来痛苦或者使其快乐丧失。正如耶林所说："与肉体上的痛苦一样，这种精神痛苦根据主观的感受性、权利侵害的形式和对象不同，其程度各种各样。但只要是并非完全无感觉者均可感受到。换言之，只要是不习惯于事实上无权利状态的人，无论对谁都将以精神痛苦的形式表现出来，并给予与肉体上的痛苦同样的警告。"[38]31 因此，纪律处分是每一位高等学校共同体成员所不欲的。

被处分者有恢复完整权利的意识。高等学校的纪律处分行为，不管正义或正当与否，必然会形成高等学校管理权与大学生某些权利的冲突，这种冲突是一种利益冲突。因为所有的纠纷后面都是利益的争斗，即使纠纷最初"产生于纯情感因素，但进一步的存续都关联着一定的利益、权力或威望。同时，如果不认为情感的萌发与利益等因素纯然无关的话，那么，情感表象之后的深层基础依然是利益、权力或威望等因素"[39]。在这个权力与权利的博弈中，被处分者权利受损或者被削夺，被处分者首先会产生能否将权利争夺回来的意识，在这种意识的驱动下，高等学校和学生之间就有了利益争夺的可能。

高等学校学生纪律处分纠纷产生的社会允许机制，是纠纷产生的必要条件。纠纷的产生，需要社会的许可机制，如果社会没有允许纠纷产生的机制，纠纷是很难产生的，这完全可以解释为什么高等学校学生纪律处分纠纷是 20 世纪 90 年代以来才凸显的社会现象。一方面，90 年代以前，特别是改革开放之前，我国实行高度集中的计划经济体制和高度集权的政治体制，整个社会从微观到宏观，从个人到组织都被纳入国家的权力结构。先赋角色固化了每个人的身份，个人湮没于集体，屈从于群体的"樊篱桎梏"，群体是构成社会的单元，教师和学生的身份固定，高等学校成员的行为是高等学校集体的行为，高等学校和个人总是处于支配和被支配的地位。于是，在高等学校内部，在长期的历史积淀中已经形成了一种在国家行政强制力所保证的、绝对权威集体管理下的、个人权利无意识的、绝对服从的既定秩序。无论在观念和行为上，大学生已经被同质文化的巨大力量所规训，完全服从于具有高度权威的高等学校教育管理权力。在绝大多数情况下，学生不可能有突破既定秩序的行为，高等学校与学生发生纠纷的可能性趋向于零。另一方面，90 年代以前，从普通百姓到高等学校学生都有着普遍的根深蒂固的厌讼观，这个根源在于："从社会层面上看，是家长父权制进入行政领域以及农业社会的经济结构建立在血缘和地缘关系之上，致使在一个相互认识的大家庭中，胆敢怒目相向、制造纠纷者微乎其微；从思想文化根源上看，儒家文化及其在传统司法实践中的潜移默化作用，排斥了纷争、诉讼的安身之地，筑固了厌讼观的人伦社会基础；在政治层面上，纠纷与诉讼对社会秩序的负面影响被着重凸现，纠纷、诉讼是罪恶的观念已经处于社会的主流。在这样的传统人文环境之下，必然造成了厌讼、畏讼的社会心理。"[40] 很显然，学者们的分析都具有科学性，而且都符合中国的历史事实。需要补充的是："罪恶纠纷观的支配作用，使得立法及司法都必须在惩处纠纷制造者、惩处兴起诉讼者的理念下运作，更加加剧了扼杀疏导纠纷的社会机制。"[41]

改革开放以来，特别是 20 世纪 90 年代以来，国家与社会的关系发生了深刻的变化。无论在国家控制的范围上，还是程度上，高等学校都获得了相当大的自主权，作为教育事业单位也与国家行政权力相分离，成为了独立法人。在国家控制的方式上，从原来的以强制性的行政指令和国家计划直接控制为主，逐步转变为以法律和各项社会经济政策进行间接调控为主。党的十六大提出实施依法治国方略，依法治教、依法治校是依法治国方略在教育领域的具体体现。我国宪法和教育法律对大学生享有的权利作出了规定。《宪法》第四十六条规定："我国公民有受教育的权利，有在品德、智力、体质等各方面获得全面发展的权利。"《教育法》《高等教育法》和《普通高等学校学生管理规定》在授予高等学校管理权力的同时也规定了大学生的权利。《教育法》第四十二条规定："对学校给予的处分不服向有关部门提出申诉，对学校、教师侵犯其人身权、财产权等合法权益，提出申诉或者依法提起诉讼。"《高等教育法》规定高等学校的学生享有的其他一些权利，第五十三条明确规定："高等学校学生的合法权益，受法律保护。"《普通高等学校学生管理规定》第五十一条规定："学生对学校给予的处分允许本人申诉、申辩和保留不同意见的权利"；第六十四条规定："学生对有切身利益的问题，有通过正常渠道积极向学校和当地政府反映的权利"，等等。2005 年教育部颁布的《普通高等学校学生管理规定》（即新《普通高等学校学生管理规定》）增设了学生对处分享有陈述权、申辩权和申诉权，体现了高等学校学生管理"无救济则无处分"的法治思想。"学生如对复查决定有异议，在接到学校复查决定书之日起 15 个工作日内，可向学校所在地省级教育行政部门提出书面申诉。省级教育行政部门在接到学生书面申诉之日起 30 个工作日内，对申诉人的问题给予处理并答复。"这些规则对于保护学生合法权益具有重大意义。高等学校学生权利的法律确认，特别是学生救济权的确认，使大学生在自己的行为受到高等学校处分以后采取一系列措施与高等学校发生纠纷有了社会允许机制。

处分的正确与否并不必然导致纠纷，但是每一个纪律处分都有导致纠纷的可能性。虽然每一位受处分者都有恢复完整权利的意识，但是在实践中，受处分者可能会有四种行为：第一，有些受处分者会认为因为自己的过错而受到惩罚，这是一种公平的、合理的结果，所以服从处分，接受这种惩罚后果，而不与学校发生纠纷；第二，有些受到处分者会认为对自己的处罚不够公平，心理上难以接受，但是由于某些原因也不会与学校发生纠纷；第三，有些受到处分者会认为对自己的处罚不够公平，心理上难以接受，认为可以通过与学校发生纠纷，可以使得受损的权利得到救济，从而与学校发生纠纷；第四，有些受处分者会认为因为自己的过错而受到惩罚，是一种公平的、合理的结果，但是心理上仍然难以接受，以期通过纠纷，给学校施加压力，夺回失去的利益。因此，从理论上讲，每一种纪律处分都有发生纠纷的可能。【案例1】可以说明这个问题。

【案例1】 西华大学开除 48 名学生案

2005 年 7 月 25 日和 26 日，西华大学 2004 级学生在参加"高等数学"和"经济数学"补考中出现代考现象，学校教师在评卷时发现这起舞弊事件。9 月 19 日，24 对考试作弊"搭档"被学校认定为作弊，学校作出初步处理意见，勒令 48 名学生退学。9 月 21 日，由于对学校作出的处分有异议，18 名学生向校方提出书面申诉。10 月 13 日，西华大学对学生申诉进行了复查并召开复查专题会议讨论，认为原处分恰当，维持原处理决定。今日，12 名被勒令退学的学生将向四川省教育厅申请行政复议，如果复议结果维持了学校的处分决定，他们将起诉学校。[42]

从上述案例可以看出，西华大学给予 48 名学生以勒令退学的纪律处分，共有 18 名受处分者与学校发生纠纷，其他 30 名学生没有与学校发生纠纷。受处分者不愿意发生纠纷，这就表明了有第一、第二种可能性。一是因为高等学校的处分正确，受处分者认为受损害的权利恢复的成功率太低，而纠纷的成本太高，从而放弃与高等学校发生纠纷的想法。二是因为这种权利个体价值不高，个人很容易重新得到这种权利，该处分给被处分者带来的痛苦比较小，所以，个人不愿意争取这种权利所带来的利益。比如在该案当中，有些海南来的大学生，他们回去复习考入高等学校很容易，他们不会为高额的纠纷代价而浪费时间。[42]

关于第三种可能性，受处分者因自己的行为受到高等学校处分以后，内心觉得不公平，精神上很痛苦，会采取一系列行为与高等学校发生纠纷，这里有两个原因：其一，被处分者所损失的权利个体价值很高，必须竭力恢复这种权利。其二，被处分者及其家长认为学校处分太重，缺乏合理性，认识到"为权利而斗争是权利人对自己的义务"[38]53，希望通过发生纠纷，完整权利的恢复具有可能性。比如在该案中，被处分者的家长戴小平认为："《宪法》赋予了公民有受教育的权利。仅因一个小错误，学校就剥夺了学生受教育的权利，是一种'违宪'的做法。从另一个角度思考，一个学校的数学科目有一半以上的学生没有及格，这也说明该校的教学质量存在严重的问题，学校应该从客观方面查找原因，而不应该一味地责怪学生。"[42]

关于第四种可能性，这永远是存在的。这类受处分者清楚地认识到了受损失的权利的价值，也认识到处分的合理性与合法性，但在心理上依然难以接受，依然希望通过与学校发生纠纷，迫使学校改变处分。在上述案例中，被开除学籍而与学校发生纠纷的大学生郭鹏就是一个很好的例子，他希望还能获得继续留在学校深造的机会。他说："我们都是初犯，也深刻认识到自己的错误，学校应该给我们一个改过的机会，不应该把我们推上绝路。如果学校不给我们这个机会，我们面对的将是渺茫的前途。"[42]从该生的言语之中，我们可以看出，该生事实上承认学校的处分有理有据，但是由于学习机会具有重要意义，而想通过与学校发生纠纷，迫使学校改变处分决定。

通过以上分析，我们可以得出这样的结论：纪律处分正确与否并不是导致纠纷的前提，只要有纪律处分，有纪律处分纠纷发生的社会允许机制，就有发生纠纷的可能性。

二、高等学校学生纪律处分纠纷的基本状况

对高等学校学生纪律处分纠纷发生状况的分析，本书主要从两条路径来进行：一是对沈阳市七所院校的纪律处分及其状况展开调查，并进行数据分析。二是对所收集到的 32 个案例进行分析。下表是对七所院校纪律处分及其发生状况的调查统计情况。

（一）高等学校学生纪律处分纠纷的总体状况

从表面上看，高等学校纪律处分引发的纠纷虽然是近几年的热点问题，见诸于报纸和网络的数量很多，但是实际上，纠纷的总体发生状况，并不是那么严重的。从调查的数据来看，2004—2006 年的三年时间里，

七所高校共处分学生 1329 人，但是与学校发生纠纷的只有 124 人，比率仅占 9.33%。沈阳音乐学院的情况更具有代表性，就学生与学校发生纠纷情况而言，2004 年和 2005 年，共处分学生 92 人，其中与学校发生纠纷人数为 0，2006 年共处分学生 29 人，其中与学校发生纠纷人数为 2 人，三年共处分学生 121 人，纠纷的比率占处分总数的 1.65%。如表 2 - 1、表 2 - 2 所示，以上数据说明，高等学校纪律处分纠纷状况并没有像媒体报道得那么严重。实际上，学生因为自己的过错受到纪律处分，绝大多数学生是接受的，与学校发生纠纷的比率很低。尽管如此，由于高等学校学生纪律处分纠纷的社会影响巨大，如果解决不妥当，容易给和谐高校的构建带来负面影响。因此，对该问题的研究仍然有必要性。

表 2 - 1　沈阳七所院校 2004—2006 年纪律处分统计

学　校 ＼ 纪律处分	警告	严重警告	记过	留校察看	开除学籍	总数
沈阳师范大学	13	80	86	26	72	277
沈阳理工大学	18	53	74	38	42	225
辽宁大学	47	56	24	68	45	240
沈阳建筑大学	52	65	25	23	4	169
沈阳航空工业学院	53	44	15	38	6	156
鲁迅美术学院	21	41	11	66	2	141
沈阳音乐学院	43	34	37	6	1	121
总计	247	373	272	265	172	1329

表 2 - 2　沈阳七所院校 2004—2006 年纪律处分纠纷发生状况统计

学　校 ＼ 纪律处分纠纷	警告	严重警告	记过	留校察看	开除学籍	总数
沈阳师范大学	—	—	2	12	24	38
辽宁大学	—	2	1	13	22	38
沈阳理工大学	—	6	2	8	16	32
沈阳航空工业学院	—	—	1	4	6	11
沈阳音乐学院	—	1	1	—	—	2
鲁迅美术学院	—	—	—	1	1	2
沈阳建筑大学	—	—	—	—	1	1
总计	—	9	7	39	69	124

（二）高等学校学生纪律处分纠纷的主要类型

从纪律处分类型的角度，高等学校的纪律处分纠纷可以分为五类：警告纪律处分纠纷、严重警告纪律处分纠纷、记过纪律处分纠纷、留校察看纪律处分纠纷和开除学籍纪律处分纠纷。从调查的情况看，2004—2006年，沈阳七所院校给出的警告处分有247个，引发的纠纷为0个，比率为0；严重警告处分有373个，引发的纠纷为9个，比率为2.41%；记过处分有272个，引发的纠纷为7个，比率为2.57%；留校察看处分有265个，引发的纠纷为39个，比率为14.7%；开除学籍处分有172个，引发的纠纷为69个，比率为40.12%。如表2-1、表2-2所示。从收集的32个纠纷案例的情况看，记过纪律处分纠纷有1例，留校察看纪律处分纠纷有1例，其中开除学籍纪律处分纠纷有30例，占到93.75%。以上数据表明，警告和严重警告引发的纠纷数量最少，由开除学籍引发的纠纷数量最多，这也说明，由于开除学籍是对学生在学校学习机会的剥夺，因而是最容易引发纠纷的一种纪律处分。

从解决途径的角度，高等学校学生纪律处分纠纷可分为校内申诉纠纷、行政申诉纠纷、行政复议纠纷、民事诉讼纠纷、行政诉讼纠纷。从收集的32个纠纷案例情况来看，校内申诉纠纷有1例，行政申诉纠纷有2例，行政复议纠纷有3例，民事诉讼纠纷有1例，行政诉讼纠纷有25例。从调查的情况看，2004—2006年，沈阳七所院校纪律处分纠纷共124例，其中校内申诉纠纷有81例，占65.32%；行政申诉纠纷有36例，占29.03%；民事诉讼纠纷有0例；行政诉讼纠纷有7例，占5.65%。如表2-3所示。虽然收集的32个纠纷案例中，行政诉讼纠纷占的比重很高，但从实际的调查来看，真正能走上法庭的纠纷比重并不是很高。这种反差，也表明了媒体报道与实际案例总体发生状况的差距。

从高等学校管理的角度，我们可以把高等学校学生纪律处分纠纷分为两类：一类是学术性事务纪律处分纠纷，即针对学生在学习和科研方面的失范行为进行处分而由此引发的纠纷，此类纠纷又包括三种，即课堂管理纪律处分纠纷、论文或作业纪律处分纠纷、考试作弊纪律处分纠纷。

表2-3　沈阳七所院校2004—2006年纪律处分纠纷解决途径状况统计

学　校 ＼ 纪律处分纠纷	校内申诉	行政申诉	行政复议	民事诉讼	行政诉讼	总数
沈阳师范大学	23	10	—	—	5	38
辽宁大学	26	11	—	—	1	38
沈阳理工大学	19	12	—	—	1	32
沈阳航空工业学院	8	3	—	—	—	11
沈阳音乐学院	2	—	—	—	—	2
鲁迅美术学院	2	—	—	—	—	2
沈阳建筑大学	1	—	—	—	—	1
总计	81	36	—	—	7	124

另一类是非学术性事务纪律处分纠纷，即高等学校针对学生校内外的思想政治、生活作风、宿舍管理、社团组织及其活动的失范行为进行处分而由此引发的纠纷。此类纠纷包括两种，即校内行为管理纪律处分纠纷和校外行为管理纪律处分纠纷。从收集的资料看，非学术性纪律处分纠纷有22例；学术性事务纪律处分纠纷有102例，其中考试作弊纪律处分纠纷有96例，占学术性事务纪律处分纠纷的94%。从收集的32个纠纷案例看，非学术性事务纪律处分纠纷有12例，其中校外行为管理纪律处分纠纷有2例，校内行为管理纪律处分纠纷有10例；学术性纪律处分纠纷有20例，其中考试作弊纪律处分纠纷有15例，占到了75%。以上数据表明，由于考试作弊而给予学生纪律处分而引发的纠纷数量最大。

（三）高等学校学生纪律处分纠纷的主要特征

高等学校学生纪律处分纠纷有以下四种主要特征。

1. 纠纷主体的特定性

高等学校学生纪律处分纠纷的主体是具体且特定的行为主体，即高等学校和在高等学校接受高等教育的被处分的学生。从高等学校学生纪律处分纠纷实质上看，高等学校学生纪律处分纠纷既然产生的对立是围绕利益关系产生的对立，其形成的过程，既是高等学校和学生主体相互行为的过程，也是一种社会运动过程。

2. 纠纷主体利益的真实对抗性

高等学校学生纪律处分纠纷形成的动机不能是感情或者竞技状态下的产物，而是根植于实际生活中的真正的利害关系的对立。而只有当大学生实施了违反高等学校规则的行为与高等学校对抗，损害高等学校的某种利益时，纪律处分纠纷才会产生。如果大学生对高等学校的处罚行为毫不在乎，任意地调整自己行为的话，也不能称为纠纷。因为作为双方当事人实施的纠纷行为，不能是平行的，而应该是相反、相对的行为，即纪律处分纠纷主体的行为必须具有一定的对抗性。

3. 纠纷的认定和裁决具有较强的专业性和技术性

教育活动的专业性、技术性和复杂性使高等学校学生纪律处分纠纷的认定和裁决也有着很强的专业、技术和复杂色彩。如科研成果剽窃纪律处分纠纷，它们的认定需要专业人员作出论证和结论，而难以由普通裁决人员来断定。因此，对于某些高等学校学生纪律处分纠纷的判断、处理、化解，需要某种专门的知识和技能。

4. 纠纷比一般的社会纠纷危害要小，但是影响很大

高等学校学生纪律处分纠纷的危害性一般不大，而且大学生所受损的是非主要权利或者一旦行为主体的利益得到适当补偿，纠纷会随之消隐或被掩盖下来。但是由于教育是一项社会公益性事业，牵扯到千家万户的利益，而且大学与大众传播媒介共存，教育新闻具有很高的新闻价值，大学所出现的纠纷问题也具有很强的社会吸引力。所以，高等学校学生纪律处分纠纷很容易成为社会关注的焦点，一旦纠纷处理不好，社会的负面影响很大，从而对和谐社会的构建构成威胁。

三、高等学校学生纪律处分纠纷的主要争议

（一）处分的标准问题

处分的标准争议往往表现为高等学校学生纪律处分的依据问题，即是否依照自己制定的校规对学生行为进行裁量。但是实际上处分标准的内容是很丰富的，这些内容涉及高等学校纪律规范的场域有多大，被处分方的行为是否属于高等学校纪律规范的范围，对学生的处罚程度是否适度，处分依据是否合法等问题。

关于高等学校纪律规范场域的争议问题。主要在于高等学校是否可以对学生的校外行为实行纪律规范，并对违反规范的行为给予纪律处分。请看【案例2】：

【案例2】黄某诉河南公安高等专科学校案

黄某系河南公安高等专科学校 2001 级学生，2003 年 5 月，正是全国防治"非典"的重要时期，黄某在邻校卖书时被学校发现，学校便以《学生管理细则》和校方防治"非典"时的有关规定，给予黄某开除学籍的处分。2004 年 3 月 18 日，他一纸诉状将河南公安高等专科学校推上被告席，要求法院判令学校恢复自己学籍，郑州市金水区人民法院已经正式受理了此案。[43]

在该案例中，双方对高等学校的规范场域的认识问题各执一端，校方认为，学生是本校的学生，本校的学生就应该遵守本校的校规，所以，依据《学生管理细则》和校方防治"非典"时的有关规定给予处分，有理有据。被处分方认为，校规只能在校内发生作用，自己的行为不属于校内行为，自然不应该受到学校纪律规范的约束，所以学校的处分不合理也不合法。

关于高等学校纪律规范的范围问题的争议。西南某学院学生因为怀孕被开除的【案例3】就是一个很好的例证。

【案例3】两学生诉西南某学院案

李静（化名）是西南某学院大二学生。2002 年暑假期间，她与本校相恋一年多的李华（化名）旅游时同住了一晚，发生了性关系。2002 年 10 月 1 日，当自己所在学校的医院验出她有身孕后，学校以"品行恶劣、道德败坏"为由勒令二人退学。学校处分的依据是《某学院学生违纪处罚条例》："品行恶劣、道德败坏、情节轻微者给予严重警告或记过处分；情节严重和发生不正当性行为者，给予留校察看直到开除学籍处分。"2002 年 11 月 24 日，两学生以"定性错误于法无据"为由向该市某区法院提起行政诉讼，要求学校撤销处分，并以侵犯隐私权、名誉权为由要求学校赔偿损失 100 万元，但被法院以诉讼不在司法范围内为由驳回起诉。

后经调解，双方达成和解，当事人回到学校继续读书。[44]

在该案中，被处分方的家长认为："学生同居是个人之间的私事、学校不应该给予其女儿任何处分，而且学校医院泄露了学生的隐私，是违法行为。"[45]并因此提起行政诉讼，要求给予赔偿。学校职能部门工作人员认为："学校有关部门和老师对他们的行为做了大量耐心细致的思想工作，但是二人对所犯错误认识不到位，仍为自己狡辩。为了严肃校纪，教育广大学生，根据《普通高等学校学生管理规定》以及《学生违纪处罚条例》等有关条款的规定，经学校研究决定，给予学生勒令退学的处分。"[46]从纠纷的发生来看，该校引用了原国家教委在1990年颁布的《普通高等学校学生管理规定》（即旧《普通高等学校学生管理规定》）第六十三条中规定："有下列情形之一的学生，学校可酌情给予勒令退学或开除学籍的处分……违反学校纪律，情节严重者"，以及该学院《学生违纪处罚条例》第二十条第二款的规定："情节严重和发生不正当性行为者，给予留校察看直至开除学籍处分"，所以，校方认为，学校的处分行为是合理的也是合法的。而被处分方认为，学生的性行为是学生私事，不是学校纪律规范所涉及的范围。

关于高等学校学生纪律处分程度的争议。"中央民族大学学生作弊被开除学籍案"很能说明问题，在该案中，被处分的学生认为："《普通高等学校学生管理规定》规定：'给予学生的纪律处分，应当与学生违法、违规、违纪行为的性质和过错的严重程度相适应'。我在大学期间就这一次考试违纪，没想到就被学校开除了，学校如果作出记过等处分我可以接受，但开除学籍实在是太重了。"[47]校方则认为："学生作弊与小偷行窃在本质上是趋同的，都是通过不正当手段将不属于自己的东西据为己有。"[47]严惩作弊有助于培养学生健全的人格、有助于形成恪守诚信的社会道德风尚。考试作弊已经威胁到了教育诚信和学术诚信，只有严厉惩罚了个别学生的这种不诚信行为，才能使更多的学生享受公正，这与以人为本的教育思想并不矛盾。因此，高等学校依据法律和规章的授权，行使自主裁量权，严惩考试作弊行为，是合理合法的。

关于高等学校学生纪律处分合法性问题的争议。该问题可以被阐释为，高等学校的纪律处分一般都是依据本校制定的校规作出的，但是依据校规作出的处分决定，到底合不合法呢？这是处分标准争议的核心问题之一。请看【案例4】：

【案例4】5名学生诉沈阳师范大学案

在2006年12月的一次校方考试中，沈阳师范大学5名学生使用假身份证，请人替考，结果在考试中被校方发现。2007年1月11日，5名考试违纪的大学生同时接到了沈阳师范大学学生处下发的《沈阳师范大学违纪学生纪律处分送交通知书》，校方对5名大学生作出开除学籍的处罚决定。在该通知书中，校方称其依据的是《国家教育考试违规处理办法》第二章第十二条、《普通高等学校学生管理规定》第五章第五十四条以及《沈阳师范大学学生考试违纪处分细则》第二章第七条的规定。2007年2月，5名大学生将沈阳师范大学告到了于洪区人民法院，学生们诉称，学校没有开除学生学籍的法定职权，学校开除学生学籍的行为违法，没有法律依据，而且直接剥夺了学生接受教育的基本权利。学生们以此请求法院判决撤销学校开除5名大学生学籍的行政行为，恢复学生的学籍。法院对该案已经受理，因为是集体诉讼案件，于洪区人民法院已经向沈阳市中级人民法院作出请示，并将择期进行审理。[48]

针对该案例，我对原告和被告双方的有关人员作了访谈①。双方的主要争议是开除学生学籍的合法依据问题。作为原告方代表的王乃龙律师认为：“高等学校应在法律、法规、规章规定的范围内行使办学自主权，被告对原告处罚的依据是《国家教育考试违规处理办法》《普通高等学校学生管理规定》《沈阳师范大学学生考试违纪处分细则》，上述规定均不是法律法规，且与《中华人民共和国宪法》《中华人民共和国教育法》《中华人民共和国高等教育法》《中华人民共和国行政处罚法》相矛盾、相抵触，其开除学籍规定是越权行为，是违法的，因而也是无效的。”②

作为处分方代表的赵为处长认为：“我们国家的《教育法》就明确规定，学校和其他教育机构有权对学生进行学籍管理，实施奖励或者是处分。《高等教育法》也明确规定高等学校有权依法自主办学，有权按照章

---

①② 资料引自访谈记录，访谈问题参见附件三。

程的规定实行自主管理，同时高等学校可以对学生实施学籍管理，进行奖励和处罚。这些都是法律规定的学校的权利，尤其是 2007 年的 4 月 1 日，教育部又颁布了《普通高等学校学生管理规定》，这个《规定》当中，就列举了在七种情形下，学校可以对学生给予开除学籍的处分，这七种情形就包括了，由他人代替考试，替他人考试，组织作弊，利用通讯设备作弊，作弊行为严重的情形，等等，如果要是说哪个学生出现了找'枪手'替考，或者自己做'枪手'替他人考试，在这种情况之下，学校是完全有权对他作出开除学籍处分的，这是学校行使管理权的一部分，另外，这些学生使用假身份证，是违法行为，所以说，学校对学生予以开除学籍处分，是合适的，根本不存在超越管理权之说。"①

（二）处分的程序问题

高等学校学生纪律处分纠纷的另外一个核心争议是处分程序问题。上述沈阳师范大学被诉案中，原告的代理律师认为："被告开除原告学籍理应是一种剥夺原告受教育权的严厉的行政处罚行为，应该遵守《中华人民共和国行政处罚法》规定的法定程序，但被告在实施整个处罚过程当中均违反法定程序。被告没有查明原告违法的事实，在作出处罚决定之前没有告知原告作出处罚决定的事实、理由及依据，也没有告知原告依法享有的权利，剥夺了原告在处罚决定前进行陈述和申辩的权利，被告也没有对原告作出书面的处罚决定书，更没有对原告进行送达。所以，被告开除原告的行为违反法定程序。"② 沈阳师范大学学生处赵为处长则认为："我们的校规在网上有公布，而且学生入学的时候，我们对学生进行了入学规范教育，这说明我们有告知行为，再说了，我们学校的处分决定不是某个人作出的，是经过校长办公会议研究决定的，而且，2007 年 1 月 11 日，5 名考试违纪的大学生同时接到了沈阳师范大学学生处下发的《沈阳师范大学违纪学生纪律处分送交通知书》，我们的处分程序绝对合法。"③

---

① 资料引自访谈记录，访谈问题参见附件三。
② 参见附件四。
③ 参见附件三。

（三） 不服处分的救济途径问题

不服处分的救济途径问题也是高等学校学生纪律处分纠纷解决中的核心争议之一，在收集的 32 个案例里，有 8 例涉及此争议。这方面的争议主要是对高等学校学生纪律处分纠纷是否适用诉讼途径特别是行政诉讼途径的问题。校方往往认为，高等学校的纪律处分是内部行政行为，是学校自主管理权的范畴，不应该受到司法审查；而受处分方认为，高等学校的纪律处分行为侵害了自己的合法权益，合法权利应该得到法律救济。请参见【案例5】：

【案例5】 柳斌、陈芳诉成都某大学案

柳斌、陈芳（化名）是成都某大学 2003 级外国语学院的本科班学生，同时也是一对谈恋爱已一年的情侣。2004 年 5 月 9 日晚 6 点多钟，二人一同来到教室上自习。由于"五一"大假后的第一天教室没有其他学生在上自习，两人于是将一间教室的前后门都关上，享受着只有他们两人的清静。大约 8 时左右，各自看了一阵书的两人渐渐抱在一起接吻，然后顺势躺在地上。让他们没想到的是，这一切都被学校的监控录像设备录了下来。之后，两人又开始看书。十几分钟后几名保安敲门走进教室，并问他们干了什么，哪个班的，叫什么名字。随后，保安把柳斌带到一楼的监控室。校卫队的保安也不过向他们询问了一下学习、生活的基本情况，根本没有问及刚刚发生的拥吻事件。三日后，二人被叫到院领导办公室接受教育，还交了检讨书。他们就此认为事件结束。然而，5 月 12 日，校方根据该校《大学生违纪处分条例规定》第十三条第三款"发生非法性行为者，给予开除学籍处分"的规定，对二人作出了勒令退学的处分决定。他们找到学院领导，详细说明了当日情况，请求学校能够重新裁定。然而，没有产生任何效果。7 月 5 日，学院领导正式向柳斌、陈芳两人宣读了学校"勒令退学"的决定。二人随之将学校告上法院。在法庭上，该案的原被告双方就法院是否应当受理此案展开激烈争辩。作为原告的两位大学生的代理律师辩称，学校虽不是行政机关，但其对学生作出的处分行为，是《教育法》等法律法规授权的行政行为。《行政诉讼法》规定，由某法律授权实施行政行为的单位，应当作为行政诉讼的被告。原告方代理律师指出，学校的处分侵犯了两名学生的受教育权。按照《行

政诉讼法》规定，原告方可以对学校提起诉讼，此案应该在法院的受理范围内。而被告的两名代理律师称，学校不是行政机关，处分两名在教室接吻的大学生是基于依法制订的规章，是一种内部管理行为。"依照《行政诉讼法》及其司法解释，此案不在法院受理范围。"因此，学校认为法院应该驳回原告的起诉。9月9日，法院对此案作出裁定：中止审理。并向该校送达《行政裁定书》，要求暂停执行这一处分决定。[49]

从该案例看，双方争议的焦点在于学校是不是适格被告的问题。校方认为，高等学校不是行政诉讼的适格被告，理由主要有二：其一，高等学校不是行政机关；其二，高等学校处分学生的行为是学校自主管理权的体现，属于学校内部管理行为，不是行政诉讼所审查的具体行政行为。被处分方认为，高等学校是行政诉讼的适格被告，理由也有二：其一，高等学校的处分行为是《教育法》等法律法规授权的行政行为，是行政诉讼法规定的具体行政行为；其二，学生的受教育权受到侵害。

此外，这一争议还涉及对《教育法》第四十二条第四款的理解问题，该条款规定："对学校给予的处分不服向有关部门提出申诉，对学校、教师侵犯其人身权、财产权等合法权益，提出申诉或者依法提起诉讼"。根据该条款规定，学生对学校的处分不服，可以向有关部门提起申诉，这是没有争议的，但是问题就出在该条款中的"等"上，这个"等"是"等内"还是"等外"呢？如果是"等内"，那么就高等学校学生纪律处分纠纷就可以提起诉讼；如果是"等外"，就应该排除诉讼途径。正因为对"等"字的理解不同，所以纠纷的双方都引用该条款为自己的行为辩护。校方认为，根据该条款，对高等学校的纪律处分不服只能通过申诉解决，应该排除司法审查；被处分方认为，根据该条款，高等学校的纪律处分侵害了自己的受教育权，应该得到司法救济。

第三章　高等学校学生纪律处分纠纷的处理及困境

在具体了解了高校学生纪律处分纠纷基本状况及其争议所在之后，我们有必要进一步就高等学校学生纪律处分纠纷处理途径以及学生权利法律救济制度的问题与障碍进行分析和整理。

一、处理高等学校学生纪律处分纠纷的途径

处理高等学校学生纪律处分纠纷的途径主要有五条，即校内申诉、行政申诉、行政复议、民事诉讼和行政诉讼。

（一）校内申诉

校内申诉是高等学校学生纪律处分纠纷的内部解决渠道。从收集的材料看，美国、澳大利亚、加拿大、日本等国家的高等学校内部大都有形式各异的申诉制度，我国台湾地区的高等学校也设有学生申诉委员会来处理纪律处分纠纷。随着高等教育管理的科学化和法治化进程的加速，我国也在 21 世纪初引入了校内申诉制度，作为解决纪律处分纠纷的内部渠道，其作用也日益凸显出来。

校内申诉解决高等学校学生纪律处分纠纷的依据。《教育法》以法律形式专门规定了学生的合法权益，并规定学生有权对侵犯其合法权益者提出申诉，是保护学生合法权益的重要教育法律。《教育法》第四十二条规定，受教育者享有"对学校给予的处分不服向有关部门提出申诉，对学校、教师侵犯其人身权、财产权等合法权益，提出申诉或者依法提起诉讼"的权利。《教育法》规定的学生申诉制度是维护学生这一特定合法权益的法律救济保障，体现了我国教育立法注重保护公民合法权益的立法宗旨。教育部 2005 年颁布的《普通高等学校学生管理规定》第五十九条至六十四条对学生申诉的机构、受理、期限、处理等作出了原则规定，要求学校成立学生申诉委员会，并规定："学生对处分决定有异议的，在接到学校处分决定书之日起 5 个工作日内，可以向学校学生申诉处理委员会提出书面申诉，学生申诉委员会在 15 个工作日内作出复查结论。""学生对复查结论有异议的，在接到学校复查决定书之日起 15 个工作日内，可以向学校所在地省级教育行政部门提出书面申诉。"以上规定以法律和部门规章的形式为高等学校学生纪律处分纠纷的校内申诉解决途径提供了依据。

从 2003 年开始，北京大学、清华大学、中国科技大学、同济大学等高等学校逐步建立并完善了相应的校内学生申诉制度。[50]特别是 2005 年教育部《普通高等学校学生管理规定》颁布实施以后，各地高等学校的校内学生申诉制度也纷纷建立。从调查来看，校内学生申诉制度的核心机构是学生申诉处理委员会，这一委员会通常由学校负责人、职能部门负责人、教师代表和学生代表共同组成。比如沈阳建筑大学的申诉委员会由 9 名成员组成，其中学校负责人有 1 人，职能部门负责人有 1 人，教师代表有 3 人，律师代表有 2 人，学生代表有 2 人。从该组织运行情况来看，所调查的七所学校的学生申诉委员会的运转经费都由学校提供。另外，各所大学校内申诉制度具有不同特色。比如，上海交通大学由校长办公室受理申诉，学校成立专门的学生申诉处理委员会负责处理申诉；该校还强化了听证制度，通过召开听证会的方式处理申诉，在听证活动中保证当事人行使陈述权、申辩权，听证笔录还要求由当事人当场签名或者盖章；同济大学成立申诉处理委员会代替学工部；上海水产大学规定学校申诉复审委员会接到学生申诉后会召开一场允许学生旁听的公开辩论会，被处分的学生和校方相关老师可以当堂辩论[51]。

在实践中，校内学生申诉制度在解决高等学校学生纪律处分纠纷方面已经取得了一些成果。2006年1月和2月，北京师范大学珠海分校学生因违纪受到学校各种处分决定的有95例，其中90%是考试违纪。在受到处分的学生中，提出书面申诉的有10人，除1人书面撤回申诉外，因被认定参与打架而受到严重警告的有1人，因考试被认定作弊而受到留校察看处分的有8人。经学生申诉处理委员会的复查，于2006年3月18日的公开听证会、内部研究讨论及记名表决，依据《北京师范大学珠海分校学生申诉处理暂行办法》，按照公平、公开、公正原则，教育与处分相结合原则，保障学生申诉权原则，要求作出处理决定的机关或单位重新审理或研究的有3例，同意维持原处分决定的有6例。不仅是北京师范大学珠海校区，同样地以申诉方式解决高等学校的纪律处分纠纷的案例也出现在国内其他高等学校。2006年3月10日，中央民族大学曾举行不公开的学生申诉听证会，对上学期期末考试中被发现作弊的10名学生中的部分学生作出最终开除学籍的处分决定。[50]烟台大学计算机学院2004级的4名同学，在2006年9月份"C程序设计"课的补考中，4人因替考被认定为考试作弊，学校对他们处以开除学籍处分。4人均不服，认为校方关于考试作弊的最新处理规定较2004年入校教育时发生变化，之前并不知情。另外，事情发生后4人认错态度好，有悔过之意，其中一人还有主动终止作弊的行为，希望学校酌情予以减轻处分，于是提出申诉。经过该校申诉委员会委员表决，申诉委员会作出决议：对其中3名同学维持原处分决定，另一名同学因考试过程中主动承认替考行为，由教务部门核实后，处分减轻为留校察看。[52]2006年6月2日，福建农林大学学生申诉处理委员会主任、常务副校长洪伟主持申诉委员会全体会议，复查经管学院、作物学院两名学生提起的申诉。在申诉会上，校学生申诉处理委员会委员认真听取了申诉人的申诉理由和职能部门代表对事实经过、处分程序和法律依据的说明，并对双方争议的事实进行了问询。在对争议事实进行调查取证后，校学生申诉处理委员会依照《福建农林大学学生申诉处理办法》和《福建农林大学学生申诉处理办法实施细则》等进行了无记名表决，驳回了两位学生的申诉请求，作出了维持原处分决定的复查结论。[53]

校内学生申诉制度作为校内的纠纷解决机制，无论结果是维持还是减轻处分，或者是重新处理，都是学校依法治校和民主办学的表现，充分体现了学校以人为本，建设和谐校园的精神，以必要的程序使受处分者认识到自己的错误和处分的公平性，从而在一定程度上使受处分者从内心接受处分结果，客观上消解和减少了纠纷。

（二）教育行政申诉

教育行政申诉制度是纪律处分纠纷在现行体制下切实可行的解决路径之一。近年来，高等学校与其学生之间的纪律处分纠纷此起彼伏，而且在数量上呈现不断攀升的趋势。实践和理论都在试图通过制度创新突破传统的桎梏，寻求一种恰当的纠纷解决机制。从已经发生的纪律处分纠纷案件看，通过何种方式解决高等学校学生纪律处分纠纷，目前仍然处于争论和摸索阶段，缺少明确的法律依据，这直接导致了教育行政诉讼的不可预见性。在实践中，当学生将学校起诉到法院后，有的审判机关以行政案件受理了诉讼，如1999年的"田永诉北京科技大学案"①。有的审判机关则对此犹豫不定，不敢轻易涉足，如2002年的"两学生诉西南某学院案"②，该市两级法院或不予受理或受理后驳回起诉。学生要求学校尊重其法律权利，高等学校要维护其教育自主管理权，那么，为适应"依法治校"的要求，必须首先在理论上解决学校的哪些行为属于外部不能干涉的自治权范畴，哪些行为应当接受外部国家机关特别是司法机关的监督。但是，要对这些问题达成广泛共识并体现于法律之中还需假以时日。所以，在这种背景下，有些地方开始尝试挖掘一种现有的资源，并将其制度化、规范化，力求建立一种既不与传统相矛盾，又能够在一定的限度内解决高等学校学生纪律处分纠纷的制度，这种做法既稳妥且值得赞赏。

教育行政申诉制度对解决高等学校学生纪律处分纠纷有其独特优势。教育行政申诉制度具有中立、专业、亲和、高效、便捷等特点，与其他救济途径相比，它更能反映出这类纠纷的特殊性，具有相当强的针对性，因此，教育行政申诉制度优势明显。国外也有类似的制度并发挥着不可替代的作用。例如，"法国的国民教育部和学区均设有专门机构受理涉及教育的法律纠纷。在学区一级，设有学区国民教育委员会，受理本学区内的案

---

① 参见附件二。
② 参见【案例3】。

件，它可以对有悖于教育法律的行为作裁决。如果当事者对其作出的裁决不服，可上诉至设在国民教育部的国民教育高级委员会复裁。国民教育高级委员会共有 81 名成员，由国民教育行政部门、政府各部、社会各界、学生家长、教师代表组成，从中选出 28 名委员组成一个专门机构对案件进行裁决。如果法律规定的程序和方法未得到遵守，国民教育高级委员会的裁决可被国家行政法院撤销"[54]。

　　教育行政申诉制度的依据。《高等教育法》第十三条规定："国务院统一领导和管理全国高等教育事业。省、自治区、直辖市人民政府统筹协调本行政区域内的高等教育事业，管理主要为地方培养人才和国务院授权管理的高等学校。"《高等教育法》第四十四条规定："高等学校的办学水平、教育质量，接受教育行政部门的监督和由其组织的评估。"该规定明确了教育行政部门的监督职权。《教育法》第四十二条规定，受教育者享有"对学校给予的处分不服向有关部门提出申诉，对学校、教师侵犯其人身权、财产权等合法权益，提出申诉或者依法提起诉讼"的权利。《高等学校校园秩序管理若干规定》（国家教育委员会令第 13 号）第十八条明确规定："对违反本规定，经过劝告、制止仍不改正的师生员工，学校可视情节给予行政处分或者纪律处分；属于违反治安管理行为的，由公安机关依法处理；情节严重构成犯罪的，由司法机关处理。师生员工对学校的处分不服的，可以向有关教育行政部门提出申诉，教育行政部门应当在接到申诉的三十日内作出处理决定。"《普通高等学校学生管理规定》第六十三条规定："学生对复查决定有异议的，在接到学校复查决定书之日起 15 个工作日内，可以向学校所在地省级教育行政部门提出书面申诉。省级教育行政部门在接到学生书面申诉之日起 30 个工作日内，应当对申诉人的问题给予处理并答复。"以上规定以法律和部门规章的形式为高等学校学生纪律处分纠纷的教育行政申诉解决途径提供了依据。

　　通过各种渠道，本研究收集了 9 个省、自治区和直辖市的学生行政申诉处理办法，具体包括四川、海南、河北、湖南、安徽、宁夏、上海、北京、重庆。这些教育行政申诉办法的颁布时间都是在 2005 年 9 月 1 日之后，这说明教育部的《普通高等学校学生管理规定》的出台，为各个地区的教育行政申诉制度的建立和完善提供了契机。从名称上看，各个地区的学生教育行政申诉制度的名称多有不同，但是大多带有"处理办法"

"实施办法""章程"的字样，地区部门规章性质明显，比如《海南省高等学校学生申诉处理办法（试行）》《贵州省教育厅关于受理、处理、答复本省普通高等学校学生申诉暂行实施办法》《宁夏回族自治区普通高等学校学生申诉处理委员会章程》以及北京市《关于普通高等学校学生违纪处分程序的若干规定（试行）》。另外，各地行政申诉制度大多带有"试行"和"暂行"的字样，这说明该制度虽然在实践中亟须，但是需要完善的地方还很多。从行政申诉制度来看，各个地区的申诉处理制度结构相对完整，比如，上海市教育委员会 2005 年 9 月 30 日颁布了《上海市教育委员会关于受理、处理、答复本市高校学生申诉暂行实施办法》，该办法对申诉申请人、申诉事由、申诉程序和期限、申诉处理与处理结果答复都作出了明确规定。

在实践中，教育行政申诉制度在解决高等学校学生纪律处分纠纷方面发挥了一定作用。从收集的案例看，最有代表性的有两例。

【案例6】刘某诉北京市教委案

刘某是北京某大学 2001 级本科学生，在读书期间曾因考试作弊被学校记过处分，取消学位。2004 年 6 月 30 日下午，刘某在期终考试中利用手机第二次作弊，被监考老师发现。后学校作出勒令刘某退学的决定。2004 年 12 月，刘某向市教委提出申诉。市教委维持了学校的处分决定；刘某不服，起诉至法院。法院一审判决维持了市教委的申诉处理决定；刘某不服，上诉至北京市第一中级人民法院。2005 年 7 月，北京市第一中级人民法院经审理认为，一审法院在查明事实后，作出维持教委学生申诉处理决定的主要证据充分，程序合理，应当予以维持。[55]

【案例7】中央民族大学开除 11 名学生案

2006 年 1 月 5 日，中央民族大学的 11 名学生被学校认定为作弊。1月 6 日，中央民族大学作出开除 11 名学生学籍的决定，并限令其在 48 小时内离校。1 月 20 日，4 名学生向市教委提出申诉请求。2 月 28 日，市教委在调查的基础上，以程序不当为由，要求中央民族大学撤销开除学生的决定。中央民族大学在 3 月 16 日补办听证会后，于 4 月 5 日下达通知，坚持开除学生。4 月 28 日，4 名学生再次向市教委申诉。市教委征求了教育部和校方的意见。教育部曾就此问题给出过一份《教育部法制办公室对"北京市教育委员会关于对中央民族大学四名学生申诉处理意见是否恰当的函"的答复》，支持市教委的决定，认为4名学生的行为确实不属于严重作弊行为。2006年9月8日，北京市教委以"学生的行为不属于严重作弊"为由，作出了一份《学生申诉处理决定书》。该决定书要求中央民族大学撤销开除学生的决定。[47]

这两个案例的决定都是由北京市教育委员会作出的，其中，案例6维持了学校的处分决定，案例7要求学校撤销处分决定。这两个案例表明，只要各个地区的教育行政部门对高等学校管理正确行使自己的监督职能，对高等学校所作出的纪律处分决定进行认真的审查，对处分案件进行认真的调查，然后作出申诉处理决定，往往会得到上级教育行政部门或者法院的承认、支持和维护，在某种程度上，该途径可以有效地解决高等学校学生纪律处分纠纷。

（三）行政复议

行政复议是解决高等学校学生纪律处分纠纷的行政途径之一。行政复议既是对行政管理机关违法或者不当的具体行政行为进行矫正的一种救济手段，也是上级行政机关对下级行政机关的具体行政行为进行审查和复核、行使行政职权的一种形式，还是行政管理系统内部自我纠错、自我监督的方式之一。行政复议的目的在于自我监督、自我纠错，纠正违法或者不当的具体行政行为，从而使行政管理相对人的合法权益及时得到保护和救济。对高等学校学生纪律处分纠纷来讲，教育行政部门对高等学校所作出的纪律处分决定，如果是具体行政行为，就有必要进行审查，这样可以从某种程度上解决部分纪律处分纠纷。

行政复议解决高等学校学生纪律处分纠纷的依据。《中华人民共和国行政复议法》第一条规定："为了防止和纠正违法的或者不当的具体行政行为，保护公民、法人和其他组织的合法权益，保障和监督行政机关依法行使职权，根据宪法，制定本法。"第二条规定："公民、法人或者其他组织认为具体行政行为侵犯其合法权益，向行政机关提出行政复议申请，行政机关受理行政复议申请、作出行政复议决定，适用本法。"第三条规定："依照本法履行行政复议职责的行政机关是行政复议机关。行政复议机关负责法制工作的机构具体办理行政复议事项，履行下列职责：（1）受理行政复议申请；（2）向有关组织和人员调查取证，查阅文件和资料；（3）审查申请行政复议的具体行政行为是否合法与适当，拟订行政复议决定；（4）处理或者转送对本法第七条所列有关规定的审查申请；（5）对行政机关违反本法规定的行为依照规定的权限和程序提出处理建议；（6）办理因不服行政复议决定提起行政诉讼的应诉事项；（7）法律、法规规定的其他职责。"第四条规定："行政复议机关履行行政复议职责，应当遵循合法、公正、公开、及时、便民的原则，坚持有错必纠，保障法律、法规的正确实施。"虽然这些规定直接作为高等学校学生纪律处分纠纷的解决途径尚有一些理论问题需要解决，但是援引这些法律条文，通过行政复议的方式来解决纪律处分纠纷已经成为必然趋势。

在实践中，通过行政复议来解决高等学校学生纪律处分纠纷的案例已经出现，参见【案例8】。

【案例8】 女博士提起行政复议案

卫英（化名）为南京某高校教授，2002年9月考入北京外国语大学攻读英语语言文学专业博士学位，属于定向培养，导师为何其莘教授。决定书称，2006年1月12日，何其莘教授向学校保卫处报案，称自2005年9月起，有人连续用小广告、手机短信、电话和电子邮件等形式对其进行辱骂、恐吓和人身攻击，使其人身安全受到威胁。学校调查认定，这些行为均系卫英所为。学校还查明，卫英利用小广告等形式，对该校张中载、张惠文两位老师进行骚扰，其行为已经触犯《治安管理处罚法》，何其莘教授拒绝继续担任卫英的博士生导师，学校学术委员会一致认为卫英不适合继续攻读博士学位，2006年4月18日，学校党政联席会议研究决定：给予卫英开除学籍的处分。4月29日，卫英提出申诉，认为校方认定事实严重失实。5月12日，卫英的申诉被驳回。5月19日，卫英向北京市教育委员会提起行政复议。2006年6月29日，北京市教育委员会对被开除学籍的北京外国语大学女博士卫英的行政复议作出处理决定，指出北京外国语大学在对卫英作出开除学籍的处分决定之前，没有听取她的陈述和申辩，程序不当，根据《中华人民共和国教育法》第四十二条第四项和

《普通高等学校学生管理规定》第六十三条第二项的规定，决定撤销北京外国语大学关于开除博士研究生卫英学籍的处罚决定书。[56]

从实践上来看，虽然行政复议作为解决高等学校学生纪律处分纠纷的途径尚存在很多问题和障碍，但是，由于行政复议的特殊纠错性质，随着教育管理的法治化和科学化的深入，行政复议肯定会成为高等学校学生纪律处分纠纷解决的必要途径之一。

（四）行政诉讼和民事诉讼

诉讼是解决高等学校学生纪律处分纠纷的最终途径。在所收集的32个案例当中，高等学校纪律处分纠纷通过诉讼解决的共有26例，占所收集案例的81.25%，当然这里面包括通过其他渠道不果而提起诉讼的8例。为什么有这么多的纪律处分纠纷通过诉讼而不是通过其他方式解决，原因很复杂，但有一点是肯定的，那就是诉讼方式的效力和特点起到了关键作用。和其他解决纠纷的方式相比，诉讼具有以下特点：第一，法院是国家的审判机关，它是通过国家赋予的审判权来解决当事人双方之间争议的法定机关，审判人员是国家权力机关任命的，绝大多数情况下，都秉持着公正的态度；第二，诉讼的程序比较严格、完整。不管是民事诉讼还是行政诉讼，审判程序都包括第一审程序、第二审程序、审判监督程序等。另外诉讼还规定了撤诉、上诉等制度，这些都是其他方式所不具备的；第三，人民法院依法对案件进行审理作出的裁判生效后，不仅对当事人具有约束力，而且对社会具有普遍的约束力。当事人不得就该判决中确认的权利义务关系再行起诉，人民法院也不再对同一案件进行审理；第四，负有义务的一方当事人拒绝履行义务时，权利人有权申请人民法院强制执行，任何公民、法人包括其他组织都要维护人民法院的判决，有义务协助执行的单位或个人应积极负责地协助人民法院执行判决，如果拒不协助执行或者阻碍人民法院判决的执行，行为人将承担相应的法律后果。以国家强制力作后盾来保证裁判的实现，也是诉讼方式区别于其他解决纠纷方式的一个显著的特点。基于这些优势，往往会在花费许多时间精力纠纷仍得不到彻底解决的情况下，走上法庭往往成了纪律处分纠纷双方当事人的最终选择。

高等学校学生纪律处分纠纷通过诉讼解决的依据。《教育法》第四十二条规定："对学校给予的处分不服向有关部门提出申诉，对学校、教师侵犯其人身权、财产权等合法权益，提出申诉或者依法提起诉讼。"《高等教育法》第五十三条规定："高等学校学生的合法权益，受法律保护。"《普通高等学校学生管理规定》第五条规定："对学校给予的处分或者处理有异议，向学校、教育行政部门提出申诉；对学校、教职员工侵犯其人身权、财产权等合法权益，提出申诉或者依法提起诉讼。"《中华人民共和国民事诉讼法》第三条规定："人民法院受理公民之间、法人之间、其他组织之间以及他们相互之间因财产关系和人身关系提起的民事诉讼，适用本法的规定。"第十三条规定："当事人有权在法律规定的范围内处分自己的民事权利和诉讼权利。"第十五条规定："机关、社会团体、企业事业单位对损害国家、集体或者个人民事权益的行为，可以支持受损害的单位或者个人向人民法院起诉。"第四十九条规定："公民、法人和其他组织可以作为民事诉讼的当事人。法人由其法定代表人进行诉讼。其他组织由其主要负责人进行诉讼。"第五十二条规定："原告可以放弃或者变更诉讼请求。被告可以承认或者反驳诉讼请求，有权提起反诉。"《中华人民共和国行政诉讼法》第一条规定："为保证人民法院正确、及时审理行政案件，保护公民、法人和其他组织的合法权益，维护和监督行政机关依法行使行政职权，根据宪法制定本法。"第二条规定："公民、法人或者其他组织认为行政机关和行政机关工作人员的具体行政行为侵犯其合法权益，有权依照本法向人民法院提起诉讼。"第五条规定："人民法院审理行政案件，对具体行政行为是否合法进行审查。"第十一条规定："人民法院受理公民、法人和其他组织对下列具体行政行为不服提起的诉讼：（一）对拘留、罚款、吊销许可证和执照、责令停产停业、没收财物等行政处罚不服的……（七）认为行政机关违法要求履行义务的；（八）认为行政机关侵犯其他人身权、财产权的。除前款规定外，人民法院受理法律、法规规定可以提起诉讼的其他行政案件。"从这些法律条文来看，我国《教育法》《民事诉讼法》《行政诉讼法》和相关的司法解释都没有规定高等学校的处分权行为可以适用诉讼，这恰恰说明以上这些规定直接作为高等学校学生纪律处分纠纷的解决途径尚有一些理论问题需要解决。但是援引这些条文，通过民事诉讼或者行政诉讼的方式来解决高等学校学生纪律处分纠纷是必要的，随着中国法治进程的深入，也是可行的。

在实践中，通过诉讼来解决高等学校学生纪律处分纠纷并不顺畅。在司法实务当中，有些法院完全排除了学生对学校给予的处分寻求司法救济的途径。在收集的 26 例诉讼案例中，有 5 例起诉都被法院以不属于法院受理范围为由予以驳回，其中 3 例是受理后驳回的，有 21 例法院受理了高等学校学生纪律处分纠纷。从收集案例的总体状况看，高等学校学生纪律处分纠纷的司法解决，还处于比较混乱的状态。但是，司法实践中的 21 例法院受理案例，不管其结果是维持还是撤销学校的决定，都使我们有理由相信，通过诉讼来解决高等学校学生纪律处分纠纷是中国法律实践的必然选择之一。

二、高等学校学生法律救济制度的缺陷

（一）校内申诉制度的不足

为了对全国的高等学校内部申诉制度有一个总体认识，本研究收集了 24 所高等院校的申诉管理规定。从收集的资料看，这些高等学校内部申诉制度问题很多，可以概括为以下几个方面。

1. 申诉机构地位和性质不明确

目前，我国没有确认高等学校内部学生申诉制度性质的法律和规章。到底该制度是内部纠纷调解制度，还是行政仲裁制度，抑或是教育行政管理制度呢？在这个问题没有定论的情况下，高等学校内部申诉制度的重要性就很难体现，公正性也无法确定。另外，由于教育部 2005 年颁布实施的《普通高等学校学生管理规定》没有关于申诉机构地位的明确规定，致使部分高等学校在配置学生申诉委员会方面，即使设置有此类机构和人员的，也往往是挂靠机构，人员组成结构上也没有相对稳定的专业人士，从调查的沈阳七所高等学校的申诉委员会构成状况看，有三所高等学校成员不固定。由于高等学校申诉制度的性质不确定，设置地位缺乏法律、法规依据，有些高等学校对委员会的机构性质缺乏中立性的认知感。比如一些高等学校受传统思维的束缚，习惯把其认定为学生工作的创新，并自然地归属于学生处或团委等部门，这就造成实践当中一个部门既唱红脸又唱白脸的被动局面，同时，学生对这一机构的信服度也大打折扣，一部分学生甚至质疑其只是学校的一种作秀手段。比如，《上海师范大学学生申诉

处理办法（试行）》第五条规定："申诉委员会的办事机构挂靠在校长办公室，负责受理学生申诉及申诉委员会安排的其他工作。"从规定来看，该规定只是将申诉委员会的办事机构挂靠在校长办公室，并未明确该机构的中立地位，这使得该机构缺乏有力度的制衡功能，其公正性和公信力受到质疑，因而在实践中，高等学校学生内部申诉制度在很多情况下形同虚设，纠纷难以得到及时、有效的解决。而且早在新《普通高等学校学生管理规定》出台之前，"北京大学、浙江大学等高校就已经成立了受理学生申诉的机构。以北京大学为例，其'学生申诉受理委员会'自2003年5月成立以来，共受理学生申诉9起，而9起申诉的处理结果都是维持原裁定"[57]43。虽然我们有理由相信高等学校学生纪律处分在大多数情况下的公正性，但是一律维持原裁定的处理结果，让我们不得不思考高等学校内部申诉机构的性质和地位问题。

　　2. 高等学校内部申诉处理机构的权限过低

　　《北京邮电大学学生申诉处理管理条例》第十四条规定："认为原处分存在下列情况之一的，申诉委应建议改变原处分决定：1. 违规事实认定不清楚、证据不足的；2. 适用依据错误的；3. 违反《普通高等学校学生管理规定》的处理程序的；4. 违反北京邮电大学有关规定的。"再比如，《北京航空航天大学学生校内申诉和听证规定（试行）》第二十二条规定："复查结论书对学生申诉作出以下说明：（一）处理决定认定事实清楚、证据确凿、适用依据正确、程序合法、内容适当的，作出维持原处理决定的复查结论书。（二）处理决定有下列情况之一的，建议原处理决定部门重新作出处理决定：1. 事实认定不清、证据不足的；2. 适用依据错误或处理决定裁量不当的；3. 违反处分、处理程序的。"该处理办法第二十三条规定："原处理决定部门在接到复查结论书之日起15个工作日内作出复查决定。复查结论要对开除学籍处分和取消入学资格、退学处理决定作出改变原处分或处理决定的建议，须由申诉处理委员会提交校长会议研究，作出复查决定；复查结论要对警告、严重警告、记过、留校察看等处分进行改变的，须由申诉处理委员会提交原处理决定部门重新研究，并作出复查决定。"类似的规定在收集的高等学校学生申诉处理办法中有8例，占三分之一。从这些规定可以看出，高等学校内部申诉处理机构的权限仅限于维持原处理决定或者建议修改，这使得学生申诉制度的实效性大打折扣，使学生通过内部申诉途径来挽回权利损失的可能性很小。

3. 高等学校内部申诉机构的人员构成使得该机构缺乏公正性

新《普通高等学校学生管理规定》中关于申诉委员会的规定是："学校应当成立学生申诉处理委员会，受理学生对取消入学资格、退学处理或者违规、违纪处分的申诉；学生申诉处理委员会应当由学校负责人、职能部门负责人、教师代表、学生代表组成。"可见，该规定没有把处分学生的职能部门和申诉处理部门分开，也并没有针对人员的数量构成提出具体要求。依据新《普通高等学校学生管理规定》，大多数高等学校的规定类似于《郑州大学学生申诉处理实施办法》第九条的规定："学校学生申诉处理委员会由学校主管领导、监察处、学生处、教务处、研究生院等职能部门负责人和教师代表、学生代表以及学校法律顾问（专家）组成，学校主管领导任主任。"基于这样的人员构成，纪律处分纠纷的申诉解决的公平性恐难保证。参见【案例9】。

【案例9】 朱宏诉郑州大学案

朱宏是郑州大学升达经贸管理学院学生，2005年1月11日，在系里组织的考试中，他夹带纸条作弊，被监考老师发现。1月12日，学校作出勒令退学处分决定，并口头通知朱宏。面对速度惊人、未见任何书面材料的处分决定，朱宏不服，向新郑市法院起诉了郑州大学升达经贸管理学院。2005年8月，新郑市法院作出判决：撤销勒令退学处分决定。判案法官高安民说："法院作出如此判决主要因为其'程序违法'，被告采取口头方式告知原告处分结果，属送达等程序违法。"2005年9月16日，判决生效，朱宏和父亲一起到学校，接待人员声称对此事尚未研究，让他们回去等消息。一个星期之后，经法官出面协调，学生处通知朱宏可以上学，并出具了《复学通知书》。朱宏和家人如释重负。让他们没有想到的是，2005年12月5日，学校又重新制作了《拟勒令退学通知》，并以书面形式发到朱宏手中。处罚理由仍是2005年1月11日作弊一事，结论仍是勒令退学处分。20天后，学校针对朱宏事件组建了申诉委员会，表决之后，《退学通知书》正式下发。朱宏父亲说他私下里了解到的情况是：在申诉委员会的14名成员中，有2位学生、1位律师、1位教师和10位领导；表决时，学生反对，律师和教师弃权，领导全部赞成。[58]

从【案例9】来看，新《普通高等学校学生管理规定》比起旧《普通高等学校学生管理规定》有诸多进步，尤其是完善和充实了处理程序。但是，新《普通高等学校学生管理规定》有个严重缺憾，那就是，对于最关键环节——负责处分复查的申诉委员会，没有规定处分职能部门的人员不能担任申诉委员会的成员，以及四类组成人员的具体构成比率，这往往造成在实践中高等学校通过控制人员组成掌控申诉结果的情况。在【案例9】中，申诉委员会有14名成员，其中有2位学生、1位律师、1位教师和10位领导；在表决的时候，所有学生反对，反对比率只有14%，即使所有教师、律师和学生一起投反对票，比率也只有28.6%。因此，如果处分确实不公正，而一旦学校领导因为学校声誉等原因认为应该维持处分，那么表决结果必然是维持处分；如果处分的确是公正的，纪律申诉委员会维持了处分决定，这种人员构成也会使得学生认为处理不公正，学校内部申诉解决纠纷的可能性也不大。

4. 具体规定显失公平

比如《上海师范大学学生申诉处理办法（试行）》第十七条规定："申诉委员会所作出的复查结论不改变原处理、处分决定的，应制发《上海师范大学学生申诉复查决定书》答复申诉人，并抄送相关部门。申诉委员会所作出的复查结论建议改变原处理、处分决定的，应提交学校重新研究，并通知申诉人。复查决定书应当告知申诉人如对复查结论有异议，应在收到《上海师范大学学生申诉复查决定书》之日起15个工作日内，可以向上海市教育委员会提出书面申诉。"第十八条规定："《上海师范大学学生申诉复查决定书》送达方式可以采取当面直接送达，也可按照申诉人提出申诉申请时留下的通信地址邮寄，特殊情况下也可采取校内书面公告的形式。采用邮寄方式送达的，答复申诉人的日期以邮件寄发地邮戳日期为准。"该规定中的"答复申诉人的日期以邮件寄发地邮戳日期为准"，如果出现邮递意外，责任很难确定，这在处理态度上充分表现了对学生权利保护的不够周全，因为一旦出现邮递发生意外等情况，很容易影响学生对上级教育行政部门提起申诉的权利。《江西财经大学学生处罚条例》第十六条规定："学校对学生作出处分决定前，可以听取学生的陈述和申辩。"该规定将2005年颁布的《普通高等学校学生管理规定》中的"应当"二字改为"可以"。一词之差，把全部主动权留给了校方。本就该是校方的责任和义务，则变成了校方的自由裁量权。此外，该校的这一条规定还取消了教育部规章赋予学生的陈述和申辩的委托代理权。"这种有意识的改动和取消反映了制度供给方的自利本质以及制度供给意愿上的保留态度。"[59]

5. 高等学校处分的先定力原则损害了学生的受教育权

不管申诉处理机构的决定对学校的处罚决定如何裁决，学校要求学生退学，学生就得离开；即便处分决定撤销，学生的受教育权也会因此而产生各种影响和损失，也没有人来负责。比如，《兰州大学学生申诉办法》第十七条规定："在申诉和处理期间，原处理决定不停止执行。"在收集的 24 所高等院校的学生申诉办法中，有 20 所院校有此规定，占 83%。可见，这种规定进一步确立了高等学校的话语权，即使对学生的处分错误，学生的权利受到侵害，受损的权利也没有恢复的可能。

6. 高等学校学生申诉制度在某些操作的关键环节缺少明确的规定

在新《普通高等学校学生管理规定》中，我们没有发现详细的程序制度，如回避制度、时效制度、公开制度、参与制度、告知制度等，由于它本身是一部相对抽象的行政规章，内容很广，细化有难度，出现这种情况是可以理解的。但是具体到我收集的资料里面，有 24 例没有回避制度，有 8 例没有时效制度，有 12 例没有公开制度，有 4 例没有参与制度，有 2 例没有告知制度。这种状况无疑会导致高等学校学生申诉制度可操作性不强，申诉处理部门的随意性较大，同时也降低了申诉制度的公信力。

7. 高等学校学生申诉制度与高等学校外部申诉制度、行政复议、行政诉讼制度不协调

与高等学校学生申诉制度的不完善相比，我国的行政复议、行政诉讼制度相对较为完善，以行政复议法、行政诉讼法等法律法规以及相关司法解释为依据，我国已经形成了较为完备的行政复议、行政诉讼制度体系。作为一种比较特殊的救济方式，高等学校学生申诉制度的某些专门性规定和特殊程序与主流的行政救济制度存在着内在冲突，破坏了行政救济体系的完整性和统一性。这在一定程度上增加了行政成本，同时也不利于对学生合法权益的保护。更严重的是，高等学校学生申诉制度缺乏与行政复议、行政诉讼这两种最为重要的权利救济制度的协调机制，申诉与行政复议、行政诉讼之间的关系缺乏明确的法律规定。比如，对于申诉后是否可

以提起行政复议或行政诉讼的问题，均无章可循。

（二）行政申诉制度的不足

2005年9月1日实施的《普通高等学校学生管理规定》第六十三条明确了学生校外的申诉渠道，但这条渠道在实践中并不顺畅。原因是该制度缺陷很多，使得高等学校学生纪律处分纠纷在校外解决中困难重重。

1. 行政申诉制度的法律性质不明

申诉是何种性质的法律救济程序，申诉权是一种什么样的救济权，这些问题在现行教育立法中都还没有得到解决。《教育法》规定对学校处分不服，学生可以向有关部门提出申诉，而且对学校、教师侵犯学生人身权、财产权等合法权益，学生也可以提出申诉。但是教育申诉到底属于什么性质，法律和规章只是确立这个制度，而对于该制度的法律性质却没有解释，导致申诉的受理主体缺乏法律指引与规定，必然造成申诉权在某种程度上无法行使。同样，申诉制度的性质不确定，造成申诉结果的获取也就没有基本的法律保障。如果行政申诉结果不能得到法律保障，那么也就不可能获得权利保护的期待与结果。在实践中，"中央民族大学11名学生被学校认定为考试作弊而被开除，4名学生向北京市教育委员会提出申诉。北京市教育委员会要求中央民族大学撤销对学生的开除决定，但中央民族大学对此一直未作出正面回应。"[60]这就是一个明证。

2. "有关部门"所指不明，导致诉权指向不明

《教育法》虽然规定对学校给予的处分不服向有关部门提出申诉，但是这里的"有关部门"是指哪些部门，《教育法》未作出明确规定，也没有相应的实施细则对此予以解释。依《教育法》第十四条"高等教育由国务院和省、自治区直辖市人民政府管理"、《高等教育法》第十三条"国务院统一领导和管理全国高等教育事业。省、自治区、直辖市人民政府统筹协调本行政区域内的高等教育事业，管理主要为地方培养人才和国务院授权管理的高等学校"和第十四条"国务院教育行政部门主管全国高等教育工作，管理由国务院确定的主要为全国培养人才的高等学校。国务院其他有关部门在国务院规定的职责范围内，负责有关的高等教育工作"之规定，国务院和省、自治区、直辖市人民政府及国务院教育行政部门和其他有关部门应负有受理学生申诉的义务。但如此高层次的"有

关部门"，无疑会增加学生的申诉成本，申诉期望与申诉效益难以取得协调。【案例10】可以说明这个问题。

【案例10】 刘璐不服大连外国语学院处分案

2002 年 12 月 30 日上午，刘璐因班级换座位与同班同学刑某发生争执。没想到刑某居然抄起一把椅子砸中了刘璐，刘璐于是大声质问刑某：打女生还是不是男人。没想到随后刑某竟走过来又狠狠地踹了刘璐一脚。刘璐气愤至极，就说了一句：小子我整死你！回到宿舍，刘璐向高中同学丁强打了一个电话，想找个朋友诉苦。令刘璐意想不到的是，当天下午丁强就带了几个同学把刑某带的几个同学约到校外，话不投机，双方打了起来，但无人受伤。事发后，系领导认定是刘璐指使并策划了这起打架事件。于是系里责令刘璐写份检讨书。这份检讨书按领导的意思经过了七次修改才得以勉强通过。刘璐本认为，按领导的意思写了检讨，这件事理应平息。没想到，2003 年 1 月 17 日，学校根据《辽宁省普通高等学校行政处分条例（试行)》中"策划他人打架，视其后果轻重，给予严重警告、记过、留校察看、勒令退学或开除学籍处分"的规定，对刘璐作出了勒令退学处分。理由是刘璐指使校外人员报复同学，造成他人伤害，在同学中产生极坏影响。2003 年 2 月，刘璐和其父母向辽宁省教育厅提起了申诉申请。2003 年 4 月 24 日，省教育厅有关人员口头答复："处理有依据，程序没问题"，维持学校决定不变。2003 年 5 月，她又向省政府提起行政复议申请，要求给予书面答复。省政府要求省教育厅对刘璐作出书面答复，但省教育厅不认可。在双方始终无法达成一致意见的情况下，进而请示国务院法制办。2003 年 9 月 27 日，国务院法制办回复："应予以书面答复，行政不作为存在"。其间，刘璐还就学校作出的处分决定，向大连市中山区人民法院提起了行政诉讼。经两审，刘璐的诉讼请求还是被驳回了。法院的理由是：高校的学籍管理决定属于内部管理行为，不属于行政诉讼的受理范围。2004 年 4 月 8 日，省教育厅终于书面作出了"关于刘璐申诉的答复"，结论依然维持学校的处理意见。刘璐不服，继续向上申诉。2004 年 5 月 16 日，她向国家教育部提交了一份行政复议申请。教育部给予了高度重视，并在全面调查了解情况的基础上，于 2004 年 8 月 16 日作出了行政复议决定书。该决定指出了学校的处分决定及省教育厅在处理该事件的过程中存在的错误，撤销了省教育厅2004年4月8日作出的处理决定书，并责令其在收到该决定书30天内对刘璐提出的学生申诉申请重新进行调查，并作出处理决定。原以为事情终于有解决希望的刘璐万万没有想到，又等待了2个月零3天之后，省教育厅才出具第二份处理意见，建议"学校重新调查慎重处理"。"如果对重新处理的决定不满意，建议刘璐到法院起诉学校。"2005年1月14日，学校《关于对刘璐同学行政处分重新复核的意见》，依然维持原决定不变。后刘璐以辽宁省教育厅为被告向沈阳市皇姑区人民法院提起行政诉讼，请求判令辽宁省教育厅行政不作为成立，法院审理认为，辽宁省教育厅虽然没有更改对刘璐的处分，但是已经行使了职权。刘璐不服该判决，向沈阳市中级人民法院提起上诉。最后与辽宁省教育厅庭外和解，刘璐撤诉，由教育厅安排转入另外一所大学读书，并由大连外国语学院赔偿刘璐一万六千元人民币。[61]

　　从该案的解决情况来看，政府部门对于该案是否适合行政复议的意见也是不统一的，《辽宁省人民政府法制办公室关于刘璐行政复议案件有关问题的请示（2003年8月25日辽政法〔2003〕10号）》中提到："国务院法制办公室：我省某学院在籍学生刘璐因打架被校方勒令退学。刘璐认为该校的处理决定既缺乏事实依据又违反了国家法律规定，严重侵犯了其合法权益，于2003年2月向省教育厅申诉，要求省教育厅保护受教育权利，省教育厅受理后至今未对该申诉作出书面答复。刘璐以省教育厅怠于履行行政职责，致使其合法权益受到侵害，向省政府申请行政复议。由于现有的法律规定不明确，在省教育厅是否具有受理学生申诉的法定职责上认识不一致。"从该请示中可以看出，正是由于"有关部门"之类的含混性规定，必定会出现部门对学生申诉的推诿现象，使"求诉有门"变为"求诉无门"。

　　3. 申诉程序有不公正的瑕疵

　　高等学校和地方教育行政部门有着千丝万缕的关系，在纪律处分纠纷的申诉处理过程中，地方教育行政部门往往偏听一面之词，难以做到公正处理。辽宁省教育厅2004年4月8日作出的《关于刘璐申诉的答复》写道："接到该申诉材料后，我厅调阅了大连外国语学院对申请人处分的全部材料，要求大连外国语学院对申请所提出的问题进行审核，并三次请大连外国语学院有关人员到厅里汇报情况。按照《教育法》第二十八条，《普通高等学校学生管理规定》（国家教委令第 7 号），我厅认定大连外国语学院对刘璐的处分依据充分、程序合法、处分相当，故维持大连外国语学院的处理意见。"这个答复只有很短的几句话，没有申诉人、申诉对象、申诉时间以及申诉事由，应该说该答复作为政府文件是很不规范的。而且辽宁省教育厅对于整个事件的前因后果没有进行详尽说明，只是调阅了大连外国语学院的材料，客观上讲，辽宁省教育厅没有对事件进行全面的调查，没有给刘璐同学听证和申辩的机会，所以说，在申诉程序上有不够公正的瑕疵。

4. 申诉程序缺乏法律的硬约束

如果申诉程序缺乏法律的硬约束，地方教育行政部门该受理的纪律处分纠纷不受理，该行使的职权不行使，就会导致申请人的权利很难得到保障，而且容易使得权利救济的申诉渠道进入"死循环"。

从【案例10】来看，大连外国语学院对刘璐做出勒令退学处分后，刘璐向辽宁省教育厅提出了行政申诉，请求撤销学校作出的处分决定。辽宁省教育厅作出的口头答复是"处理有依据，程序没问题"。刘璐不服，向国家教育部提出行政复议申请，教育部回复说需要辽宁省教育厅的书面答复才能受理。无奈之下，刘璐向辽宁省人民政府提请行政复议，请求裁定辽宁省教育厅对自己的申诉给予书面答复。拿到由辽宁省教育厅出具的书面答复后，刘璐再次向国家教育部提出行政复议申请。2004 年 8 月 16 日，教育部下发了关于刘璐案的《行政复议决定书》。决定内容一是撤销辽宁省教育厅 2004 年 4 月 8 日作出的"关于刘璐申诉的答复"处理决定书，二是要求辽宁省教育厅在收到行政复议决定书的 30 天内，根据决定书提出的要求，对刘璐的事情重新进行调查，并作出相应的学生申诉处理决定。2004 年 12 月 3 日，辽宁省教育厅按照教育部的要求，对刘璐的申诉作出第二次书面答复，即"责成大连外国语学院对刘璐的申诉，重新调查并慎重处理"。2005 年 1 月 14 日，大连外国语学院提出了对刘璐案的复核意见："最终认为：学院对于发生在 2002 年 12 月 30 日的这一打架事件的处理是理智的。所做出的《关于对刘璐勒令退学的处分决定》是正确的，应当予以维持。"依然维持原来的处分决定。[62] 刘璐费尽周折历时两年的校外申诉最后还是"无果而终"。刘璐的申诉之路，充分暴露出行政申诉对学生权利维护的乏力。"虽然省级教育行政部门对高等学校有指导监督权，但没有明确规定省级教育行政部门可以变更学校的处分决定。新《普通高等学校学生管理规定》也只原则规定了'省级教育行政部门在接到学生书面申诉之日起30个工作日内，对申诉人的问题给予处理并答复'，具体怎么处理、怎么答复并未具体说明。虽然借鉴行政复议的有关规定，可以推论出'给予处理'的'处理'中是包含着直接更改学校决定的情形，但从当前省级教育行政部门和高等学校关系上来看，省级教育行政部门没有直接更改学校的决定也是情理之中"[57]43。从案件的申诉处理过程看，刘璐走过了整个程序，但是权利的救济却是从"终点"又回到"起点"，如果刘璐重新提起申诉，就会进入一个申诉"死循环"，权利救济途径无效。

5. 教育行政执法方面存在"有法不依、执法不严、违法不究"现象

在我国的行政执法实践中，行政执法部门"有法不依、执法不严、违法不究"的现象普遍存在。突出表现在：其一，不按规定向当事人公开办事程序。不少部门把行政程序视为其内部的工作手续，"法藏官府，威严莫测"，不对外公开；甚至有关公民或者组织要求查询时，采取不理睬、不配合的态度。现在被称道的"两公开一监督"，其实不少都是在做表面文章，地方教育行政部门的宣传网站是有的，但是要么空空如也，要么公布的都是无关紧要的信息或是陈年旧事。其二，"法外解释""法外立法"普遍存在。教育行政执法部门，对已有的法定程序往往随意进行解释，比如在高等学校学生纪律处分纠纷申诉中多以高等学校自主裁量权来放弃职权。其三，"执法不严"和"违法不究"。在行政申诉程序中，"某些学校对于'当被申诉方'有思想上的抵触，撤销处分更被看成有损面子，影响'教学秩序'，所以千方百计避免撤销处分，而主管行政机关往往顾虑到高等学校与其在人事、资金，特别是在'管理学生'上的相关性，担心'撤销处分'以后'教学管理工作不好开展'，尤其是存在同类处理方式时，更有可能一动百摇，所以尽量维持处理决定"[63]。对于有些很明显、或者很严重的纪律处分违法行为，比如对高等学校的开除学籍纪律处分，即使学校明显存在过错，也不追究。

6. 行政申诉处理决定的效力不明确

对于申诉处理决定的效力，在我国法律、法规以及规章中都缺乏相应的规定，特别是对申诉处理的执行没有相应的保障机制。例如，申诉机关可以决定由被申诉人重新作出处理决定，但并无相关行政法律规范来明确重新作出处理决定的期限。此外，申诉机关作出处理决定后，如果被申诉人拒不履行，那么申诉人是否可以申请人民法院强制执行的问题也没有被明确规定。比如，在"田永诉北京科技大学案"① 中，在进入诉讼程序之前，有关人员曾就北京科技大学对田永的校级处理决定向国家教育行政部门进行申诉，国家教育委员会也曾下文指出其处理过重，处理决定不符合国家的有关规定，要求学校复审。但该校并未采纳国家教育委员会的意见。可见，申诉处理决定的效力不明确必定使得申诉制度的作用受到极大的限制。

综上所述，高等学校学生纪律处分纠纷的行政申诉救济渠道存在诸多的问题和障碍，可归结为两个方面：其一，申诉制度本身存在诸多问题；其二，教育行政部门的自身为了避免承担责任，存在怠于行使行政监督权的问题。

（三）行政复议作为救济途径的问题与障碍

《中华人民共和国行政复议法》于 1999 年 4 月 29 日经九届全国人民代表大会常务委员会审议通过，该法从当年 10 月 1 日起施行，且取代实施了若干年的行政法规——《行政复议条例》（1990 年 12 月 24 日由国务院发布、1994 年 10 月 9 日由国务院修订发布、1999 年 10 月 1 日废止）。虽然理论界认为它是对原《行政复议条例》规定和行政复议制度的巨大突破，但是，该法律存在成文法固有的局限，这些局限成为高等学校学生纪律处分纠纷解决的障碍。

1. 教育行政复议的被申请人定位不准确

"《行政复议法》第二章为行政复议范围，第六条用列举式与概括式相结合的方式明确了行政复议的受案范围，扩大了对公民、法人和其他组织权利的保护与救济，但是第六条所列的 11 项，全部是针对行政机关而

———————————

① 参见附件二。

言，没有包含法律、法规授权的组织。事实上，法律、法规授权组织也是行政主体，其在授权范围内作出的具体行政行为也属于行政复议的对象。这种授权组织也是行政主体，其在授权范围内作出的具体行政行为也属于行政复议的对象。"[64]在教育领域，教育复议制度仅将被申请人限定为教育行政机关，而不是高等学校，其范围一般限于对教育行政机关的具体行政行为，而不是高等学校的管理行为；教育行政诉讼制度也是针对教育行政机关设置的，在当时计划经济的背景下，高等学校作为行政诉讼被告的情形几乎被排除在考虑范围之外。这样就造成了非常不利的结果，那就是，在我国现行的教育管理体制下，由高等学校对学生、教师的行政管理行为引起的纠纷只能依法通过申诉途径来获得救济，而无法通过行政复议的途径获得救济。高等学校学生纪律处分中的开除学籍处分虽然是行政授权行为，但是将高等学校排除在复议被申请人之外，对地方教育行政机关不公平，对申请人的权利保护也非常不利。

2. 缩小甚至取消了地方教育行政部门对抽象行政行为的审查权

该问题主要表现在规范性文件可以申请复议的规定上。"如果仅从可以直接申请复议的范围来看，将规范性文件纳入复议范围无疑是一个巨大的突破，但是如果结合它的限制性规定和程序性规定来分析的话，我们可以得出如下结论：与其说《行政复议法》较原来的《行政复议条例》是进步不如说是倒退。《行政复议法》第七条在规定可以对具体行政行为所依据的'规定'申请复议时，同时又以'一并'加以限制。这一规定表面上扩大了当事人申请权行使的范围，但它存在如下缺陷：《行政复议法》使《行政复议条例》中规定的对规范性文件的主动审查变成了被动的监督。《行政复议条例》虽没有明确规定当事人可以对规范性文件申请复议，但在第四十三条却赋予了行政复议机关的主动审查权：在当事人没有申请的情况下，复议机关'发现'规范性文件存在违法或冲突的，有权'在职权范围依法予以撤销或者改变'，或者'认为'违法或冲突的而又无权处理的，则可向其上级行政机关报告。但是，《行政复议法》的规定表明：对行政规范性文件的审查只能依当事人的申请而发生。如果当事人没有申请，复议机关就有可能借口当事人没有提出申请而拒绝对行政规范性文件进行审查，从而使行政复议机关的复议监督权大打折扣。"[65]85

3. 对于学生的重要权利缺乏保全规定

"《行政复议法》关于规范性文件审查的规定使申请人的权益保障受到影响。根据该法第二十六条、第二十七条的规定，在对具体行政行为所依据的规范性文件进行处理期间，中止对具体行政行为的审查。但是，行政复议期间具体行政行为又不停止执行。如此，一旦具体行政行为违法或不当，则当事人也必须履行违法或不当具体行政行为所施加的义务或不利影响，从而使本应通过复议来获得的权益却实际上并没有得到保障。"[65]85

4. 抽象行政行为中规定的处理机关和处理程序不健全

"依据《宪法》和有关组织法的规定，有权处理规范性文件的机关分别是：对政府制定的，由同级权力机关和上级政府处理；对政府部门制定的，由同级政府处理。对行政复议中附带申请审查的规定，能够处理的仅限于权力机关和政府，对于有领导关系的上、下级部门之间，上级机关无权处理下级机关的规范性文件，这就使得处理机关较为单一。"[66]87同时，对那些实行垂直领导的行政机关，如省级以下教育行政机关，对于他们制定的文件，处理机关就不够明确。"在《行政复议法》之前，《宪法》和有关组织法中已经有关于规范性文件（包括地方各级权力机关制定的）的监督制度，但是，由于缺少具体的处理程序，这些制度（特别是权力机关的监督）形同虚设，未能发挥应有的作用。在《行政复议法》中虽然允许可以对规定附带申请审查，但同样没有规定有权机关的处理程序，更没有规定有权机关未依法处理的法律责任。这种对规定进行监督的操作性不强的事实，很容易使人怀疑这一制度的实际效果。"[66]87比如，省级教育行政部门是否可以审查并撤销或者更正高等学校自己制定的纪律处分规定的非合理的和非法的规定就是一个问题。如果教育部的《普通高等学校管理规定》对于开除学籍纪律处分违反《宪法》精神和法律，谁来审查，谁来撤销，这些都是现有的行政复议法所没法面对的问题。

5. 适当性审查的标准不明确

"《行政复议法》列举了具体行政行为违法的具体表现形式，为行政复议中进行合法性的审查提供了一定的标准，但是这种标准的原则性太强，缺少具体、细致的规定。而且《行政复议法》没有规定具体行政行为明显不当的认定标准，这就使得通过行政复议对不当行为进行监督的可操作性比较差，也使得相对人的合法权益得以保护的可能性打了折扣。"[66]87

6. 欠缺行政复议机关不履行复议职责的外部责任的规定

尽管《行政复议法》规定了行政复议机关以及行政复议机构在行政复议过程中违法、失职的法律责任，但这种责任是一种内部责任，对于如何促使行政复议机关依法履行复议职责，真正发挥行政复议制度，防止和纠正违法的或者不当的具体行政行为的发生，仍然欠缺制度上的保障，特别是欠缺外部责任的规定。"根据《行政诉讼法》的规定，复议机关作出维持决定或者不作决定的，起诉时以最初作出具体行政行为的行政机关为被告，复议机关改变原行为的，以复议机关为被告；根据《国家赔偿法》的规定，经复议的案件，由最初造成侵权行为的行政机关为赔偿义务机关，复议决定加重损害的，复议机关对加重的部分履行赔偿义务。"[66]87立法上的这种责任分配极易导致复议机关为了避免自身成为行政诉讼的被告或者国家赔偿的义务机关，对于其受理的复议案件，明知具体行政行为违法或者不当，却仍然作出维持决定或者不作决定。

（四）行政诉讼作为救济途径的问题与障碍

在司法实践中，不少学生的诉讼请求被驳回，驳回的理由有：涉及对学生的处分的纠纷案件不属于人民法院行政诉讼管辖的范围，高等学校作出处分的程序合法，高等学校有制定校规的权力，超过诉讼时效，等等。

关于高等学校学生纪律处分纠纷的行政诉讼的问题和障碍主要有以下两个方面。

其一，高等学校不是适格被告。法院的这种学校不能作被告的观点颇具代表性，而这种观点的形成与我国行政法学理论发展有一定关系。初期的行政法学以研究国家行政机关为主要内容，并侧重于对国家行政机关的性质、分类、职权、结构等的研究，这种研究重心的失衡，导致行政诉讼被告认识的片面性，"只有行政机关才能作被告"[67]。另外，在新闻宣传中把行政诉讼制度简单地概括为通俗的"民告官"，这对上述观念的形成和影响起了一定的推波助澜的作用。按照中国传统观念的理解，高等学校不是"官"，也就当然的不能"告"。请看【案例11】：

【案例11】 甄胜诉三峡大学案

原告甄胜原系被告三峡大学电气信息学院学生。在 2002 年 5 月 31 日进行的"软件技术基础"考试中，原告甄胜因与他人传递试卷，被被告三峡大学于 2002 年 6 月 6 日根据《三峡大学考场违纪及舞弊处理办法（试行）》第五条，给予其留校察看一年的处分。2003 年 4 月 23 日，原告甄胜在"数字信号处理"重修考试中，被监考老师发现其夹带写有考试资料的纸条，即中断其考试。后被告三峡大学于 2003 年 5 月 8 日根据《三峡大学考场违纪及舞弊处理办法（试行）》第六条之规定，给予原告甄胜勒令退学处分。原告甄胜不服，于 2003 年 8 月 7 日向葛洲坝人民法院提起诉讼。请求判决撤销勒令退学处分。葛洲坝人民法院公开开庭审理认为：学校与学生的关系，是一种特殊的内部行政管理关系。依照现行法律，并非其所有领域均可纳入现行行政诉讼范畴。三峡大学依据有关规章勒令甄胜退学，甄胜对此处分决定不服所产生的纠纷，不属于人民法院直接受理的行政案件的范围。根据《中华人民共和国教育法》第四十二条第（四）项，甄胜作为受教育者对学校给予的处分不服，有向有关教育行政主管部门申诉的权利。三峡大学作出的勒令甄胜退学的处分决定，并非可诉的具体行政行为。依照《最高人民法院关于执行中华人民共和国行政诉讼法若干问题的解释》第四十四条第（一）项之规定，葛洲坝人民法院于 2003 年 9 月 19 日裁定驳回原告甄胜的起诉。原告甄胜不服一审判决，向宜昌市中级人民法院提起上诉。二审认为：被上诉人对上诉人作出的勒令退学处分决定，虽然涉及了上诉人接受教育的实体权利，但该处分决定具有内部行政管理行为的性质。且《中华人民共和国教育法》第四十二条第（四）项规定，对学校给予的处分不服，受教育者有向有关部门提出申诉的权利。因此，对于上诉人因不服勒令退学处分决定而提起行政诉讼，法院立案受理尚缺乏相应的法律依据。经二审审判委员会讨论认为，一审法院裁定驳回上诉人的起诉并无不当。依照《中华人民共和国行政诉讼法》第六十一条第（一）项之规定，裁定驳回上诉，维持原裁定。[68]

该案例很能说明问题。该案中，法院认定三峡大学的身份是事业法人，不是行使国家行政职能的机关和组织，被告不适格。我国行政诉讼法对被告限定为行政机关，于是，在中国出现了这样一种怪现象，学生对高等学校学生纪律处分不服，先向教育行政机关申诉，然后再以地方教育行政机关为被告提起行政诉讼，这种做法无疑也是学生面对我国现行法律现状所做的无奈之举，事实上，这种行为也很难使自己的权利得到救济。《教育法》第四十二条规定："受教育者有权对学校给予的处分不服，向有关部门提出申诉。""与其他一些国家和地区相比，我国《行政诉讼法》和相关的司法解释都没有规定高等学校的处分权行为可以诉讼。而在司法实务当中，法院依据《教育法》的这一条规定，完全排除了学生对学校给予的处分寻求司法救济的途径。立法者似乎相信，原告可能势单力薄，而为了尊重作为'内部法律关系'主体的学校的教育自主权，只要加上上级主管行政机关的砝码，就足以与学校相抗衡了。所以，在学生权益受到侵害的情况下，法院不必涉入争议。只有当申诉处理的决定仍不合理时，才允许申诉人以申诉的行政主管部门为被告，以高等学校为第三人提起诉讼。"[63]但问题是：拒绝高等学校处分权的可诉性，能否真正保护公民的利益呢？"在法庭上，高等学校已经不是一个被告，而是一个第三人。法院面对行政机关这一强大的对手，常常自感无奈。在行政诉讼的制度下，法官只能审查被告，即主管行政机关的具体行政行为，而不会审查高等学校的处分权行为。在高等学校处分权由于立法授权的不明确性，而导致虽然不合理却合法的前提下，申诉机关的行为不管从主体、内容、程序都不会有问题。"[69]于是，提起诉讼的被处分学生很难胜诉。案例10中，刘璐首先以大连外国语学院为被告提起行政诉讼，法院不予受理，而后刘璐以辽宁省教育厅行政不作为为案由提起行政诉讼，面对强大的行政机关，法院在初审判决中，作出了虽然刘璐不服辽宁省教育厅的决定，但是辽宁省教育厅已经行使了职权的判决，从而判决刘璐败诉。

"综上所述，目前司法实践中对于在学籍管理当中的高等学校处分权纠纷出现了一个两难困境：即对学生的处理决定权实际上掌握在高等学校手里，有关教育部门的内部监督也难以真正监管高等学校处分权，切实保护学生的利益。而学生一旦通过申诉提起行政诉讼，被告并不是高等学校，而是申诉机关，高等学校只是第三人。这样，法院在审理时，当然只能审查被告的具体行政行为，而不会是审查高等学校行为。但实质问题并不在于申诉机关的行为，而在于高等学校行为。这样，学生起诉高等学校的在学籍管理中的处分行为，就变成了学生主管行政机关的具体行政行为。在这种情况下，作为原告的学生的权利无法通过申诉以及行政诉讼得到理想的保护，关于高等学校处分权的法律监督的规定被虚置化了。"[63]

其二，高等学校学生纪律处分规定属于学校内部管理行为，属于抽象行政行为，法院不能审查。"作为一个肩负特殊职责的机关，法院应当对越来越多的社会事务进行司法审查，因为只有具有中立地位的法院才有能力和资格来解决社会纠纷，实现社会的公平正义。可是，即使法院不忍看到原告受屈而决心打抱不平，还有一个实际体制制约的问题。"[63] 我国对行政行为进行司法审查的标准，是在总结司法实践经验，借鉴国外司法审查标准基础上形成的，并以成文法的形式规定在《行政诉讼法》中。根据《行政诉讼法》第五十四条的规定，我国现行行政行为司法审查的标准主要有以下七个：（1）证据是否确凿；（2）适用法律、法规是否正确；（3）是否符合法定程序；（4）是否超越职权；（5）是否不履行、拖延履行法定职责；（6）是否滥用职权；（7）是否显失公正。在吴韶宇案件的《昆法行终字第 4 号二审裁定书》[70] 和田永案件的《北京市第一中级人民法院行政判决书（1999）——中行终字第 73 号》中，在论理部分都提到校纪处分是学校内部管理行为，特别是在田永案件中，法院明确写道："学校有权制定校规、校纪，并有权对在校学生进行教学管理和违纪处理，因此而引起的争议不属于行政诉讼受案范围。"[71] 事实上，"法院的观点映射着这样的认识：学校与学生之间是内部管理关系。这种内部管理关系是否受到德国、日本等国家的特别权力关系的影响，暂不作探讨"[72]。但是，这的确成为行政诉讼解决高等学校学生纪律处分纠纷的严重障碍。

从原因上看，在中国法律语境里，高等学校经法律、法规授权依法对其内部事务实行组织和管理，校规制定权是其自主管理权的表现形式之一。《教育法》第二十八条、第二十九条明确规定，学校及其他教育机构"依照章程自主管理""依法接受监督"。《高等教育法》第十一条规定："高等学校应当面向社会，依法自主办学，实行民主管理。"第五十三条规定："高等学校的学生应当遵守法律、法规，遵守学生行为规范和学校的各项管理制度。"由此可见，"高等学校享有法律上的自治权力，其所制定的规则对大学内部的机构活动具有明确的规范性，是大学自我管理、自我约束和接受监督的基本依据，也是我国教育法制体系的重要延伸，其性质应当定位于自治规章"[73]。

如前所述，在现代"行政法治"理念下，高等学校是行使公共管理权的行政主体，而在传统"大学自治"观念下，高等学校则是享有广泛自主管理权的自治主体。"大学自治观念一直以来强调学校与权力的相对独立，排除国家的过多干预，学术自由被认为是一种普适人权和公民自由权，任何人藉此得以自由地寻求真理并将真理传授于他人。为保障良好的教育制度，为维护民主之存在与发展，学术自由与大学自治都是必需的。"[73]这也就是为什么各国宪法在规定国家负责教育的同时，还规定大学享有自治权力的原因。如《意大利宪法》第三十三条规定："确保艺术与科学自由及其教授的自由。""高等文化机关、大学和科学院在国家法律所规定范围内，有权颁布自治规章。"[73]当然，这种自治规章不同于一般的行政规范。"二者虽然都是行政主体所创制的行为规则，是法的必要补充，但后者主要是为了实施法律规范和执行政策，要受法之严格约束，制定、发布行政规范是'准行政立法'活动；而前者则主要是为了保证学校内部管理的科学化与有序化，尽管其也必须以合法、合宪为前提，但基于高等教育之特殊属性，法律赋予了高等学校以较大的自由裁量权，这也使得校规更多地带上了自主、自律色彩"，[73]司法审查的确难以进入。

虽然通过行政诉讼来解决高等学校与学生之间纪律处分纠纷是大家所采用的最为重要的方式，但是根据《中华人民共和国行政诉讼法》第十二条及《最高人民法院关于执行〈中华人民共和国行政诉讼法〉若干问题的解释》第一条之规定，校规作为抽象行政行为当然被排除在司法审查范围之外。"实践中，即便大学生的宪法权利受到校规条款侵犯，也不能直接以宪法为根据向人民法院起诉并请求判决校规条款违宪无效，而只能对以该校规条款为依据的具体管理行为提起行政诉讼，请求法院判决撤销该行为。"[73]【案例12】非常鲜明地说明了这个问题。

【案例12】杨亚人诉天津科技大学案

原告杨亚人系被告天津科技大学（原名天津轻工业学院）材料科学与化学工程学院2004届毕业生。原告杨亚人在2001年6月9日"分析化学"期末考试中夹带复习材料，被考场巡视人员和监考老师当场发现。

被告天津科技大学于 2001 年 6 月 12 日对杨亚人作出处理决定，认定其考试作弊并对其此次考试成绩以零分计。依据天津轻工业学院《关于对学生管理规定中有关考试作弊条款的修订意见》第一条第 2 项，考试作弊者作弊科目成绩以零分计算，并不准正常补考，对考试作弊者，给予留校察看处分的规定，给予杨亚人留校察看一年的处分。2002 年 7 月 4 日被告天津科技大学根据原告杨亚人的申请，对其作出解除留校察看一年的处分。原告杨亚人分别于 2002 年 9 月和 2003 年 4 月参加了全国计算机等级考试并取得了二级合格证书和三级合格证书。原告杨亚人于 2004 年 3 月 1 日通过大学英语四级考试；2004 年 6 月 30 日本科毕业，取得本科毕业证书。2004 年 6 月 17 日，被告天津科技大学所属材料科学与化学工程学院对原告杨亚人的学士学位资格进行了审查，依据天津轻工业学院《关于授予本科毕业生学士学位的规定》第二条第 1、3 项的规定，违反校纪，受记过（含记过）以上处分者和凡考试作弊者不授予学士学位，将原告杨亚人列入不授予学士学位者名单中，并报送天津科技大学材料科学与化学工程学院学位评定分委会审议，天津科技大学材料科学与化学工程学院学位评定分委会经审议通过了不授予学士学位的学生名单，认为原告杨亚人不符合授予学士学位的条件并报校学位评定委员会。2004 年 6 月 23 日，天津科技大学学位评定委员会审议通过了 2003—2004 学年度授予学士学位的名单，原告杨亚人不在此名单中，2004 年 6 月 26 日，天津科技大学学位评定委员会审议通过了天津科技大学 2004 年本科毕业生不授予学士学位名单，原告杨亚人在此名单中，至此，原告杨亚人没有获得学士学位。杨亚人起诉到天津市第二中级人民法院，天津市第二中级人民法院于 2004 年 11 月 24 日作出的（2004）二中行初字第 21 号行政判决，判决认为天津科技大学对原告的学士学位资格已按照法律规定的程序进行了审核，并作出不授予原告学士学位的决定，符合规定程序正当，原告的诉讼请求没有事实依据和法律依据。依据最高人民法院《关于执行〈中华人民共和国行政诉讼法〉若干问题的解释》第五十六条第（一）项之规定，驳回了原告杨亚人的诉讼请求。后杨亚人上诉到天津市高级人民法院，该法院判决驳回上诉，维持原判。①

---

① 参见附件四。

在该案例中，杨亚人在上诉状中声称，原审判决认定被上诉人自行制定的《关于授予本科毕业生学士学位的规定》不违反《中华人民共和国学位条例》关于授予学士学位的原则性规定，适用法律错误，并列举了如下理由：《中华人民共和国学位条例》关于授予学士学位条件有二：一是思想政治条件，即第二条"凡是拥护中国共产党的领导、拥护社会主义制度，具有一定学术水平的公民，都可以按照本条例的规定申请相应的学位。"二是学术水平条件，即第四条"高等学校本科毕业生，成绩优良，达到下述学术水平者，授予学士学位：（一）较好地掌握本门学科的基础理论、专门知识和基本技能；（二）具有从事科学研究工作或担负专门技术工作的初步能力。"也就是说，上诉人如果达到了以上两个条件，就应当被授予学士学位。《中华人民共和国学位条例暂行实施办法》第三条规定："学士学位由国务院授权的高等学校授予。高等学校本科学生完成教学计划的各项要求，经审核准予毕业，其课程学习和毕业论文（毕业设计或其他毕业实践环节）的成绩，表明确已较好地掌握本门学科的基础理论、专门知识和基本技能，并且有从事科学研究工作或担任专门技术工作的初步能力的，授予学士学位。"也就是说只要符合以上的条件，就应当被授予学士学位，上述《条例》及《实施办法》均未明确受处分者和考试作弊者不得取得学士学位。因此被上诉人自行制定的《关于授予本科毕业生学士学位的规定》中第二条第一款规定"违反校纪，受记过分者"和第三款"凡考试作弊者"不授予学士学位是与国家的有关规定相抵触的。被上诉人无权以本单位的工作细则来限制上诉人依法取得学士学位的权利。综上所述，原审判决认定事实不清，证据不足，适用法律错误，请求法院依法撤销原审判决或予以改判。①

而法院对被告制定的《关于授予本科毕业生学士学位的规定》是否合法有效的问题，持有以下观点：依据《中华人民共和国学位条例暂行实施办法》第二十五条"学位授予单位可以根据该办法制定具体工作细则"的规定。被告在其制定的《关于授予本科毕业生学士学位的规定》第二条中规定的违反校纪、受记过（含记过）以上处分者和凡考试作弊者不授予学士学位并不违反《中华人民共和国学位条例》关于授予学士

---

① 参见附件四。

学位的原则性规定。被告及其所属学位评定委员会针对原告存在考试作弊而受到处分的情况，结合授予学士学位的相关规定认定原告不具备授予学士学位的条件，并作出不授予学士学位的决定并不违反《中华人民共和国学位条例》规定。①

最近的案例判决也能表明法院对高等学校学生纪律处分规定的态度。参见【案例13】：

【案例13】周某某诉浙江大学案

周某某诉浙江大学关于不授予学士学位行政争议一案，2005年3月9日经由杭州市西湖区人民法院作出一审行政判决，判定维持浙江大学于2003年6月11日作出的"不授予周某某学士学位的决定"。2000年至2001年间，周某某（浙江大学某学院2003届毕业生）曾因两次考试作弊被浙江大学分别予以记过和留校察看的处分，根据《中华人民共和国学位条例》和《中华人民共和国学位条例暂行实施办法》保证学位质量的基本精神以及授予学士学位的具体条件，结合《浙江大学学生学籍管理办法》的相关规定，浙江大学作出不授予原告学士学位的决定。原告不服，向西湖区人民法院提出起诉。法院认为：《浙江大学学分制学生学籍管理办法》第一条明确指出，该办法是根据国家教育委员会1990年1月发布的《普通高等学校学生管理规定》结合学校具体情况制定。该办法第四十二条明确规定"受记过或记过以上处分者不授予学士学位"。虽然《普通高等学校学生管理规定》和《中华人民共和国学位条例》没有相关规定，而《中华人民共和国学位条例暂行实施办法》明确了"学位授予单位可根据本暂行实施办法制定本单位授予学位的工作细则"，因此浙江大学可以结合具体情况制定符合学校定位的学生管理办法。况且上述办法的规定与上位法律并不相抵触。周某某在学校学习期间参加学校考试时两次有作弊行为，浙江大学分别予以周某某记过处分和留校察看处分。浙江大学依据《浙江大学学分制学生学籍管理办法》第四十二条的规定作出不授予周某某学士学位资格的处理决定并无不当。本案由周某某于2003年10月24日起诉至西湖区人民法

---

① 参见附件四。

院。该院于同日受理后，2003 年 11 月 12 日公开开庭进行了审理。由于法律适用问题向浙江省高级人民法院请示，本案于 2004 年 1 月 19 日延长审限，并于 2 月 9 日终止审理。2005 年 3 月 9 日再次公开开庭审理后，作出了上述行政判决。[74]

在该案中，由于法律和规章赋予了高等学校自行制定校规的权力，高等学校对校内的学术事务进行管理就有了很大的裁量权，虽然纪律处分与学位证进行关联，明显违背行政法的不当联结原则，但是由于学校校规制定权是法定的，而行政诉讼法并没有给予法院抽象行政行为的司法审查权，法院只能判决学生败诉。

高等学校不是适格被告和高等学校自主制定规定行为不能进行司法审查，使得法院在审查高等学校学生纪律处分纠纷中不能受理或者即使受理，也对高等学校学生纪律处分的内部规定无从审查。正是这两点障碍，使得高等学校学生纪律处分纠纷通过行政诉讼来解决显得困难重重。在这种情况下，即使是高等学校处分权明显不公，法院也是无可奈何。行政诉讼本来是要以解决高等学校处分权中的原、被告地位悬殊所引起的权利保护问题为宗旨，可是却造成了实际中原告状告无果、法院无能为力的局面。

（五）民事诉讼作为救济途径的障碍

高等学校在社会生活中扮演的另一个重要角色则为民事主体的角色。《教育法》第三十一条规定："学校及其他教育机构在民事活动中依法享有民事权利，承担民事责任。"《高等教育法》第三十条也规定："高等学校在民事活动中享有民事权利，承担民事责任。"作为民事主体的高等学校，其对外法律关系主要表现在高等学校与不具有隶属关系的国家机关、企事业单位、集体经济组织、社会团体、个人之间的关系，内容较为繁杂，涉及所有权、契约及侵权损害赔偿等诸多问题。

在高等学校与学生的法律关系上，曾经存在这样一种观点："学校根据国家法律的规定，制定招生条件、招收学生，对学生进行管理，应视为一种合同关系。学校录取符合条件、同时愿意接受校纪校规约束的学生入学。而学生一旦被学校录取，便构成了学校依据校纪校规对其进行管理的关系，这是一种平等的双向选择关系，是一种平等的主体之间的法律关系。"[75]据此观点，高等学校与学生虽然没有签订正式的、形式上可见的合同，但他们之间毕竟是平等的，报名和录取过程的双向选择性喻示着他们有一种隐含的合同关系，学校对学生的管理就如同企业对职员的管理一样基于这种关系之上。若考察一下实际，我们似乎可以为这种观点找到经验事实的支撑。例如，在北京大学委托培养法律硕士研究生格式合同中，有这样一个条款："委培生在校学习期间，由乙方按学校的各种有关规章制度进行管理"。这份合同虽然是在学校和经过全国统一考试的、特定类别的学生达成的正式协议，但把其意义扩展适用到没有正式协议的情形之中，视后者为默示合同，似乎在法理上也可以成立。"当然，此观点还可以进一步延伸，即由于学校的功能旨在向社会提供教育，其具有很强的公益性，故国家对学校和学生的平等关系会比对一般的市场主体之间关系更多干预，干预的方式就是制定大量规则约束此类合同关系，并对双方履行合同的情况进行监督。由此，持这种见解的法律人与其上述同行不一样，他们可能倾向于认为，若学生对学校管理行为发起挑战，当通过民事诉讼途径而非行政诉讼途径，以高等学校基于合同关系的管理行为违背国家规定作为其诉讼理由。"[76]当然由于纪律处分引发的纠纷也在民事诉讼之列。但是，实质上，民事诉讼处理纪律处分纠纷也存在很多障碍。

1. 学生不能对学校因为纪律处分的原因提起名誉权诉讼

请参看【案例14】：

【案例14】6 名学生诉湖南外语外贸学院案

湖南外语外贸学院 3 男 3 女共 6 名大一学生几次被发现酒后在宿舍同寝，学校接到同学反映，很快便了解到 6 人酗酒、谈恋爱及男女同寝等情况。根据调查结果，学校按校规对 6 人分别作出开除、勒令回家戒酒和勒令退学处分。随后，6 名学生以"院领导在无任何事实依据的情况下，公开讲他们从谈情说爱发展到越轨，严重影响了其名誉权"为由，提出索赔经济、精神损失及学杂费共计约 36 万元，并要求被告书面赔礼道歉。1999 年 12 月 17 日，长沙市岳麓区人民法院望月湖法庭作出学校败诉的判决。一审之后，被告不服一审判决于 12 月 30 日向长沙市中级人民法院提出上诉。中级法院认为，学院对 6 名男女学生作出的处分决定是依职权而进行的内部管理行为。因校方对 6 名学生作出的结论和处理决定而提起的名誉权纠纷，不属于人民法院民事受案范围，于 2000 年 4 月 8 日作出终审裁定：撤销一审判决，对原告的赔偿请求不予支持。[77]

二审中，长沙市中级人民法院依照《中华人民共和国民事诉讼法》和《最高人民法院〈关于审理名誉权案件若干问题的解释〉》的有关规定，即"国家机关、社会团体、企事业单位等部门对其管理的人员作出的结论或者处理决定，当事人以其侵害名誉权向人民法院提起诉讼的，人民法院不予受理。"裁定如下："撤销湖南省长沙市岳麓区人民法院（1999）岳民初字第 618 号民事判决，驳回原审 6 原告的起诉。"[78] 值得回味的是，针对该案，"上级政法部门认为，这是一起典型的违法立案、违法审判、违规收费的错案，严重损害了国家司法公正权威和人民法院形象。长沙市中院决定对涉案法官从严处理，对负有直接领导责任的副院长蹇英杰给予免职、行政记大过处分，对此案审判长谢澎给予行政降级、免去助理审判员职务处分，对望月湖法庭庭长付建生给予行政记过处分，与此案相关的立案庭庭长李义华等法官分别受到行政警告处分"[79]。

就本案而言，原告并未请求法院撤销校方的处分决定，而仅要求校方对其公开宣扬行为承担侵权赔偿责任。显然，本案核心不在于原告是否真正有"越轨行为"，也不在于校方是否有权作出行政处理决定，而在于被告作为行政授权主体在实施行政管理行为时涉及相对人的隐私或名誉如何对待和把握，校方在公开场合将此事予以宣扬是否构成侵害隐私权或名誉权。因此，本案与行政诉讼无涉。至于是否存在行政主体对行政相对人的国家赔偿问题，我们的回答是否定的。对于国家赔偿，在《国家赔偿法》出台前，立法依据是《民法通则》第一百二十一条规定，即："国家机关或国家机关工作人员在执行职务中，侵犯公民、法人的合法权益造成损害的，应当承担民事责任。"《国家赔偿法》出台后，《民法通则》第一百二十一条作为国家赔偿法渊源的地位仍不可动摇。"不论是《国家赔偿法》还是其他部门法，能涉及的国家侵权行为是有限的，这样就必须允许《民法通则》作为补充、辅助性依据，以解决剩余的侵权赔偿问题。"[80] 而在本案中，依照现行法律规定，原告是无法提起国家赔偿诉讼的。这是因为《国家赔偿法》仅在第三十条中规定了因非法剥夺人身自由造成受害人名誉权受到损害时，赔偿机关应承担的法律责任。对于其他行为造成受害人名誉权受侵害的，未作明确规定。而且，本案牵涉的隐私或名誉损害，实质上也不是授权行政管理的必然结果，而是学校在实施相关行为时处理不当所致。显然，也难以直接适用《民法通则》第一百二十一条的规定。

2. 民事诉讼很难对学生由于开除学籍处分所丧失的受教育权进行救济

在中国的教育法治史上，的确有以名誉权被侵害通过民事诉讼对受教育权进行救济的案例，如"齐玉苓诉陈晓琪案"①，但这只是个别案例。在法治社会的今天，这样的判例再次出现的可能性很小。按照当前的法律规定，学校纪律处分处理的方式如果真的是侵犯了当事者的隐私权，学生以此为事由提起民事诉讼，这的确会击中学校决定的软肋，但绝非要害。因为大多数学生因为开除学籍处分而采取诉讼途径的原因，其目的是针对受教育权，换句话说，就是以隐私权之名行受教育权救济之实。比如在"两学生诉西南某学院案"中，"学校无视当事者之间发生的婚前性行为属于个人私密，不顾将此事实公开势必会影响当事者的名誉和尊严，而把学校勒令退学的决定通报全校，此举确实可以被控诉为侵犯个人隐私权的行为"[76]。然而，对学校的这一指控仅仅是在程序维度上。换言之，它并没有指控学校不应勒令退学，而是指控学校不应让公众知晓当事者的隐私。循此逻辑，被勒令退学的学生，最多只能得到学校"赔礼道歉"的救济方式。沈岿认为，本次事件中学校对学生的处理决定应该视为一种公共管理行为，学生不服可以诉诸行政诉讼。然而，由于《国家赔偿法》的缺憾，行政组织对其公共管理行为侵犯个人、组织名誉权或荣誉权的，只是负责消除影响、恢复名誉、赔礼道歉(《国家赔偿法》第三十条)，而不像在民事赔偿领域，侵权者还可能承担一定的精神损害赔偿责任。在本案中，即便法院认定学校处理的方式侵犯了当事人的隐私权，消除影响、恢复名誉已经不可能也无意义，而只能由学校给予赔礼道歉。这显然不是提起诉讼者的期待，也不是多数指责学校处理决定的人所愿意看到的结局。它无法满足我们希冀通过解决此案来设定受教育权救济路径的愿望。

---

① 参见附件二。

第四章　高等学校学生纪律处分纠纷 涉及的法律关系

高等学校学生纪律处分纠纷的处理途径的选择，取决于高等学校和学生之间的法律关系定位。但是，由于我国在法律上将高等学校定位于事业法人，而事业法人又是一个非常模糊的术语，所以，在理论界对于高等学校法律地位的确认存在太多的争论，由此也引发了对高等学校和学生之间法律关系性质认定的争论。

一、学术界对于高等学校与学生之间法律关系的争论

"在我国，高等学校与学生之间的法律关系问题是近些年来随着高等教育事业的迅速发展以及人们权利意识的增强和教育纠纷案件的不断涌现才凸显出来的。"[81]学术界对高等学校与学生之间法律关系性质的认识，仁者见仁，智者见智，存在相当大的分歧，以下对四种主要学说加以概述。

（一）特别权力关系说

我国学者主要从四个角度论证了高等学校和学生的特别权力关系。首

先，从现行法律规定看，在我国的法学理论中，虽然没有明确的特别权力关系概念，但是具有特别权力关系特征的管理关系却在公法人内部实际存在着，而且受到我国现行法律的维护。例如，我国《行政诉讼法》第十二条规定，人民法院不受理公民、法人或者其他组织关于行政机关对其工作人员的奖惩、任免等决定所提起的诉讼。[82]大学生虽然不属于学校工作人员，但如果将此法条作扩大化解释，那么就会得出管理行为属于内部行政行为不具有行政诉讼的可诉性的推论，而实践中也确有学校将此推论作为抗辩理由。其次，从我国目前高等学校教育管理体制看，高等学校作为履行特定职能的特定主体，依法享有其特定职能范围内自主判断、自订规章、自主管理的特别权力。《教育法》和《高等教育法》规定了高等学校"依法自主办学"和"按照章程自主管理"的权力。"我国法律对于高等学校自主管理权的确认和维护，可以理解为法律对高等学校作为一种公法人内部特别权力关系的确认和肯定。"[83]再次，从高等学校所实施教育活动的性质上看，高等学校教育权是来自国家的授权，代替国家履行教育职责，具有行政法上的特别权力关系的特性。最后，从教育实践来看，在高等学校学生管理领域，包括在静态的学校规章制度中和动态的对学生管理和处分上，存在着大量的侵犯学生权利的行为，这些侵权行为的背后正是特别权力关系理论在起着某种支配性的作用。"而且传统上认为学校行使处分权而引起纠纷，学生不服是不能寻求司法救济的，究其根源，也是在理论观念和制度设计上受特别权力关系理论的影响。"[84]总之，"高校处于主导地位，学生处于从属地位，高校与学生之间法律地位具有相对不平等性、双方争讼方式特别性，从而概括出双方法律关系的主干特征，由此我们不难推断出高校与学生的法律关系应当是特别权力关系"[85]。

（二）民事法律关系说

民事法律关系说否定学校具备行政主体资格，进而认为"既然学校不是行政主体，那么学校与学生的法律关系就不是行政法意义上的行政法律关系，而只能是民事法律关系"[86]。此学说在学术界有两种较有代表性的观点：一是契约关系说，即认为"高等学校与学生之间的民事法律关系是私法上的契约关系，是提供高等教育服务与购买此服务的契约关系"[87]；二是知识消费关系说，即主张"学生是高等学校特殊的知识消费者，学校与受教育者之间在平等自愿基础上达成的知识教育合同关系，学生因知识消费的特殊性而处于被动地位，需特别保护"[88]。二者中赞同契约关系说者为多数，即将学生入学看做学生与高等学校签订教育契约，这份契约包括以下内容：学生保证履行交纳学费的义务；学生保证服从高等学校的教学安排并努力学习；高等学校保证向学生提供学习生活的必备条件；高等学校应当采取适当措施保障学生身心健康等。作为民事主体的高等学校与学生之间的纠纷主要体现为涉及人身权和财产权的侵权损害赔偿问题，如学生的隐私权与高等学校的不作为义务，高等学校后勤服务的瑕疵以及学生对高等学校设施的破坏等，此时的被侵害方有权直接寻求诉讼救济。

（三）行政法律关系说

学者们主要从大陆法系的法源出发，根据公务法人与利用者之间关系的内容，将高等学校和学生的关系定位为行政法律关系。蒋少荣认为[89]21："国家举办的学校所涉及的教育法律关系从内容上讲主要包括相对于国家的教育法律关系和相对于受教育者及其监护人的教育法律关系。这两个方面的教育法律关系从性质上讲，都属于行政法律关系，都具有非自治性的特点"。因为"这两方面的法律关系的设立及其要素（包括主体、客体和内容）都不取决于当事人的意思表示，而是取决于法律的直接规定。政府和国家举办的学校之间的关系是领导和被领导、管理和被管理的行政关系……国家举办的学校和受教育者及其监护人之间的关系也是行政法律关系"。作为公务法人的高等学校是履行一定公务职能的组织，理所当然地享有一般行政主体所应当具有的管理职权，而在其行使这些管理职权的过程中与学生之间发生的相应法律关系称为一般行政关系。在这种关系中，学生应履行行政法律、法规中直接规定的一般义务，如遵守法律的义务。

（四）民事法律关系与行政法律关系兼有说

此说主张"学校与学生之间的关系不仅限于平等主体之间的关系，而且还应包括公务法人与其利用者之间的公法关系。公务法人与利用者之间的关系取决于公务法人的身份和地位。如果公务法人以公务实施者的身份出现，那么，与利用者之间的关系属公法上的关系，即行政法律关系；如果公务法人以民事主体身份出现，则与利用者之间的关系属私法关系，即民事法律关系"[90]。

二、对争论的评价及高等学校与学生法律关系的定位

（一）对争论的评价

前述关于高等学校与学生之间法律关系的各种观点之所以形成差异甚至对立，原因应该是多方面的，除论者各自的观察视角、认识水平等主观因素外，还有目前教育体制下高等学校与学生之间关系的现实状况，以及立法上缺乏明确的规定，司法实践中的不同反映等诸多客观原因，个别观点也存在着传统观念的影响。

首先，对于"特别权力关系说"，无疑是受到前述德国传统特别权力关系理论的影响，不仅如此，罗豪才还指出："更重要的是我国长期以来的封建专制统治思想，以及计划体制的长期控制与影响的结果。"[91]正如杨临宏所言："在我国目前的教育立法中，对学校与学生之间的关系并未作出明确、具体的规定，因此将学校与学生管理与被管理的关系归结到特别权力关系中是有其客观基础的。"[92]但是，特别权力关系即使是在其起源地的德国，特别权力关系理论因基本权利原则、法律保留原则、司法最终原则等原则的逐渐适用，实质上已被法治原则之下的一般权利义务关系所取代，因此，若仍然采取特别权力关系构造高等学校与学生之间的关系，既不利于保障学生的权益，也不足以对高等学校行使公权力进行规范与控制，与民主法治的要求不相符合。

其次，在"民事法律关系说"和"行政法律关系说"二种观点中，"要么将高等学校与学生之间的法律关系单纯归结为民事法律关系，要么单纯地归结为行政法律关系，此种'单一论'的定性立场都只认识到了高等学校与学生之间多重法律关系的某一方面，有失偏颇。'民事法律关系说'否定高等学校具备行政主体资格，它无视现代社会国家公权力存在越来越多地向社会转移的趋势，忽视在高等学校与学生之间的关系中高等学校充当行政主体角色的可能性，与我国现行立法对行政主体类型的规定不符，而且由高等学校与学生之间管理与被管理的现实关系，双方法律地位的不平等性，高等学校职权的非私权性，都可得出：'民事法律关系

说'无法作出合理的解释。而'行政法律关系说'刚好与之相反，在击中'民事法律关系说'要害的同时，却又忽视了高等学校与学生之间基于平等法律地位发生财产关系和人身关系的情形。例如，双方之间基于各自的人格利益（包括学校的名称权、名誉权、秘密权、学生的生命健康权、姓名权、名誉权、肖像权、隐私权等）而发生的人身关系，因各自的财产权益而发生的财产关系，以及双方之间相互造成权益侵害而产生的损害赔偿关系，另外还有高等学校与学生之间客观存在的图书借用、教科书供应、餐饮服务、宿舍租赁等若干契约关系，主张'行政法律关系说'的论者不能视而不见，分析高等学校与学生之间的法律关系时不能对这些民事法律关系置之不理。由此看来，单一的'民事法律关系说'和'行政法律关系说'均不能全面涵盖高等学校与学生之间复杂的法律关系，从客观全面的立场出发，必须将两者综合加以考量并分别从不同的视角进行分析，忽视其中任何一方面的关系都难以真正揭示高等学校与学生之间复杂法律关系的全貌。所以，比较分析的结果是'民事法律关系与行政法律关系兼有说'将是本研究应该采行的基本主张"[93]。

（二）高等学校与学生法律关系定位

虽然本研究采用民事法律关系与行政法律关系兼有说，但是，本研究认为，如果从高等学校的法律地位来确认定位高等学校和学生之间的法律关系，往往会由于对高等学校的事业法人地位的理解的主观性，而不够科学。既然法律关系包括主体、客体和内容三个方面，在主体与客体特定的情况下，如果从内容的角度即权利和义务性质的角度来确定高等学校与学生之间的法律关系，在论证上会更科学。因此，以下将从学校教育管理权性质的角度对高等学校与学生之间的法律关系进行阐述。

1. 高等学校教育管理权是一种公共权力

公共权力是适应社会公共需要、处理公共事务而产生的，基于某一特定的社会共同体成员共同同意或某种形式的认可并为管理其中的公共事务，以支配、影响和调控该共同体而形成的一种公共权威力量。与一般权力相比，公共权力最主要的特点是公共性与社会服务性。正是这一特性决定了作为公共利益代表的政府（国家），不得不行使一定权力并承担以下一系列责任：第一，国家会投资教育事业。政府是社会公共利益的代表，一般说来，公益性事业或产业应该主要由政府来投资，作为公益性的教育事业主要应该由政府来办，政府对高等教育的大量投入就是一个明证。第二，国家必然会采取措施进行教育资源的分配。教育的公平性和教育培养人的效率是关系到国家所需人才的规格、质量和社会和谐发展的重要因素，也是教育公益性的重要内容，因此，国家必然会通过一系列法律法规和制度建设，来分配教育资源。第三，国家必然会对教育秩序进行管理。国家对一些教育失序行为进行管理，会通过法律法规，甚至动用国家机器对教育进行从内至外的干预。

2. 高等学校教育管理权是社会自治公权力

公共权力是一个权力体系，主要包括国家权力和社会自治权两部分，其中国家权力是最高形式的公共权力，是具有特殊强制性的公共权力；社会自治权是一种政府（代表国家权力）指导下的社会自我管理权力。在中国这样一个有着集权历史传统的国家当中，学校教育管理权首先是国家教育管理权力的缩影，这是不可避免的，但是由于高等学校教育的特殊性和社会自治能力的增强，高等学校招生自主权作为一种社会自治权形式越来越成为大学自治趋势的一种必然选择。从我国的高等教育办学体制改革来看，近年来，高等教育办学体制改革从教育系统内部加速了高等学校法律地位的变化。一方面，原属国家的高等教育权正逐渐下放给高等学校，导致高等学校享有部分教育自治及管理权；另一方面，由于高等教育市场化推动的高等教育体制改革，高等学校自主管理权进一步落实。在这种形势下，国家与高等学校的一体化格局正在逐渐被打破，主管教育的行政机关与高等学校分别成为具有独立地位的法人主体，教育行政主管部门的行政职能也正在由管理演变为行政建议、行政指导、行政监督等非命令式行为，高等学校则为满足广大公众的需求以其享有的社会权力（教育权）提供公共教育服务，以一种不同于计划经济体制下高等学校附庸于政府的身份出现在教育活动中。于是，在高等教育领域，我们国家通过一系列的法律法规希望确立高等学校的法人化地位，而赋予高等学校教育管理自主权无疑是这一环节的重要内容。

3. 高等学校教育管理权是一种不能排除国家影响的社会自治公权力

"社会自治公权力（即社会自治权）与国家权力的区别在于：前者是基于社会合作的需要而产生，后者是因社会冲突难以协调而产生；前者

'站在社会之中'，后者'居于社会之上'；前者立足于社会管理，后者主要目的在于政治统治；前者主要依据共同同意和道德强制，后者主要依据暴力强制并伴有相应的强制机关。"[94]国家权力不仅是公共权力的主导力量，而且根据国家公共事务的要求以及国家机关设置职责范围内的事项，都可以是国家权力的覆盖范围。如以权力性质分类的立法、司法、行政等；以及按权力职能分类的经济、外交、军事、文化、教育等，都是国家权力在起主导作用的领域。所以，只要国家作为一种历史存在，高等学校的教育管理权将不可避免地受到国家权力的影响，比如，国家会设立最低招生标准，制定招生计划，对高等学校的教育管理行为行使行政监督权，等等。总之，高等学校教育管理权是一种公共权力，是一种不能排除国家权力影响的社会自治公权力。

既然高等学校教育管理权是一种不能排除国家权力影响的社会自治公权力，那么，从社会自治的角度，我们应该承认高等学校与学生之间的法律关系是一种民事法律关系；另一方面，从高等学校教育管理权不能排除国家权力影响的角度，我们很容易推出高等学校与学生之间的法律关系是一种行政法律关系。就是说，高等学校与学生之间的教育管理关系既存在民事法律关系，又存在行政法律关系。

三、高等学校学生纪律处分行为性质的确认

既然高等学校与学生之间存在两种法律关系，那么我们在选择高等学校学生纪律处分纠纷解决途径的时候，就应该着眼于确认纪律处分行为本身的性质。高等学校学生纪律处分性质的确认，必须对高等学校学生纪律处分权进行考察，而高等学校学生纪律处分权是高等学校教育管理权中的一项权力，所以，只要明确了高等学校教育管理权的来源，那么高等学校学生纪律处分性质问题就会迎刃而解。

（一）高等学校教育管理权的来源

我国主流学术观点认为，教育权的产生和发展经历了由道德权利到法律权利、由家庭教育权到公共教育权再到国家教育权的历史演变过程。"教育权一般应该包括家庭教育权利、社会教育权和国家教育权三项基本权利。"[95]169我国研究教育法学的学者往往忽视了高等学校教育管理权的

研究，在理论上偏执地认为公立学校仅仅是国家设立的为实现国家教育目的的工具，忽视了高等学校教育管理权的相对独立性，阻碍了我们对于高等学校教育管理权的认识。

学校是家庭教育权利、社会教育权和国家教育权实现自己教育理想的场所，与此同时，高等学校教育管理权又作为一种相对独立的教育权，本身就是一种复杂的存在。高等学校教育管理权，主要来源于三个方面的权利。

1. 国家行政机关的授权

国家教育管理权是教育权力的一种，由政府代表行使，起源于阶级和国家的产生。自国家产生以后，学校基于教师知识上的优势而产生的教育他人的资格和权利，必须得到国家及其法律的认可才能合法存在，学校的教育教学活动实施权必须由国家以法律或其他方式授予或认可才能合法行使。国家掌握教育权力，其目的出于统治阶级的自身利益，必然要对学校教育进行干预和控制，"这种干预和控制包括：国家举办学校；国家设立教育管理专门机构，负责管理各级各类学校"[95]169。国家举办的学校是国家公益事业单位和国家公共设施，设立的根据和目的是实现国家的教育行政职能。高等学校受国家行政机关委托的教育管理权利来源，就国家举办的学校而言，主要体现在两个方面：一方面是法律授予确认；另一方面是国家批准认可的学校章程规定注明。《宪法》第十九条规定："国家发展社会主义的教育事业，提高全国人民的科学文化水平。国家举办各种学校，普及初等义务教育，发展中等教育、职业教育和高等教育，并且发展学前教育。"《教育法》第二十五条规定："国家制定教育发展规划，并举办学校及其他教育机构"。该法在第二十九条规定了"学校及其他教育机构应当履行下列义务：（一）遵守法律、法规；（二）贯彻国家的教育方针，执行国家教育教学标准，保证教育教学质量……（六）依法接受监督"。该法第二十八条规定："学校及其他教育机构行使下列权利：（一）按照章程自主管理；（二）组织实施教育教学活动；（四）对受教育者进行学籍管理，实施奖励或者处分；（五）对受教育者颁发相应的学业证书；（六）聘任教师及其他职工，实施奖励或者处分。"《高等教育法》第四十一条明确规定："高等学校的校长全面负责本学校的教学、科学研究和其他行政管理工作，行使下列职权：（一）拟订发展规划，制定具体规章制度和年度工作计划并组织实施……（四）聘任与解聘教师以及内部其他工作人员，对学生进行学籍管理并实施奖励或者处分。"更为重要的是，在2005年9月1日施行的《普通高等学校学生管理规定》第三章中详细规定了学校对学生的学籍管理权，在第五章详细规定了学校对学生的奖励与处分权力。从这些法律条文我们可以看到，公办学校是国家设立的教育教学机构，是国家为实现其教育行政职能的载体，高等学校的教育管理权全部来源于法律授权，而高等学校对于学生的纪律处分权，是受到法律确认的国家行政授权。国家的行政授权使高等学校教育管理权具有了一定的行政性和强制性，使高等教育阶段的学校教育有序发展得到了保证。

2. 家庭教育权的委托契约

家庭教育权是一种基于自然权利、亲权和民主原则的教育权[96]，是一种由父母或法定监护人来实施的权利，故也称为父母教育权。狭义上讲，该权利是父母基于一定的信念、价值观来教育子女的权利；广义上理解，是指"父母就子女的教育所具有的权利与义务的总称。父母所具有的教育权涉及子女教育的所有领域，包括时间序列上贯串子女成长、发展的全过程和空间序列上遍及家庭、学校以及社会的不同场所。而且，从不同的视角来看，父母所具有的教育权的种类也不相同。父母根据自己的意愿，为子女选择合适的学校，既是父母教育自由的重要组成部分，也是世界人权宣言赋予父母在子女的教育上有'优先选择之权'的主要内容之一。"[97]145。一方面，现代社会是一个生产力快速发展的社会，人们为了适应社会的发展必然需要更多的教育，单纯依靠家庭教育早已满足不了子女对教育的需求。同时，教育与生产的相分离为解决教育需求提供了前提条件，学校教育的出现为解决教育需求问题提供良好的途径，家长满足子女受教育的需要最好的途径就是送子女进入学校学习；另一方面，在现代社会中，父母不可能以自己的学识和才能来直接满足对子女的高等教育需求，于是父母将子女的教育和管理权委托给学校，父母与学校的委托契约关系宣告形成。"从父母与学校构成的委托契约的实质来看，父母作为契约的一方，毋庸置疑，有权参与学校的有关活动。父母的学校参加权，即学校措施的共同参与、决定权，通常是由父母集团的代表行使。而且，这种'参加'不仅是父母作为个人享有的权利，也是父母集团共同行使的权利之一，是父母教育权中积极、能动权利的重要体现。"[97]145这种权利以知情权为前提，父母与学校处于同权的立场上，共同参与和决定子女的教育和管理。应该说学校在教育上的决定和措施，包括学校对学生的纪律处分，必须征得父母集团的同意，如果父母集团不同意，则该项措施或决定便不应该生效。故而，此权利也可称为父母否决权。"在那些法制上承认父母参加权的国度里，当学校要采取与学生密切相关的措施或执行重要决定的时候，父母集团是要派代表参加的，而这些相关的措施或决定由包括校长、教员、学生、甚至社区居民、教育行政人员参加的组织来共同决定。这种组织在不同国家有不同的名称，如德国称为学校会议，美国通常称为学校委员会，英国称为学校理事会等。尽管名称不同，但其宗旨或基本精神却是一样的。即强调父母、学生对学校教育乃至公共教育的运营管理等的参加权利，并使之得以真正行使。"[98]父母集团的这种参加权是学校教育管理权的又一体现。但是由于我国教育法研究的滞后现状和学校管理传统的牢固性，家庭之教育影响权和委托权在法律上并未得到确认。

3. 学校自主管理权利

学校的事业单位法人身份的确立使得学校又拥有了特殊的自主管理权利，这本身是一种社会自治权利。《教育法》第三十一条规定："学校及其他教育机构具备法人条件的，自批准设立或者登记注册之日起取得法人资格。学校及其他教育机构在民事活动中依法享有民事权利，承担民事责任……学校及其他教育机构兴办的校办产业独立承担民事责任。"根据《民法通则》第三十七条规定，要具备法人资格学校必须满足以下四个条件学校就可以成为法人：（一）依法成立；（二）有必要的财产和经费；（三）有自己的名称、组织机构和场所；（四）能够独立承担民事责任。《教育法》第二十八条也规定："学校及其他教育机构行使下列权利：（一）按照章程自主管理……（八）拒绝任何组织和个人对教育教学活动的非法干涉。"法人是具有民事权利能力和民事行为能力，依法独立享有民事权利和承担民事义务的组织。简言之，法人是具有民事权利主体资格的社会组织。根据《民法通则》的规定，我国的法人主要有四种：机关法人、事业单位法人、企业法人和社团法人。事业单位法人是指为社会公益目的，由国家机关举办或者其他组织利用国有资产举办的，依法取得法人资格的，从事教育、科技、文化、卫生等活动的社会服务组织。高等学校作为《民法通则》中规定的我国四种法人之一的事业单位法人，主要从事教育教学和文化传播活动为社会提供公益服务。"虽然世界各国的法律体系不尽相同，但一般将法人分为公法人和私法人两大类。凡依公法（如行政法）设立的法人称为公法人，如国家机关等；凡依私法（如民法）设立组织起来的法人称为私法人，它所追求的是私人的目的，这种目的主要是营利目的，也可以是公益目的。私法人又分为两类，一类是社团法人，另一类是财团法人。社团法人是由社员（人）集合而成立的法人，是外国法人最主要的形式。它又分成两种，一是营利社团法人，指以营利为目的的法人，如公司等；二是公益社团法人，指以公益为目的的法人，如政治、宗教、学术、技艺、社交等非经济目的的法人。"[99]相比较而言，"我国的教育事业单位法人难以等同于上述国外法人，若从法人举办目的、举办主体、活动范围等方面分析，事业单位法人类似于国外的公法人或公益社团法人"[97]328-330。高等学校成为独立的事业单位法人后，依法对学校实行自主管理。学校根据社会需求、办学条件和国家的指导性计划，在招生、收费、师资聘任、专业设置、教学计划、干部任免、学生管理等方面独立决策、独立管理。学校通过国家拨款、学费和其他渠道筹集资金维持学校的正常运转，成为自我约束、自我管理、自主办学的法人实体。同时，对学生进行管理，对违反学校规章制度的学生实施纪律处分，这些权力均来源于经过法律确认的学校作为事业法人的自主管理权。

（二）高等学校学生纪律处分行为的性质确认

从经过法律确认的高等学校管理权的行政授权来源出发，我们引入公行政范畴。所谓公行政，是指组织针对社会公共事务的执行、管理活动。其中最为典型的当属国家行政机关从事的领域广阔、层级结构分明的公共行政管理。但是，公行政除了国家行政之外，还包括一些具有公共管理权能的非政府组织从事的行政管理活动。例如公共社团（如律师协会、会计师协会等）、公共事业单位（如公立学校等）在某些事项上行使与国家行政类似的公共管理职能。"国家举办的学校是国家公益事业单位和国家公共设施，设立的根据和目的是实现国家的教育行政职能。受教育者通过国家举办的竞争考试或者国家认可的其他途径取得学习资格和学生地位，所产生的是对国家公共设施的利用权利和相应的义务。如果学生没有正确履行这些义务，其利用权就会受到限制乃至剥夺，或者不能产生他所希望的利用公共设施的积极后果（例如受到处分后难以找到理想的工作）。这种权利性质的主要方面是学生对国家的公法权利，而不是简单的对所在学校单位的民事权利。"[100]特别需要指出的是，受教育者一旦通过国家举办的竞争考试或者国家认可的其他途径取得学习资格和学生地位（即高等学校行使招生权使学生被录取），所产生的是对国家公共设施的利用权利和相应的义务，高等学校作为行政被授权组织与学生的行政法律关系开始形成，而高等学校对学生进行纪律处分，达到限制乃至剥夺学生所希望的利用公共设施的权利的时候（即学生得到开除学籍的处分），高等学校作为行政被授权组织和学生的行政法律关系便会产生变更或消灭。因此，我们可以得出这样的结论，作为教育行政授权组织的高等学校对作为行政相对人的学生所采取的招生行为、颁发毕业证和学位证的行为，以及开除学籍的处分行为，属于公行政中的具体行政行为。那么，高等学校中开除学籍的纪律处分是否是行政处罚呢？

《中华人民共和国行政处罚法》第八条规定："行政处罚的种类：（一）警告；（二）罚款；（三）没收违法所得、没收非法财物；（四）责令停产停业；（五）暂扣或者吊销许可证、暂扣或者吊销执照；（六）行政拘留；（七）法律、行政法规规定的其他行政处罚。"这就是中国行政处罚的"6+1"种类。"所谓'6+1'的处罚种类，系指中国有6种处罚种类是直接由《行政处罚法》设定的，即警告、罚款、没收、责令停产停业、吊扣证照、行政拘留。但这6种处罚以外的1类，应当由法律和行政法规另行设定。在行政法理上，我们将由《行政处罚法》直接设定的6种处罚称做'本行政处罚'，将这6种处罚（即本行政处罚）以外的由法律和行政法规另行设定的行政处罚，称做'其他行政处罚'。"[101]70

从《行政处罚法》的规定看，高等学校学生纪律处分中的开除学籍不在"本行政处罚"之列。那么它是不是"其他行政处罚"呢？这必然要涉及行政处罚的认定标准。"认定'其他行政处罚'，我们可以采用形式标准或者实质标准。让我们先尝试一下形式标准。如果以形式标准来界定'其他行政处罚'，那么，工作就会显得非常简单，只要按照以下标准操作问题就会迎刃而解。"[101]70

首先，将法律和行政法规所规定的"开除学籍"在形式上与《行政处罚法》第八条规定的6种处罚种类就相同性进行比较。"如果相同，那就不属于'其他'行政处罚，而属于'本'行政处罚了。只有不同，才有可能属于'其他行政处罚'；其次，法律和行政法规是否明示该类行为属于'行政处罚'，或者至少列入'罚则'或'法律责任'的栏目内。"[101]72 纵观我国教育法律、行政法规和规章，开除学籍纪律处分确实不在"本"行政处罚之列。而《教育法》第九章即法律责任一章中，的确没有将开除学籍纪律处分纳入进来，而《普通高等学校学生管理规定》只是将开除学籍纳入了第五章奖励与处分栏目。因此，开除学籍纪律处分不是"本"行政处罚。那么开除学籍纪律处分难道就不是"其他"行政处罚了吗？换句话说，如果没有将纪律处分中的开除学籍列入罚则或者"法律责任"栏目内，我们难道就能因此将它们全部置于"其他行政处罚"范围之外？另一方面，难道只要"立法者"表明开除学籍行为属于行政处罚，或者列于"罚则"或"法律责任"章目之下，就能不加区分地将它们确定为"其他行政处罚"，而不论这一行为是否具有"行政处罚"的"本性"？这在逻辑上是不能成立的。

这种困境迫使我们转向探索认定"其他行政处罚"的"实质标准"。"这种实质性的思维与形式上的考察明显不同，它并不在乎法律是怎么规定的，而是注重每一类行为的本质属性是否符合'行政处罚'的'特性'。只有符合行政处罚特性的行为才能被认定为行政处罚，它会同时要求立法者在规定其他行政处罚时把真正的行政处罚规定进去，而避免将本来就不具有处罚性的行为误作行政处罚而纳入其他行政处罚之中。"[101]73 中国大陆有关"行政处罚"的理论，随着《行政处罚法》的制定与实施而日趋成熟。"现行大多行政法教科书和其他著作认为：所谓行政处罚，系指依法拥有行政处罚权的行政机关，对违反行政管理秩序而尚未构成犯罪的公民、法人或者其他组织所实施的行政制裁。"[102] 这种认识虽已揭示了行政处罚行为的主要特征，但不是全部特征。如果我们只是依赖"定义"中几个公认的特征，那么我们依旧无法避免及解决在划清"行政处罚"与"非行政处罚"之间界限时所遇到的困难。行政法学者胡建淼认为，以下几个方面应当构成行政处罚的主要"特性"："第一，行政性。行政处罚是一种行政行为，而不是民事行为或者其他国家行为。它由行政机关基于行政关系而作出，体现了国家行政权的运行。第二，具体性。行政处罚是一种具体行政行为，它是行政机关针对特定的相对人就特定的事项所作出的行政处理。因此，具有制裁性的抽象规则不属于行政处罚。第三，外部性。行政处罚是一种外部行政行为，是行政机关代表国家对社会所作的监控，体现了国家对社会的管理，而不是国家的自身管理。因此，上级行政机关对下级行政机关、行政机关对其工作人员的通报批评及其他制裁性的处理，都不属《行政处罚法》意义上的行政处罚。第四，最终性。最终行为是与中间行为相对应的一对范畴。所谓中间行为，系指这种行为仅构成对某事处理过程中的一个环节，并未对某事作出最终处理。它是为其他行为服务的一种临时性的行为，如扣押便是一例。而最终行为系指对某事最终处理完毕，有了最终的处理结论，如吊销证照。行政处罚是一种最终行为，而不是中间行为。第五，制裁性。行政处罚是行政机关对违反行政管理秩序的行为人的行政制裁。制裁是对违法行为的制裁，因而必须以违法行为的存在为前提。制裁的目的，是通过强制违法者为其违法行为付出对应的、对其不利的代价，以使吸取教训，杜绝下次再犯。在行政处罚的所有特性中，'制裁性'是行政处罚最本质的特性。第六，一次性。行政处罚是行政机关对于相对人的某一违反行政管理秩序行为所作的一次性处理。如果，行政机关对于相对人的某一违法行为可以反复地、持续地实施下去，那它就不是行政处罚，而有可能构成'行政执行罚'。"⌊101⌋74

　　现在我们重新审视开除学籍纪律处分。开除学籍纪律处分权是由国家依法授权高等学校的一种行政权力，而开除学籍是高等学校主观上认为学生有过错而采取的一种削夺学生受教育权的制裁行为。（1）该行为具有行政性；（2）该行为是一种具体行政行为；（3）该行为已经超出学校内部管理权，是国家对社会的管理权力的具体体现，具有外部性；（4）该行为不同于警告、严重警告、记过和留校察看等教育管理过程中的中间行为，而是对受教育权利的一种剥夺，是最终性的；（5）这种行为是基于高等学校主观认为学生有过错，而事后采取的制裁行为，是制裁性质的；（6）该行为是基于学生行为所作出的一次性行为，没有反复性。综上分析，高等学校开除学籍纪律处分符合行政处罚的实质标准，是行政处罚。

　　从法律确认的高等学校作为事业法人的自主管理权来源出发，我们引入私行政范畴。所谓私行政，是指企业、社会组织、社会团体主要针对其内部事务的执行、管理活动。每个组织都必须为其生存、发展而具备执行、管理职能，但这类职能大部分是在内部事务上行使的，对社会一般不产生公共管理的效应，故称其为私行政。高等学校作为教育事业法人应该享有两类权利，一类是基于法人属性的权利。该类权利又包括实体性权利和程序性权利，其中实体性权利可根据客体不同又可分为人身权、财产权和知识产权三种。"高等学校法人的另一类权利是基于学校作为教育事业法人的特殊属性而享有的，该类权利在《中华人民共和国教育法》中有明确规定，包括依据章程自主管理的权利、教育教学活动的组织权、对受教育者进行学籍管理、奖励或处分的权利、学业证书颁发的权利、教职工聘任和奖惩权、设施和经费的管理和使用权以及拒绝对教育教学活动的非法干涉权和法律法规规定的其他权利。"[97]337因此，作为教育事业法人的高等学校对作为内部受教育和管理者的学生所采取的警告、严重警告、记过、留校察看、开除学籍等五种形式的纪律处分，属于私行政中的内部管理行为。

从高等学校教育管理权的家庭教育权委托授权来源，我们引入民法中的委托合同理论。根据民法原理，民事法律关系的主体、客体和内容是构成民事法律关系的三要素。教育管理委托合同关系的构成要素是：（1）主体：父母和学校，即拥有家庭教育权的父母和父母授权实施教育管理权的学校。（2）客体：父母和学校权利义务共同指向的目标，即父母授予和学校实施的对学生的教育管理行为。（3）内容：即委托合同主客体双方的权利义务的条款，在高等学校往往体现为父母交费，高等学校承担教育管理义务。学生一旦进入高等学校注册学习，父母就将教育管理权委托给高等学校，教育管理委托合同关系宣告形成，而学生一旦违反法律、校规和校纪，学生会被处以警告、记过、留校察看处分，但是这并没有改变学生父母与高等学校之间的教育管理委托关系，学生由于转学和毕业和开除学籍的原因，学生父母和高等学校之间的教育管理委托合同关系宣告变更和消灭。但是，我们在前提假设上应该认为任何父母都不会与学校订立使子女丧失受教育权利的合同，那么如果学校对学生处以开除学籍的处分时，学生父母可以认为学校破坏了委托合同法律关系。以上分析在理论并不难理解，但在实践中，由于委托教育管理合同的性质和传统上对教育管理行为的理解，往往造成合同主体忽视这种委托合同的存在，阻碍了高等学校学生纪律处分引发的财产权和隐私权等纠纷通过民事诉讼途径的选择。

基于以上分析，可得出如下结论：（1）高等学校对学生的纪律处分既具有公行政的性质，又具有私行政的性质，也具有民事的性质。（2）开除学籍这种涉及学生身份改变和教育行政法律关系消灭的纪律处分具有公行政的性质，是行政处罚，而警告、严重警告、记过、留校察看、开除学籍这五种形式的纪律处分皆具有私行政的性质。（3）警告、严重警告、记过、留校察看这四种形式的纪律处分是以学生父母与高等学校之间的教育管理委托关系为基础的，具有民事性质。（4）开除学籍纪律处分在公行政和私行政性质上产生交合。（5）"由于颁发毕业证和学位证的行为本身是公行政中的具体行政行为，警告、严重警告、记过、留校察看所引起的学校拒绝颁发毕业证和学位证的行为应该是公行政中的具体行政行为。"[103]

四、高等学校学生纪律处分纠纷解决途径的选择

在澄清了高等学校学生纪律处分的性质之后，我们再确认各种高等学校学生纪律处分纠纷所适应的法律关系，从而确定其解决途径。

第一，由于开除学籍涉及学生身份改变和教育行政法律关系消灭的纪律处分具有公行政的性质，是行政处罚，这种纪律处分引发的争议适应行政法律关系，同时开除学籍又是高等学校内部管理的私行政行为，所以这种纪律处分引发的争议也适应民事法律关系。那么由开除学籍纪律处分引发的纠纷可以通过校内申诉、行政申诉、行政复议、民事诉讼、行政诉讼来解决。

第二，警告、严重警告、记过、留校察看这四种形式的纪律处分是以学生父母与高等学校之间的教育管理委托关系为基础的，具有民事性质，同时属于高等学校内部管理的私行政行为，那么由此引发的争议适应民事法律关系，可以通过校内申诉、行政申诉和民事诉讼来解决。

第三，由于警告、严重警告、记过、留校察看、开除学籍这五种形式的纪律处分引发的财产权和隐私权等纠纷，适应于民事法律关系，根据《教育法》第四十二条的规定，"对学校、教师侵犯其人身权、财产权等合法权益，提出申诉或者依法提起诉讼"。因此，此类纠纷可以通过校内申诉、行政申诉、民事诉讼的途径来解决。

　　第四，警告、严重警告、记过、留校察看所引起的高等学校拒绝颁发毕业证和学位证的行为应该是公行政中的具体行政行为，此类纠纷适应行政法律关系。因此，此类纠纷可以通过校内申诉、行政申诉、行政复议、行政诉讼来解决。

第五章　高等学校学生纪律处分纠纷解决的内部机制（上）

高等学校学生纪律处分纠纷的产生是由于处分相对人不服处分而引发的，所以建立健全公正完善的高等学校学生纪律处分制度是减少纠纷的前提。

首先，公正的纪律处分制度可以树立制度本身的权威性，减少违规行为，从而减少纪律处分纠纷。高等学校的秩序需靠制度维系，而制度权威则是制度中的有关权利、义务等方面的规则获得贯彻执行的前提与保障。纪律处分制度中的规则的合目的性与合规律性构成了纪律处分制度的合理性，一个合理合法的纪律处分制度才能够得到学校共同体成员的尊重，才能够维护高等学校秩序、保证高等学校共同体成员和谐共处，这样的制度是人人所欲的，所以是有权威性的，也是高等学校共同体成员应当遵守的。在此前提之下，就可以形成"良法"之治，减少违规行为，同时就减少了因纪律处分而引发的纠纷。

其次，公正的纪律处分制度可以对高等学校学生纪律处分自由裁量权起到约束的作用，可减少纪律处分不公正行为，从而减少由此而引发的纠纷。谈及高等学校学生纪律处分，人们往往想起它所具有的行政属性的一面，即单方面强制作出的惩罚违规行为，这种错误的认识直接导致了目前纪律处分工作中的一些弊端：如有些职能部门工作人员法律意识淡薄，不顾及正常纪律处分程序，导致了学校管理工作被动，影响了纪律处分规定的权威性；还有极少数纪律处分职能部门工作人员不能正确运用纪律处分权，滥施权威，甚至以纪律处分行为的自由裁量权为谋取私利的工具，极大地损害了高等学校学生纪律处分的形象。在权利与权力之间，权利易于受到权力的侵犯，所以为了保障权利，权力就必须受到约束，而严格规范权力的范围和行使，可以防止权力对权利的侵犯。高等学校学生纪律处分制度的完善可以约束纪律处分职能部门工作人员的行为，让每位纪律处分职能部门工作人员在处分学生时，清楚高等学校教育教学实践的达成是衡量纪律处分的标准，从根本上杜绝权力本位的意识，提高依法治校的水平，对纪律处分相对人作出及时、公正的处理，从而体现高等学校校规的公正性和权威性，减少纠纷的发生。

再次，公正的纪律处分制度可以纠正学生的片面认识，减少纠纷的发生。高等学校的某些学生一旦受到处分，其他学生往往认识不到学校的处分决定所提供的秩序保证对自身权利保障的意义而对其持有非理性的同情态度。公正的纪律处分制度强调秩序为高等学校教育教学行为的达成提供保证，是学生基本权利实现的重要保障。所以，公正的纪律处分制度，可以使得广大学生理解校规的目标、功能与意义，支持高等学校的正确处分行为，从而树立高等学校校规的权威性。同时，依据公正的纪律处分制度对违纪行为作出公正合理的处分，能够消除相对人的抵触情绪，从而减少纠纷。

一、高等学校学生纪律处分标准的完善

高等学校学生纪律处分标准的完善，主要涉及以下五个问题。

（一）高等学校纪律规范标准的理论前提：秩序与自由的界限

秩序是社会生活中最基本的需要，秩序的应然价值是教育活动的达成、教育目的实现的必要条件而非充分条件。根据学校与社会同构理论，在复杂的高等学校内部，共同体成员通过制定一定的规范，来调节师生个体与个体之间、个体与群体之间以及群体与群体之间的关系，使他们在行

为上能够互相适应、互相协调，从而使得个体与个体之间、个体与群体之间以及群体与群体之间的关系相对稳定、相对和谐。因而有必要保证高等学校环境具有一定的稳定性和有序性，从而使学生在稳定的学校生活中感到踏实和安全，保证学生的学习与交往顺利进行。但是高等学校内的纪律规范是保证教育活动顺利进行的一种"手段恶"，这是一种必要的"手段恶"。"手段恶的必要性主要有两个方面：其一，手段恶可以防止更大的恶，比如阑尾炎手术，是为了防止恶化；第二，手段恶是为了求得更大的善，比如冬泳寒水刺骨，是为了健康长寿。"[104]34-35 纪律规范是一种必要的手段恶，是一种强制，这种强制，只在于防止更大的恶，而不在于求得更大的善。原因在于强制只能防止学校由于秩序原因而灭亡，却不足以促进人的自由的发展。因此我们说，秩序的价值在于保证教育教学行为的达成，其对于人的自由全面发展的教育目的而言，只是必要条件而非充分条件。

自由是教育目的实现的充分条件。其一，自由的内在价值在于它本身是最深刻的人性需要。巴甫洛夫认为："自由反射当然是动物的一种共同特性，一种普遍的反应，而且也是最重要的先天反射之一。缺少这种反射，一个动物所面临的每一细微障碍，都会完全阻碍它的生活过程。这是我们很熟知的；因为一切动物，当剥夺了它们的通常自由，便奋力于解放自己，特别是野生动物在第一次被擒获时更是如此的。"[105] "动物所固有的，人无不具有。自由是动物的基本需要，也就不能不是人类的基本需要。而且人类对自由的需要程度，远比其他动物更为基本、更为重要。"[104]415 因为人是最高级的动物，所以人对自由的需要便最多、最重要、最基本。人类活动的基本目的之一，便是为了满足自由需要、实现自由欲望、达成自由目的。因此，人们往往是为自由而求自由，自由是目的而不是手段，自由确是人类活动的基本目的之一。因此，自由有价值，根本说来，并不是因为它是达成其他有价值的、可欲的事物之手段，而是因为自由本身就是有价值的、可欲的。其二，自由的外在价值是达成自我实现和社会进步的根本条件。马斯洛认为，自我实现可以归入人对于自我发挥和完成的欲望，也就是一种使其潜力得以实现的倾向。[106] 现代心理学发现，创造能力是每个人与生俱来的一种潜能，每个人的自我实现，真正讲来，乃是实现自己的创造潜能。一个人的创造潜能的实现，实际上以其独特个性的发挥为必要条件，二者呈正相关变化，而一个人个性的发挥和实现程度，取决于他所得到的自由的程度。个性是个人区别于他人的特殊性，若被压制、被控制，人的个性便无从发展，因此，自由是个性发展的应有之义，是自我实现的根本条件。一个人越自由，他的个性发挥得便越充分，他的创造潜能便越能得到实现，他的自我实现的程度便越高。综上所述，自由是每个人自我实现、发挥创造潜能的根本条件。同时，我们也可以看到，自由也是社会繁荣进步的根本条件。每个人的创造潜能实现得越多，社会越富有创造性；每个人的能力发挥得越充分，社会就越繁荣昌盛；每个人的自我实现越完善，社会就越进步。诚然，除了自由，科学的发展、技术的发明、生产工具的改进、政治的民主化、道德的优良化等都是社会进步的要素。但是，所有社会进步的要素，统统不过是人的活动的产物，不过是人的能力发挥之结果，因而说到底，无不以自由和潜能发挥的根本条件为根本条件。因此，自由虽不是社会进步的唯一要素，却是社会进步的最根本的要素、最根本的条件。所以，密尔把自由精神叫做"前进精神"或"进步精神"，并提出："进步的唯一可靠而永久的源泉还是自由。"[107]正是基于自由对于个人和社会的发展的价值，可以说，自由是教育目的实现的充分条件。美国北卡罗来纳州立大学校规的导言里面有这样一段话确认了这一观点："大学是致力于创造和传播知识的独特的团体。他依靠的是自由——个人探究思想及进一步开发自己潜能的自由。"

教育是培养人的一种社会活动，教育的目的是人的自由的全面发展，基于自由的内在价值和外在价值。在高等学校里，给予学生充分的自由，才能让学生的个性能够充分地发挥，自由越多，每个人的自我实现就越充分，人的全面发展的教育目的才越有可能实现。因此，从一定意义上讲，只要学校能够存在，学校的强制便应该趋向于零而使学校走向完全自由。换而言之，一所高等学校的强制，应该保持在这个学校的存在所必需的最低限度；一所高等学校内的自由，应该广泛到这所学校的存在所能容许的最大限度。这就是我们所论证的纪律规范的应然限度：高等学校内部最低的秩序。

（二）高等学校纪律规范的范围标准

各种社会规范都只在一定的范围内发挥其规制作用，而这种作用范围则决定于社会规范的意志表现形式。由于不同的社会规范的意志表现形式的不同，它们各自作用的范围也就不同。由于各种规范的意志的表现形式的多样性，它们各自的适用范围也是多种多样的。

高等学校纪律规范的效力应该是有限制的，对象、时间、空间是学校纪律规范的三维坐标。在对象上，高等学校纪律规范只是约束具有学校成员资格的人，高等学校纪律规范不能约束不拥有学校这一构成体社群资格的人，因为不具有成员资格的人，不享有学校共同体的安全和福利，自然也不会承担什么义务；在时间上，高等学校的纪律规范应该只适合于学校共同体成员的成员资格存续期间，超出这段时间，高等学校共同体不能对其进行规范，自然也不适用高等学校纪律规范；在空间上，应该只适用于学校内部，这里的学校内部是指学校教育教学所在的场域，这里也应该包括学校在实施教育教学活动时的校外场地。人在不同的场域就会以不同的社会角色出现，只有当学生的不轨行为是以学生身份作出的时候，该学生才能成为高等学校惩罚的对象。只有在对象、时间和空间三维坐标体系之内的场域，才是高等学校纪律规范效力的场域，舍此，皆为规范的滥用和学校代理人的越权行为。这是我们在适用高等学校纪律规范时必须坚持的一个基本原则。

在现实生活中，我们常常可以见到这样的情况：高等学校成员在因违反学校纪律而受到学校的纪律处分的同时或先后，又因同一行为而受到法律的追究。这种情况是不是可以证明高等学校学生的违法行为也必然是高等学校纪律规范调整的范围呢？答案是否定的。因为无论是国家的法律还是学校的纪律，都是社会规范，体现的都是公民的意志，维护的都是社会的利益，而法律与学校的纪律的价值取向在某种程度上具有一致性。因此，许多违反学校纪律的行为，同时又是违反国家法律的行为。但是，即使有时它们会同时适用于同一对象，但二者却有着严格的界限，不容混淆。

（三）高等学校纪律规范的内容标准

既然高等学校的纪律规范的应然限度是高等学校内部最低的秩序，那么如何来实现其内容标准就应该被纳入考量的范围，对该问题进行研究主要是为了确定高等学校的哪些行为可以成为纪律处分的对象。本研究采用英国达勒姆大学米尔恩教授的推演逻辑，以最低的道德标准即基本人权的标准来设定高等学校共同体成员的权利和义务。

高等学校作为一个共同体，正是由于共同道德而赖以存在，共同道德构成了高等学校成员的人权基础，而低度权利来自低度道德，由于它们是低度的，所以是普遍的，是一切社会、一切人都应该而且可以享有的，学校也不例外。"低度人权是共同道德和具体道德的结合，所以在实践中能够运用于一切文化和文明传统，而不管它们之间有何差异；低度人权并不以所谓超社会、超文化的人为前提，相反，它以承认并容纳社会和文化的多样性为前提，只是为社会的、文化的差异设立某种起码的道德限制，因而是一种能够与不容忽视的人的多样性相协调的人权观念。"[108]正是在这个意义上，米尔恩提出的低度人权观对平缓教育领域内的权利纷争，从理智上促进高等学校共同体成员的合作、减少学校内的冲突无疑具有智识上的贡献。同时，这种低度人权观对于我们分析和诊断高等学校病症，促进学生权利从理想化为现实，从应然权利走向法定权利，也具有现实的意义。权利保护确实是一个需从多维度、多视角加以研究的问题，但低限人权的视角，对寻求学生权利的普遍性和固有性，保障学生的基本自由和权利免于专横、粗暴干涉，应是一种最有效、最可靠的路径。

1. 高等学校共同体成员的权利设定

我们借助米尔恩教授提出的作为普遍道德标准中的六项低度人权，并结合《世界人权宣言》及国际人权公约中的有关人权条款，对高等学校共同体内的学生成员应享有的最低限度的权利进行尝试性分析。

（1）生命权

它源自敬重人类生命的普遍的道德原则，基本含义是指"每个人都享有不遭受任意杀害、不受不必要的生命威胁的权利"[30]155。这是由人类共同体得以存续的必要条件和康德的人性原则所决定的必然道德要求，因其源自人的自我保存的本性且为人享有一切权利的基础而被公认为"第一要义"的人权。

（2）高等学校纪律规定适用上的公正权

米尔恩的第二项人权是由"给每个人以其应得"的公正原则推演出的公平对待的公正权，即以公平对待为表现形式的公正权。[30]158-161公正权是现代人权的核心内容，它赋予每个人得到公平对待的资格。由于公正权主要是一项积极的接受权，用美国法学家霍菲尔德的权利概念分析，它是一项要求权。因此，相对应的高等学校职能部门负有严格实施该原则的义务，以保障该要求权的实现，体现在教育法的基本原则上就是教育法治和教育公平两项原则。这项权利的内容包括：① 不受歧视权；② 接受正当程序的权利；③ 公正复议与诉讼的权利。

（3）获取帮助及服务的权利

作为高等学校共同体生活的一项原则，伙伴身份要求每个共同体成员不能对其他成员漠不关心，而是要在需要时提供力所能及的帮助。因此，每个处在困扰中的共同体成员均享有从其他成员那里获取帮助的要求权。

（4）正当校规遵从下的自由权

在米尔恩看来，不受专横干涉的自由既是作为共同体生活的道德原则，也是每个成员享有此项自由的权利。它由霍菲尔德的三项权利构成：豁免权、一般自由权和权力权。豁免权授予权利主体不受任何专横干涉的权利；自由权授予他去做任何他没有义务还去做的事情的权利，和不去做任何他没有义务去做的事情的权利，假如他的行为和不行为都不妨碍他履行他所担负的任何其他义务的话，干涉这一自由权利是专横的，除非它具有道德上的正当性；权力权授权主体抵抗专横的干涉，但使用的手段不得过度。不受专横干涉的自由权在校规中的体现是学生享有校规遵从下的自由权，具体包括人身自由权、人格尊严权、诚实推定权、法定最低限度的校规遵守和隐私机密权等内容。① 人身自由权。《世界人权宣言》第三条规定："人人享有生命、自由和人身安全。"第九条规定："任何人不得加以任意逮捕、拘禁或放逐。"学生的人身自由权则是学生得以作为学生存在、参加教育法律关系，享有与行使受教育权利的最基本保障。根据这项权利的要求，学生除依法被认定实施了妨害教育实施的行为，其他任何形式下的行为均不得侵犯其人身自由权。② 人格尊严权。学生的人格尊严权主要是指学生人格受到保护的权利，即学校在任何情况下均需保护和维护学生的人格尊严，即使有证据证明学生确有违纪行为，学生也有权维护并要求学校切实保护自己的人格。人格尊严是人权的基础，学生的人格尊严同样需要慎重保护。高等学校不得因所涉及的学生的争议或纠纷，包括对纪律事件的处理而侵犯或损害学生的人格尊严，即学生业已取得或形成的诸如名誉、荣誉等人格尊严，不得因纪律处分事件而被学校侵犯。

③ 诚实推定权。这是人格尊严权内含的一项学生权利，因在教育法中对学生具有特别意义而单独列出。意指学校在尚无真凭实据证明某一学生具有违纪事实或行为的存在的情况下，应首先认定学生是诚实的，是可以信赖和无过错的，直到有足够证据并由学校来推翻这一认定为止。诚实推定权能有效保证学生免受学校粗暴无礼的干涉，在人格尊严不受侵犯的同时，利于其经济、高效地参与教育教学活动以及开展自身活动。④ 法定最低义务权。学生只应依法遵守学校的基本规范，学生有权在法律规定的范围内选择遵守最低幅度的纪律义务。此项权利是学生享有教育法遵从前提下的一项极为重要的自由权利，它保证学生在法律下的自由及合法权利免受非法侵害。⑤ 隐私机密权。《公民和政治权利国际公约》对隐私权的规定为任何人的"私生活、家庭、住宅和通信不得加以任意或非法干涉"。对于学生而言，其隐私权不仅涉及个人及其家庭重大隐秘事项，还应包括虽不重大却为当事人所不愿为人知晓的个人信息以及与其生存、发展有关的经济信息、经营管理秘密等内容，学校有义务承担保密责任，使学生机密记录免于泄露，并担保只在合法必要的限度内使用有关资料、信息。这项权利对维护学生的人格尊严及自由权非常重要。

（5）知情权

共同道德原则中的诚实行为原则要求所有的共同体成员在一切交往中，忠诚老实、信守诺言，无论何时，都要在语言和行为上保持诚实。此原则包含的人权便是诚实对待的要求权，即权利人享有被告知与其有关的任何事情的真实情况的权利。诚实对待权在高等学校教育中的体现则是，学生据此享有被告知与教育有关的一切信息的要求权，即知情权。

具体而言，学生有权要求高等学校提供有关高等学校纪律规定及实施过程的最新信息，以及告之包括诉讼权在内的学生的一切权利。知情权包含了学生享有主动了解知晓所有校规，全面、准确、适时的知情权和享有被告知与自身遵守义务有关的一切信息的告知权。与这两项要求权相关的义务则是，教育行政机关及高等学校负有尽其所有合理的努力使学生获取相关信息资料的义务。知情权对于学生合理地预测各种教育活动以及权利危机，以便理性地作出自己的行为决策具有重要的意义，它是学生进行教育自我预测与筹划的前提和基础。

（6）礼遇权

米尔恩认为[30]169-170："礼貌包含了霍菲尔德所说的关于权利人在一切场合都受到礼貌对待的要求权"。它"要求一个共同体和任何形式的联合体的成员在相互关系中总是彬彬有礼，不仅不能有无端的粗暴行为，而且必须表现出对他人情感的尊重"。"不过，倘若基于正义和社会责任的坦诚之言或诚实无欺的行为，使对方感到震惊或苦恼，则不属于不礼貌。"礼遇权在学校教育管理领域则有了特别的意义，强调学生享有礼遇权，可使学生免受学校共同体成员的粗暴、蛮横、漠视等无礼待遇，使学生的权利主体地位得到应有的尊重。

2. 高等学校共同体成员的义务设定

基于权利和义务具有对等的关系，我们来设定高等学校纪律规范的义务。在高等学校里，高等学校共同体成员都拥有以上六种权利，这是最低限度的权利，这六种权利，是高等学校共同体纪律规范应该而且必须保护的六种利益。与此相对应，义务是权利所要求履行的利益，是高等学校共同体纪律规范所保护的权利相对人必须且应该付出的利益。

高等学校共同道德是学校内最基本的道德，是维系整个学校存在的最基本规范。米尔恩提出的共同体赖以存在的九项基本道德规范中，除了儿童福利，其他八项是高等学校这一共同体存在的基础，为易于分析，我们将它们分为两组。第一组包括三项，即行善、尊重人的生命和公正；第二组包括五项，即伙伴关系、社会责任、不受蛮横干涉、诚实行为、礼貌。纪律规范要达到高等学校共同体分配的公正，取决于成员对共同体所分配权利的行使与共同体所分配义务的履行，按照公正原则，个人所行使的义务应该至多等于其所行使的权利，这样解决，完全符合高等学校内部最低的秩序和最大化自由的考量。下文我们将从这些原则出发，对高等学校共同体成员的基本义务进行阐释。

（1）行善原则

在第一组中行善的必要性不容置疑。用北卡罗来纳州立大学纪律处分规范中的话说就是"团体内所有成员的纯洁无私的意图和负责的行为"。假如没有它，信任也就失去了一个必不可少的先决条件。任何人，如果他不承认有义务总是选择善而不是恶，不承认在面对诸恶作选择时，有义务总是选择较小的恶，那么，他就不能被信任。一旦到了行善的要求不能被满足的程度，高等学校共同体就要遭受可以避免但或许不能弥补的损害。

（2）尊重人的生命原则

尊重人的生命即使表现为尊重伙伴成员的生命这种有限的形式，也显然是必要的。假如没有它，信任的另一个必不可少的先决条件就会失去。这一原则并不意味着成员的生命绝对不能被剥夺，它只是禁止任意杀戮，要求不把任何成员的生命置于不必要的危险之中。它要求对成员生命的剥夺必须总是被证明为正当。例如，是作为一种官方规定的惩罚，是自卫或为了维护个人的荣誉。

（3）公正原则

公正原则是康德实践理性原则的衍生物，这项原则要求对于在所有相关的方面都相同的情况，必须同样对待；对于在相关的方面不相同的情况，则必须不同地对待，而且这种不同对待须对应于相关的不同。公平和不公平涉及的是运用这一原则于人们的待遇。当它被适当运用时，人们受到公平对待，否则就受到不公平对待。但是，在人们的待遇中，相对的差别或差别的程度是非常必要的。考虑到这一点，这一原则必须用更准确、更适合于人们所处场合的方式重新加以系统表述。

（4）伙伴关系原则

如果一个学校的成员对相互的幸福漠不关心，他们就根本无法构成一个共同体。从这一原则完全可以推出，在某些互动性教学当中，由于某个学生缺席，互动教学无法达成，该同学就没有履行伙伴关系原则，这是不道德的，所以，高等学校在校规中对旷课行为进行惩罚就有了道德基础。

（5）共同体责任原则

每一个成员都有义务使共同体的利益优先于自我利益。每一个成员还有义务做个人能做的事，以增进共同体利益。履行这些义务是每一个成员对伙伴成员的责任。一个共同体也许能忍受相当多的人不承担共同体责任，尤其当这种现象是出于粗心或懒惰时，但是，如果共同体的全体成员都完全拒绝共同体责任的要求，那么共同体就不可能生存下去。如果那样，共同体的利益就会因不履行责任而付诸东流，它作为一个共同体生存所必需的条件也会逐渐损毁。

（6）"不受专横干预的自由"原则

这一原则要求对共同体成员行动自由的任何干预，不管是来自学生还是来自代表学校共同体行事的代理人，都必须被证明为正当。"专横的"干预是不正当的干预。证明干预为正当的理由通常必须是道德性的，虽然在一个拥有实在法体系的共同体中，它也可能是法律性的。为阻止一个人犯罪而干预他，甚至在必要时通过暴力，在法律上和道德上都是正当的。在法律上正当是因为他将要违法，在道德上正当是因为犯罪在道德上和法律上都是错误的。为了共同体利益而限制行动自由的法律由于上述目的而在道德上被证明为正当。假如没有"不受专横干预的自由"这一原则，为学校生活所必不可少的人身安全和财产安全就会丧失，弱者就将受强者摆布，所有的人也将处于不断受干扰的危险之中，从而共同的合作将会付诸东流。

（7）"诚实行为"原则

该原则要求行为和言谈者真诚，它禁止偷窃、撒谎、欺诈和任何种类的不诚实。在学校内部，学术行为的诚实是第一位的义务，因为没有诚实行为，就不会有信赖的基础，取代社会生活的就只能是霍布斯所说的"自然状态"。一个共同体在某些成员的行为存在着相当多的不诚实时，或许还能生存下去。但是，假如诚实行为被明显地背弃，共同体的成员都不承认有据此行为的义务，那么这个共同体就无法生存。考试作弊、论文抄袭都是危及共同体的存在的行为，这是考试作弊和论文抄袭受到惩罚的道德基础。

（8）礼貌原则

这是高等学校"礼貌"要求学校共同体成员在所有的交往中以敬意互相对待。他们必须抑制无端的暴力，抑制相互间的恫吓、欺凌和羞辱。从肯定的方面讲，他们必须互相以礼相待，这不仅意味着要有遵守良好的言谈举止的惯例，而且还意味着要显示出体谅之情和共鸣之心。同样，一个学校共同体或许能够忍受某些成员相当多的不礼貌行为，但是，假如没有良好言谈举止的惯例，没有义务显示体谅之情和共鸣之心，没有义务抑制欺凌、虐待和羞辱的行为，那么合作就将代之以冲突。因此，该义务可以为高等学校内部禁止打架、斗殴、性骚扰等行为提供道德依据。

在高等学校中，拥有共同体成员资格的每位学生都享有学习的福利，从这个角度出发，我们把学生违反共同体道德的行为分为与学习福利直接有关的行为和与学习福利无直接关系的行为。第一类与学习福利有直接关系的违反共同体道德的行为包括考试迟到、旷课、替考、作业抄袭、考试作弊等。此类行为都违反了学校共同体的行善义务和伙伴关系原则，同时有的行为违反了共同体责任原则，有的违反了"诚实行为"原则，所以这些行为是高等学校应该用纪律规范进行规制的行为。第二类是与学习福利无直接关系的违反共同体道德的行为，如打架、偷窃、偷拆同学信件、不当性行为等。这些行为违反了行善义务、伙伴关系和共同体责任原则，有的违反了"诚实行为"原则，有的违反了礼貌原则，所以这些行为也是高等学校用纪律规范进行规制的行为。这里需要特别指出的是，如果学生在学校接吻、拥抱、同居、怀孕等行为没有违反以上原则，当视做学生的人身和人格自由范围之内的行为，那么学生应该有"不受专横干涉的自由"，应该排除于高等学校纪律规范规制的范围。

（四）高等学校学生纪律处分的程度标准

1. 高等学校学生纪律处分程度标准的理论基础：发展性的报应观

目前对于惩罚目的的理解存在两种向度，一种观点认为惩罚的目的在于报应，即报应性惩罚观；另一种观点认为惩罚的目的在于警戒，即功利性惩罚观。

（1）报应性惩罚观

报应性惩罚观关注的是违纪学生的不端行为所造成的实际损害程度，追求的是一种以恶报恶的对等关系。报应性惩罚观基于这样的理念，即学生"犯了罪错承受痛苦，在道德上是合理的；相反，犯了罪错得不到报应，正义的天平将失去平衡，这在道德上是不可接受的"[109]。因此，报应性惩罚观的全部意义在于向违纪学生展示这样一个道理，即对别人作恶就是对自己作恶，给别人制造痛苦就是给自己制造痛苦。从这个意义上说，惩罚就是一种反攻，它的作用在于抵消过失，弥补违纪学生引起的那种恶，把事物恢复到原来的状态。报应性惩罚的局限性在于以下三个方面[110]29。

第一，尽管这种惩罚以违纪学生为惩罚对象，但惩罚的真正意义却指向了违纪学生以外的人，即惩罚的真正目的并非在于挽救违纪学生，而是在于为受损方伸张正义。在受到惩罚后，违纪学生很可能只是认识到他的不端行为的恶在于给他人带来了有害结果，而难以领悟到他的不端行为的恶在于削弱、损害了纪律规范所具有的道德权威。

第二，以恶报恶难以激起违纪学生的羞耻感，相反，它还会使学生对惩罚产生憎恶感和痛恨感。在接受这种惩罚后，学生也许不再违纪，但很难说这是出自其真情实意，很可能只是处于一种"免而无耻"的低层次境界。

第三，报应性惩罚观认为，不端行为是一种恶，是错误的，因为它给人带来了痛苦，故行为人必须受到谴责。然而，按同样的逻辑推断，报应性的惩罚因会给违纪学生带来痛苦，因此也是一种恶。这种以恶报恶同样是不道德的。

（2）功利性惩罚观

功利性惩罚观所关注的是运用何种方式去惩罚违纪学生，从而使这种惩罚能更有效地达到恐吓、威慑潜在仿效者的目的。它所追求的是惩罚所引起的边际效应（侧面效应）。"很显然，这种惩罚观的首要目标并不是如何挽救违纪学生，而只是把对违纪学生的惩罚当做一种工具，去达到与其不相干的某种目的。社会心理学家班杜拉的'观察学习'实验为这种惩罚观的出现似乎提供了某种不容辩驳的证据。班杜拉和其他许多人都相信，当个别人因过失受到惩罚时，会对旁观者产生替代惩罚的作用，抑制旁观者的相应过失行为，故惩罚能够达到恐吓和威慑多数人的目的。"[110]31毫无疑问，惩罚具有儆尤功能，但这种功能只能是一种衍生功能。正如法国社会学家涂尔干所言："我们不能够先验地否认，对惩罚的恐惧能够对某些意志产生一些清醒作用。然而，这既非是惩罚所独有的理由，甚至连主要理由都不是。因为倘若惩罚没有其他的目标，那么它所履行的功能就将完全是次要的。"[111]实际上，如果把儆尤看成是惩罚的第一目的，那么就很可能带来一个严重的后果，即学校的惩罚会牺牲违纪学生的权益。"学校一旦想以惩罚违纪学生作为教训其他人的工具，那么就有可能任意地增加惩罚的强度，乃至滥用惩罚。在班杜拉看来，对违纪学生的惩罚越严厉，就越能对仿效者起到警戒作用。这样，学校就异化了惩罚的真正目的。"[110]32所以，在我们看来，那种为追求外在的功利而把违纪学生当成牺牲品的惩罚观已经远离了惩罚的本来意义。

总之，无论是报应性惩罚观还是功利性惩罚观，都秉持着这样的理念：惩罚不必顾及违纪学生，因为惩罚的全部意义是要实现某种外在之目的。"前者在于为受损方伸张正义，后者在于威慑其他有违纪倾向的学生。然而，惩罚的意义一旦远离了违纪学生，仅仅把惩罚当做实现某种外在目的的工具和手段，那么，这种惩罚必然会失去最深层次的人性基础，会被异化成为扼杀人发展的'刽子手'。"[112]

那么何种惩罚观才是正确的惩罚观呢？本研究认为，在高等学校内部，作为纪律处分的惩罚应该是一种基于报应基础之上的发展性惩罚观，因为：第一，每个社群成员都应该得到他理应所得的，每个人都要为自己的行为负责。第二，每个人都应该被以目的的存在而对待，而不是别人存在的手段，这是康德所说的基本的人道主义。因此，要有一种发展性的惩罚观，每个人是被当做目的而不是当作手段存在，这符合高等学校的育人功能。

惩罚在任何社群当中都会存在，因为惩罚的本质在于其道德可谴责性，如果消解了惩罚，就是消解了责任，就意味着消解了社会存在的道德基础，那么，必要的共同道德规范就会失去效力，每个人都会成为绝对的利己主义者，整个社群就会分崩离析。既然惩罚的目的实质在于重塑违纪学生对纪律规范的尊重之情感，而纪律又对人的人性发展具有积极意义，那么在本质上，惩罚就具有了发展性而非束缚性，它是一种必要的手段恶，是一种目的善，它的善的总量应该大于恶的总量，因而作为纪律处分的惩罚是一种目的善的存在而非目的恶的存在。作为纪律处分的惩罚应该是一种基于报应基础之上的发展性惩罚观，惩罚的这一本质内涵，使之具有了存在的道德意义和合理的人性基础。

2. 高等学校学生纪律处分的程度标准：比例原则

比例原则是许多国家行政法上一项重要的基本原则，由于纪律处分行为是一种内部行政行为，适用比例原则是恰当的。学术界通说认为，比例原则包含适当性原则、必要性原则和狭义比例原则三个子原则。[113] 纪律处分比例原则是指纪律处分权的行使除了有纪律处分依据这一前提外，处分主体还必须选择对纪律处分相对人侵害最小的方式进行。

"比例原则的思想最早可追溯至英国大宪章的规定，人们不得因为轻罪而受重罚。19世纪，德国的警察法中首次出现比例原则观念，之后比例原则在理论与实践中均得到了极大的发展。德国行政法学者奥托·迈尔（Ottomayer）在1895年出版的《德国行政法》中，主张'警察权力不可违反比例原则'。1923年在同书第三版中认为，'超越必要性原则即违法的滥用职权行为'。20 世纪初，德国另一位行政法学者弗莱纳（F. Fleiner）在《德国行政法体系》一书中用'不可用大炮打小鸟'的名言，比喻警察行使权力的限度。观念上倡行的结果是比例原则在法律上的体现。1931 年的《普鲁士警察行政法》规定，警察处分必须具有必要性方属合法。同时该法第十四条把必要性定义为：'若有多种方法足以维持公共安全或秩序，或有效地防御对公共安全或秩序有危害之危险，则警察机关得选择其中一种，惟警察机关应尽可能选择对关系人与一般大众造成损害最小方法为之。'此一立法例证，被德国各邦广泛采纳。"[114]380 在司法实践中，当时的高级行政法院将警察采取的措施是否超过为实现目的所需的必要限度作为审查内容之一。"随着民主、法制的发展，比例原则后来超越了警察法领域，被德国联邦法院赋予宪法地位，但其核心内容仍是行政成本应与行政效果之间保持合理的比例关系。比例原则要求行政主体的行政活动，在合法的范围内，注意合理的比例和协调。"[115] 比例原则的概念有广义和狭义之分。对于广义比例原则，在学说及其用语上，不同学者并不一致。通说认为比例原则包含适当性原则、必要性原则和狭义比例原则三个子原则。我们可以称之为"三分法"。陈新民主张"二分法"，认为必要性原则与狭义比例性原则两个子原则已经能够表达比例原则的含义。[114]373 范剑虹则提出"四分法"，将比例原则的内涵表述为符合宪法原则、有效性原则、必要性原则和狭义上的比例原则。[116]

在此，本研究采用"三分法"，使用"传统"比例原则的适当性原则、必要性原则及狭义比例原则来确定高等学校学生纪律处分的程度标准。

（1）适当性原则

适当性原则又称为妥当性原则、妥适性原则、适合性原则，是指所采取的措施必须能够实现行政目的或至少有助于行政目的的达成并且是正确的手段。"也就是说，在目的—手段的关系上，必须是适当的。这个原则是一个'目的导向'的要求，通说认为，即使只有部分有助于目的之达成，即不违反适当性原则。并且这个最低标准不是以客观结果为依据的，而是以措施作出时有权机关是否考虑到相关目的为准。"[117]25 在纪律处分当中，最典型的例子就是禁止不当联结，比如在有的高等学校学生纪律处分规范中，将纪律处分与学位证书和学历证书的获得进行不当联结，这就违反了适当性原则。

（2）必要性原则

必要性原则又称为最少侵害原则、最温和方式原则、不可替代性原则。是指在前述"适当性"原则已获肯定后，在能达成纪律目的诸方式中，应选择对纪律处分相对人权利最小侵害的方式。"换言之，已经没有任何其他能给纪律处分相对人造成更小侵害而又能达成目的的措施来取代该项措施了。这里实际包含两层意思：其一，存在多个能够实现纪律规范目的的行为方式，否则必要性原则将没有适用的余地；其二，在能够实现纪律规范目的的诸方式中，选择对纪律处分相对人权利自由侵害最轻的一种。"[117]26 可见，必要性原则是从"纪律处分后果"上来规范纪律处分权与其所采取的措施之间的比例关系的。我国的成语"杀鸡焉用宰牛刀"可以看做是对这一原则的最好诠释。

（3）狭义比例原则

狭义比例原则又称比例性原则、相称性原则、均衡原则，即纪律处分权所采取的措施与其所达到的目的之间必须合比例或相称。比例性原则是从"价值取向"上来规范纪律处分权与其所采取的措施之间的比例关系的。但其所要求的目的与手段之间关系的考量，仍需要根据具体个案来决定。也就是说，狭义比例原则并非一种精确无误的法则。它仍是一个抽象而非具体的概念。"当然，狭义比例原则也不是毫无标准，至少有三项重要的因素需要考虑：'人性尊严不可侵犯'的基本准则；公益的重要性；手段的适合性程度。"[118]

综上所述，适当性原则要求手段有助于目的的实现，必要性原则要求实现目的的手段是最小侵害的，而狭义比例原则是通过对手段负面影响的考量，要求目的本身的适当、不过分。质而言之，比例原则的这三项子原则分别从"纪律处分的目的取向""纪律处分后果""价值取向"上规范纪律处分权力与其行使之间的比例关系。三者相互联系、不可或缺，构成了比例原则在纪律处分中的完整而丰富的内涵，是对纪律处分权力行使，纪律处分走向公平的最重要原则。

（五）高等学校学生纪律处分的依据标准

1. 理论基础：以法治的精神，进行"害"的分配

法治是一种社会的整体状态，它应当浸润在社会的各个方面，存在于

每个社会成员内心世界之中，衍生为社会成员的思想认识和外在行为。"民主和人权是法治最核心的价值追求，法治的内在价值和精神主要是法律对权力的支配和权利对权力的支配，权力的非人格化是法治的基本任务。"[119]

只有符合法治精神的纪律处分制度才能保证纪律处分的实质公正。实质公正，主要是指分配公正，即在高等学校共同体成员之间公平地分配学校发展的成果和学校合作所产生的负担。简单地讲，分配公正就是等利害交换，是指高等学校共同体成员在人格独立平等基础上的权利和义务公平分配。本研究认为，一个纪律处分制度应当具有如下特性才能说在实质上是基本公正；即使是最不幸、占有社会财富最少的人，其基本自由与正当的权益也不会因为其不幸与资源占有的匮乏而被分配到更多的"害"；即使是无赖，也不会因为其无赖而得到比应得更多的利益而避免应得的"害"；即使是权贵富豪，也不会因为其权力与财富而可以为所欲为，得到自己所不应得的利益而没有得到应得的不利益；即使是追求私利的人，只要没有伤害到学校共同体及其成员的正当利益，也不会因为其追求私利而使受到惩罚。纪律处分要走向理性化，只有坚持以法治的精神来实施，才能实现纪律处分的公平、合理、合法，实现纪律规范的秩序追求和学校共同体成员的基本权利保护和责任承担。

2. 纪律处分制度的形式符合法治精神

纪律处分制度的形式符合法治精神包括以下三个方面。

（1）形式的确定性

纪律处分制度的内容必须借助于一定的形式表现出来，纪律处分制度内容确定后，其适用性则取决于其形式的确定性。若纪律处分制度的形式不确定，纪律处分的效力不仅不能转化成实效，甚至可能破坏纪律处分制度的内容。由于纪律处分制度的制定是一种学校共同体内的类似于立法的行为，因此，在纪律处分制度的形式中最好使用法律性语言。"法律语言这一基本元素应尽量明确易懂，含义表达清晰、准确、没有歧义，法律命题所阐述的内容应明确，不能出现模棱两可的命题形式。"[120]214纪律处分制度的明确性、严谨性不仅能维护共同体每个成员的根本利益，更能引导共同体成员的行为向善的方向发展。纪律处分制度的确定性是其内容的内在要求，更是保证纪律处分制度实施取得良好实效的重要保证。而纪律处分制度形式的不确定性必然导致纪律处分规范的表意准确性，最终会殃及纪律规范的权威。

（2）体系的完整性

纪律处分制度规范的功能在于对学校内的共同体成员的行为进行规整调控，教育活动的主体性和特殊性决定了纪律处分制度规范必须具有完整性的特点。高等学校教育活动的主体不仅包括学生和教师，而且还包括家长、社会、政府等，不同主体的权利与义务构成了纪律处分制度规范内容的多样性。在现代教育领域内，各部门，各阶段的教育法律法规，包括教育行政与管理制度、教育考试制度、督导制度、教育教学制度等，主要是为教育发展提供规范制度保障，比较具体，适用范围也有明确的针对性。制度规范如果与纪律处分制度出现分歧，都将使高等学校学生纪律处分部门无所适从，导致纪律处分纠纷，最终导致纪律处分制度规范失去可操作性。因此，纪律处分制度规范应该是一个完整的体系，高等学校学生纪律处分制度不得与宪法、法律和教育规章等上位规则相抵触。

（3）内容的和谐性

纪律处分制度要发挥其作用，完成其使命，其内部各要素必须是和谐的。无论是纪律规范的语言形式，还是逻辑形式和规范、体系形式，都不能出现前后不相一致的地方。纪律处分制度内部各要素只有组合成一个完整的体系结构，才能全面担当起对学校内部教育活动的调控。

3. 纪律处分制度的实质符合法治精神

（1）纪律处分制度制定权力的取得符合法治精神

纪律处分权作为学校专有的一种公权力，同样遵循着无授权即无源权力的现代行政法原则，且一般情况下纪律处分主体也只能在授权范围内行使权力。换而言之，授予纪律处分权的条件和标准要明确、具体，空头支票式的授权是被排除在法治原则大门之外的。

应该说，高等学校通过制定规则来进行自主管理，其法律依据是非常充分的。在全国人大及其常委会颁布的法律中，《教育法》第二十八条规定学校有"按照章程自主管理的权利"，第四十一条规定学生有"遵守所在学校或者其他教育机构的管理制度"的义务，既然学校有按照章程自主管理的权利，就应当包括学校可以通过制定管理制度进行管理的权利，将遵守学校管理制度明确规定为学生的义务，就必然意味着立法对学校制定管理制度的认可；《高等教育法》第三十二条至第三十七条除了规定高等学校的七项办学自主权外，第四十一条更是明确地将高等学校制定具体规章制度的权利规定为高等学校校长行使的职权之一。在国务院颁布的行政法规中，同样存在对高等学校制定规章制度的授权依据，例如，1981年国务院发布的《中华人民共和国学位条例暂行实施办法》第二十五条规定："学位授予单位可根据本暂行实施办法，制定本单位授予学位的工作细则。"在部门规章层面，以2005年教育部发布的《普通高等学校学生管理规定》为例，对高等学校制定具体管理制度就有多项授权依据，如第四十九条规定："考核分考试和考查两种，考核和成绩评定方式，以及考核不合格的课程是否重修或者补考，由学校规定。"第十四条规定："学生学期或者学年所修课程或者应修学分数以及升级、跳级、留级、降级、重修等要求，由学校规定"，第十一条规定："学校应当建立健全学生住宿管理制度，学生应当遵守学校关于学生住宿管理的规定"，第六十八条规定："高等学校应当根据本规定制定或修改学校的学生管理规定"。

　　然而，高等学校拥有针对学生制定管理制度的合法权源并不能保证其制定的管理制度本身合法。有权制定管理制度只是表明获得了行使权利的资格，该权利行使的结果如何则是另需判断的问题，因为根据授权在具体的行使过程中，有可能误解或者曲解授权本意，或许也可能是狄得授权后予以滥用。面对现实生活中高等学校形形色色的学生管理制度，"在不断遭到学生对其合法性产生质疑，甚至认为这些制度侵犯了自己的合法权益而直接诉诸法庭请求评判时有出现的情况下，如何判断高等学校学生管理制度的合法性是眼下不能回避也是无法绕开的话题"[121]。

　　（2）高等学校学生纪律处分制度的制定主体确认符合法治精神

　　高等学校共同体的纪律处分制度应该由学校共同体成员共同制定。学校纪律规范和处分制度是人们自觉创制的产物。但是，由于高等学校纪律规范和处分制度对学校共同体成员进行约束，这种约束规则是学校内部全体成员意志的表现，因而，高等学校的纪律规范和处分制度的制定应该是全体成员合意的结果，纪律规范和处分制度不但要体现群体意志，同时也要表达个体意志，这是法治精神的体现。我们知道，公权力并非天然存在，而是源于多个主体集聚在一起后，为寻求更大的增量利益，其中的个体对自己的部分权力意志进行的临时性让渡，"受治者授权"[122]是在纪律处分制度制定的过程中体现法治精神的重要一环。因此，高等学校共同体的纪律规范应该是高等学校共同体成员的共同意志。

（3）高等学校学生纪律处分制度的内容符合法治精神

其一，高等学校纪律规范必须尊重纪律处分相对人的权利和自由。谋求和增进每个社会成员的福利是包括纪律处分权力在内的一切现代行政权力存在的基点和目的。因此，在纪律处分权力的行使过程中，并不允许纪律处分权力主体把公益的重要性推向极致，藐视、蔑视受处分学生的基本人权，也不允许纪律处分权力主体以公益为借口限制和剥夺学校共同体成员的权利和自由。纪律处分权的使用必须依据法定，"即学校必须基于法定的依据实施处分行为，或者说只有在法律有明文规定的情况下，学校才能实施相应行为，没有法定依据的处分应视之无效"[123]165。学校的行为与学生的行为最大的区别在于：对学生来说，在不违反法律和共同体道德的情况下，可以从事一切活动，而无须法律的授权，只有当法律明文禁止时，才不得为之；在处分学生方面，有关规章制度所不禁止的行为，就不是违纪行为，当然不能给予处分，只有为其所禁止的行为才是违纪的，才能给予处分。

其二，纪律处分权力的行使符合法治精神。具体而言，依据法定原则又含有五层意思：① 纪律处分权由学校行使。事实上，从行政法角度分析，高等学校的各职能部门均隶属于学校，但是它们与学校的法律地位有着重大区别：高等学校自批准设立之日起取得法人资格，而各职能部门无此资格。虽然高等学校对学生的管理职权必须依靠有关职能部门、有关院系，但它们对违纪学生的处分行为只能以学校的名义来实施，并由高等学校承担全部法律后果。对学生处分决定只能以高等学校的名义作出，而不能以院系、职能部门的名义作出；② 学生的行为是否应当给予处分的内容标准只能是纪律规范所规定的标准，即没有处分依据的，不得施以处分。在刑法里有"刑罚法定"与"法无明文规定不为罪"的思想和"不实行类推"的规则，处分学生时更应当奉行"法无明文规定不处分"的原则，因为学生的违纪行为同违反刑法的行为相比，其社会危害性要小得多；③ 处分形式必须符合上位法规的规定。"什么样的行为给予什么样的处分，以及处分的种类等，都必须由法定的依据所确定，学校不能在此依据之外'自行创设'，也不能违反法所规定的处分种类适用范围而任意选择调整。"[123]165按《普通高等学校学生管理规定》的规定，对学生的处分有五种，即警告、严重警告、记过、留校察看、开除学籍，所以，学校在此五种处分之外，对学生进行诸如公开训诫、记大过、罚款之类的处分，以学位证和毕业证作为惩罚手段均为不合法的行为[124]；④纪律处分权力受到纪律处分相对人权利的制约。私权力的授予意味着对公权力的限制，或者意味着公权力主体义务和责任的增加。可以说，在纪律处分法律关系中保持纪律处分主体与纪律处分相对人之间权力与权利的大体平衡是纪律处分法律关系主体间良性互动的必要前提。当纪律处分权力实施自由裁量时，并不意味着可以任意对待私权利。纪律处分自由裁量权是纪律规范授予的有限的权力，有限的权力方为有效的，因为有限的权力本身已尽可能地避免了对于私权利的粗暴干涉和无端践踏；⑤纪律处分的范围上不能超出上位法的规定。比如对于考试作弊的惩罚，不能超出《普通高等学校学生管理规定》所规定的范围："由他人代替考试、替他人参加考试、组织作弊、使用通讯设备作弊及其他作弊行为严重的"。

二、高等学校学生纪律处分程序的完善

（一）纪律处分程序完善的理论基础：高等学校管理的公平正义

高等学校管理不仅在于有完备的制度、健全的运行机制，更在于公平正义精神与价值在高等学校管理各个环节中得到真实的体现和实现。关于高等学校管理主导价值的理论可谓精彩纷呈，有人认为是利益，有人认为是自由，有人主张是效率，还有人主张是秩序。承认、肯定和保护人们的正当利益，是一个高等学校共同体发展的动力源泉，但是如果奉"利益"或"功利"为最终的依归，这个学校终将成为德性尽失的共同体；"自由"是学校共同体生命力、创造力的源泉，但是极端的自由主义将会使学校陷入无序；"效率"为学校发展所必须，但是"效率优先"在任何时候都不应成为漠视公平、践踏正义的借口；"秩序"是学校共同体稳定的基础，无秩序便无安全可言，但是当秩序成为学校最高价值的时候，则有可能窒息学校的活力。由此可见，利益、自由、效率、秩序作为高等学校管理价值的一部分，固然为学校发展所必须，但都不能作为高等学校管理的终极价值准则，它们最终都要受到公平正义这一基准的评判和检验，其

中的任何一项均不具有超越公平正义价值的能力。一所学校管理的善恶及其文明程度，最终要看它是否奉公平正义为最高价值准则。

高等学校管理的主流价值决定着高等学校的文明走向和发展方向。一个良善的学校管理制度必定是将公平正义奉为圭臬的制度，而一个公平正义不彰的管理制度必定会走向学校权力的专制与腐化、学校文化的消沉与堕落、学校管理的混乱与无序，最终使学校共同体走向衰退与凋敝。在高等学校共同体中，利益需求是多种多样的，冲突与矛盾也是变化多端的，因此学校管理者的首要任务并非是缠身于具体事务的细枝末节中，而是要进行价值判断与选择，进而消除冲突，维护公平，匡扶正义。在此意义上，高等学校管理的本质就在于价值选择。而一个好的管理制度的标准就是，在任何时候都会义无反顾地选择公平正义。当公平正义成为高等学校管理的灵魂，成为所有共同体成员看得见、感受得到并能够分享得到的结果的时候，高等学校管理制度才能真正惠及每一个共同体成员。

（二）纪律处分制度与程序公正

公正是纪律处分制度的首要美德。李龙认为，法治的最终实现有赖于良法的确立和人们对法律的普遍遵守。[120]18同样，公平正义的纪律处分制度的实现也取决于纪律处分制度规范的合理与否和学校共同体成员对规范的履行程度。作为纪律处分制度价值理想实现的必要前提，纪律处分制度体系和规范的建构具有举足轻重的作用。但我们的纪律处分制度规范存在着与教育现实相脱节的现象，目前教育学界和法学界对纪律处分制度所遇到的伦理难题，还囿于理论上的推演、道德上的辨析，而缺少解决问题的具体可行的道德规范。这些纪律处分制度伦理难题的无法解决，将使得纪律处分制度的理想追求永远只能限于空谈，也会使人们对纪律处分制度规范的现实合理性产生怀疑。纪律处分制度规范是否具有现实合理性，决定了它有无存在的根据，而这种合理性的程度如何，直接关系到教育者自觉履行的程度。

公平正义的纪律处分行为，离不开程序的正义性。程序不公正，会出现"歪嘴的和尚念歪了经"的状况，使得公正的纪律处分制度无法贯彻执行。由于纪律处分制度的运行总是由人来完成的，而人的操作总是会受到个人的利益、观点、情感等一系列因素的影响，因此就必须作出相应的规定，把操作程序的步骤合理化、固定化、程序化，从而保证教育制度操作的公正。例如，为了防止纪律处分过程中出现的徇私舞弊，高等学校就需要针对纪律处分的过程，制定相应的程序，如回避制度，以保障纪律处分的公正性等。程序的公正是保障纪律处分制度运行公正的关键。虽然程序的公正并不可能完全保证纪律处分的实质公正，但是却是保证纪律处分制度运行结果公正的必要条件。

纪律处分制度执行要符合程序正义性。程序上的公平和正义，本质上是形式的公平和正义。程序公正根植于古罗马时代的"自然正义"，近代和现代程序公正观念由此产生并完善于英国法，并为美国法所继承的"正当程序"思想形成和展开的。正当程序一般喻指规范公共权力运行状况、确立行使权力者与权力对象之间互动秩序、体现某种正义理念的程序性或实质性评价准则。其具有两方面的意蕴[125]380：一方面，正当程序是一个实体法的规则，称为实质的正当程序。这种意义的正当程序要求立法机关所制定的法律，必须符合公平与正义；另一方面，正当程序是一个程序法的规则，称为程序上的正当程序。这种意义的正当程序要求一切机关在行使剥夺私人的生命、自由或财产的权力时，必须听取当事人的意见，当事人具有要求听证的权利。因此，正当程序的实质就是公正价值取向，体现了公平的本质。从程序意义上讲，正当程序意味着被指控的人能在审判过程中陈述自己的观点，主张自己的权利。它最低限度地要求个人在没有机会申辩之前，不得被惩罚或剥夺任何权利。正当程序原则另一个重要方面就是惩罚的力度越大，就越需要更广泛的程序来避免不公平的裁定。行政法学者施瓦茨认为："根据正当程序要求，在学生因不轨行为而被公立学校开除之前，必须给其通知并给其受训（听证）的机会……法院一致确认，正当程序条款适用于公立学校做出开除学生的决定。"[126]由此，学校在对学生做出实施处罚决定之前，应书面通知被处罚学生并告之其处罚理由，出示相关学生失范证据，并提供其听证和公开辩解的机会，以保证对所有涉入者的公平必要程序。当然，在不涉及学生任何自由或财产利益或其他基本权利的场合，校方可以不采用正当程序而径直对学生施以处罚。如对学生进行警告、严重警告、记过处罚时，学校可以不受正当程序原则的束缚，只要这种处罚行为与学生的失范行为相应并无损于高等学校教育和管理的目的即可。因此，将严密的程序规则引入教育行政领域，不但有利于保障教学行政相对人（包括学生）的权利，从长远来讲也有利于学校管理目标的实现。

（三）程序公正的纪律处分制度设计

以上述理念为依托，我们可以把高等学校学生纪律处分程序设计为事前程序、事中程序和事后程序三个步骤：

1. 事前程序

（1）事先通知。"即指制定并公布规则，保证学生意识到这些规则、应如何遵守规则以及违反规则可能的后果。事先通知并不是针对特定对象的，目前，高等学校都将学校的各种规定汇编在《学生手册》中，在新生入学时每人发放一册，同时将这些规定公布在校园网上。如果学校依据没有向学生公布的规定对学生进行处分，则可以认为违反了正当程序。"[127]93 为了保护被处分方的合法权利，我们可以借鉴美国《北卡罗来纳州立大学纪律处分程序》的规定，将《纪律处分程序》事先通知学生，纪律处分程序中明确规定原告、被告的权利和责任以及处分程序。

（2）告知。"即指高等学校在作出对特定学生不利的决定之前，通过送达书面通知的形式告知其具体的指控、所依据的规则、相关的证据以及学生所享有的程序性权利。"[127]93 如《北卡罗来纳州立大学纪律处分程序》① 就规定："被告至少在预定的纪律处分大会之前 5 个学校工作日内收到特定指控的书面通知。校园出庭传票即为对被告特定指控的书面通知。所有其他由学生行为办公室主任提出的指控必须以书面形式在纪律处分大会之前 5 个学校工作日内送达被告。希望提前进行听证会并且放弃 5日通知期的被告可以通过书面形式进行申请。"在我国已往的有些案例中，因为根本就没有给予学生参与的机会，所以告知都是在决定做出之后。告知制度是启动学生参与的开始，应该及时送达学生。

（3）给予相对人足够的时间准备辩护。如《北卡罗来纳州立大学纪律处分程序》就规定："被告应该至少提前 10 个学校工作日得到听证会日期的通知，及对其特定的指控，同时应该让其了解可以获得其案件档

---

① 引文由笔者译。原文引自：Http：//www. ncsu. edlu/policies/student-Services/student…/REG//35. 3. php.

案，其中包括可能的目击证人。该案件档案由学生行为办公室保存，如被告要求，他/她可以获得其复印件。如被告希望提前举行听证会，并放弃10日的提前通知期，那么他/她可以通过书面形式提出。"

2. 事中程序

（1）说明理由。说明理由是学校侵益性公法行为有效的要件之一。"高等学校在作出对学生的权益产生不利影响的决定时，应该向学生说明作出决定所依据的事实、规定，事实与规定之间的因果关系以及进行自由裁量时考虑的各种因素。说明理由可分为合法性理由和正当性理由。前者包括行为的事实以及规定，后者说明自由裁量的依据。说明理由制度向相对人表明决定并非凭空作出、主观臆断的，体现了对学生权益的尊重，也提供了学生辩护的针对性。"[125]93

（2）听取相对人陈述、申辩。即在学校作出决定之前，给予学生发表意见的机会和对特定事项进行陈述、申辩、质证的机会。"听证是正当程序的核心内容，这是因为如果一个当事人在涉及自己权利的行政决定制定过程中没有发言权，实际上就等于程序活动是偏私的、不公正的。"[128]听取相对人意见的制度体现了学生的参与性，使得学校重新审视作决定的理由是否真实、充分、恰当。"告知（包括事先通知）、说明理由和听取相对人意见，是满足最低限度正当程序的基本要求。对学生作出的任何侵益性公法行为，学生的陈述可以是面对面的，也可以是书面的，但都应该保留书面记录。"[127]93

（3）听证。听证其实是听取相对人意见的一种有组织的、较为严格的程序形式。并不是所有学校的决定都要求听证。"听证可以与司法审查的范围相一致，比如，学校的决定将侵害或限制学生宪法上的基本权利，学校的处分将改变学生身份（如录取、勒令退学、开除等，而警告、严重警告、记过可以不举行听证，但留校察看也应该听证），或者对学生权益影响重大（如不予核发毕业证、学位证），这些都应该举行听证。一个公平的听证应该有以下要求：听证由独立的、没有偏见的机构或个人主持，学校的听证应该由作出决定之外的人或单位主持；相对人有权获知影响其利益的决定及理由；相对人有机会为自己辩护；相对人有获得法律帮助的权利；听证必须作记录，并且只能根据记录中的事实作出决定；听证应该公开进行。"[127]93听证应该对决定的作出具有实质性的意义，而不仅仅是走过场。听证程序的适用也有其例外。"美国法院认为，平衡学生的个人利益和学校的公共利益决定了正当程序是否要求陪审型听证。在紧急状态下，如果学生的行为破坏了学校的学习氛围，如使师生处于危险之中或者损坏学校财产，学校可以不经过听证而要求其立即离开学校。"[129]《北卡罗来纳州立大学纪律处分程序》规定下列行为适应于特别纪律干预程序："危险的或者故意制造混乱的""被指控有严重罪行的（包括违反武器管理规定）""被指控违反学校毒品规定的""学校如有证据表明学生继续在校园或者在宿舍逗留会造成威胁的"。对于作出上述行为的学生，学校暂时停学的处理可以在不事先通知情况下立即生效。

（4）作出决定。作出决定的人和事前调查的人应该分离，并且和案件有利害关系的人应该回避。"如果是纪律处分决定，应该通过校长办公会并以学校名义（或校长）作出，学校学生管理部门作出的处分决定是无效的；作出决定必须按照上述程序中的书面记录作出，不能采用记录以外的事实和理由；作出决定可以部分采纳传闻证据，但是不能够只有传闻证据，并且传闻证据也不能构成决定的实质性证据；作出的决定应该附有裁定事实、理由和意见，并且将最初认定的事实和经过程序后最终认定的事实一并附上。"[127]94 其中说明理由制度很重要，英国法律学家丹宁勋爵认为，当行政机关的决定影响的客体不是特权而是一项人身、财产或自由权时，行政机关必须在作出相关决定时说明理由。"作出决定应该符合比例原则，即学校在作出处分决定时对于可处分也可以不处分的，应该不给予处分；处分可轻可重的，应该给予较轻的处分。"[127]94

3. 事后程序

（1）送达。"最终的处理决定应该及时送达学生本人，但是并不要求必须向本人宣布，本人的签字或者有证据证明本人已经签收即可。"[127]94 如《北卡罗来纳州立大学纪律处分程序》规定："裁决有罪并进行相应处分的结果应该在听证会结束时提供给被告。另外，更全面的对于结论和支持委员会决定的推理的书面解释可以通过私人派送或者可鉴定的邮件下发"。送达程序是非常重要的，"田永诉北京科技大学案"① 就是因为处理决定没有和本人见面而违反了正当程序的，这个案例对高等学校来讲是一

————————

① 参见附件二。

个很好的送达程序的反面教材。

（2）告知相对人救济途径及时效。"《中华人民共和国教育法》第四十二条规定了受教育者对学校给予的处分不服向有关部门提出申诉的权利，对学校、教师侵犯其人身权、财产权等合法权益提出申诉或诉讼的权利。送达决定时应该告知学生享有这些权利，以及其他的救济渠道和时效。"[127]94

（3）处分记录存档与报备。在纪律处分存档问题上，《北卡罗来纳州立大学学生纪律处分程序》的规定值得我们借鉴：其一，"纪律处分决定以学生的名字保存在纪律处分档案中。如果对学生的指控不成立，或者案件被驳回，档案应该销毁。这些档案应该记录成纪律处分档案，在销毁之前保存六个月，但不应该和良好纪律档案放在一起。"其二，"被告的纪律处分为非留校察看或开除学籍，则其档案将保存在学生行为办公室和大学住宿委员会，时间从最终处分行为通知信的日期开始，五年后销毁。审判结果为留校察看或开除学籍的处分将永久保留，不予销毁。被发现有罪的学生纪律处分有可能根据学校规范和相关法律报告给第三方。"其三，"当纪律处分程序未决时，学生审判记录可能处于暂时性冻结状态。在这种情况下，学生不可以注册上课，也不可获得其正式成绩单。当纪律处分悬而未决时，学生不可以参加典礼或者毕业。"其四，"一旦学生受到开除学籍处分，其成绩单将永远记录这一点。如果是留校察看，成绩单也对此记录，直到留校察看期限到期，学生请求删除此记录为止。"在我国，还有一个非常重要的程序是报教育主管部门备案，这应该按照教育部《关于加强依法治校工作的若干意见》严格执行。

上述正当程序的具体内容虽然有理想的成分，但是正当程序更重要的是体现对学生权利和尊严的尊重，给予学生平等和参与的机会，在此基础上，实现学校利益和学生利益的协调，增进被处分方对处分合理性与合法性的理解，在一定程度上可以减少纠纷。

三、批判与构建：以《华东师范大学本专科学生违纪处分办法》为例

根据本研究的结论，从纪律处分的目的、内容标准、范围标准、程度标准、依据标准和程序标准六个角度，对《华东师范大学本专科学生违纪处分办法》（华师学［2006］35 号，以下简称《办法》）进行考察和批

判，试图构建合乎公平正义的学生违纪处分办法。

（一）纪律处分的目的

根据《办法》，华东师范大学将学生纪律处分的目的定位于"为了加强管理，严肃校纪，维护学校正常的教育教学秩序和生活秩序"，这个目的定位充分显示了学校强调管理的取向。事实上，高等学校的管理应该定位于学生服务，保障学校共同体成员的基本权利，纪律处分的目的是为维护学校共同道德的外在形式纪律规范的权威。这里，我们可以借鉴《北卡罗来纳州立大学纪律处分程序》的导言说明，对华东师范大学纪律处分的目的予以重新确定：大学是培养创造性人才的地方，创造离不开自由，更离不开必要的教育教学秩序和生活秩序，为了保证每一位学生能够平等地享受学校的服务，自由汲取学术营养，每位学生应该尊重他人的权利，任何侵害学校和共同体成员的利益都是对权利的侵犯，为保证学校纪律规范的权威性，任何侵害行为都应该受到学校纪律规范的追究，为了保障受处分学生的权利和保证处分的公正性，特此制定《办法》。

（二）纪律规范的内容

纵观《办法》，缺少对学生和教师人身权的保护条款，《北卡罗来纳州立大学学生纪律处分程序》对不正当的性行为的界定非常详细，可以借鉴："对于强奸、其他性侵犯和性攻击，学校会进行犯罪起诉和严厉的制裁。其中包括：强迫他人进行阴道性交；进行其他的性行为，如口交或肛交、用手指或其他物品进入他人性器官的行为。未得到对方完全同意或对方是在受控的情况下（包括吸毒或酗酒而使判断力降低，无法正确地作出完全同意或自愿同意某件事的决定）的性接触；和/或犯罪者明知其行为地对他人的攻击，却与之发生性接触；和/或犯罪者明知对方没有意识到此行为是性接触，却与之发生性接触；和/或对方年龄低于法定的同意性行为的年龄，却与之发生性接触。注释：如果某人是被迫发生性交的，或他没有能力同意，犯罪者的行为就被认为是强奸。强迫他人进行其他的性行为，如口交、肛交或用手指也是恶意犯罪。暴力可能是任何大小强度的体力威胁，它使对方害怕受伤或担心自己的生命有危险。犯罪者不一定要使用武器或殴打对方以使其害怕受伤或担心自己的生命。犯罪者可能是受害者认识的人。被迫、不情愿与自己认识的人发生的性交有时称为'熟人强奸'，也是要受法律惩罚的强奸罪。强奸之前有社交或约会关系并不能成为强奸指控的辩护条件。性接触定义如下，但并不仅限于此：触摸唤起情欲的部位，如胸、大腿或臀部意欲引起任何一方的性欲；还可能包括本部分列出的任何性行为。对性行为的同意必须清楚地说出或有明显的行为。如果一个人说'不'，那么接下来与之发生的性接触就可能既触犯州法律，又构成违反本规范的不正当行为。"对于其他人身伤害行为，可以增设这样的条款：伤害、贬损、骚扰或羞辱任何人的行为。欺侮、帮助或教唆他人从事该行为的学生将受到警告直至开除学籍的处分。《办法》第十三条规定："学生出现无故旷课现象，学校或院系应给予批评教育。如学生在一学期内无故旷课累计超过 10 节，学校应根据累计旷课数量给予相应的处分。(1) 旷课累计 11 至 20 节，警告；(2) 旷课累计 21 至 30 节，严重警告；(3) 旷课累计 31 至 40 节，记过；(4) 旷课累计 41 节及以上，留校察看。对屡教不改者，参照第十七条和第三条相关规定处理。如未请假离校连续两周未参加学校规定的教学活动者，予以退学。"高等学校掌握部分国家授予的一定的公共权力，这种作为公共权力而存在并由高等学校享有、行使的教育管理权，包括主流意识形态传播权、招生入学权、对受教育者颁发相应的毕业证书和学位证书权、高等学校的退学处分权。对于学生旷课问题的处分，本研究认为，大学生应该享有教育选择权，即有些科目和课程内容，学生可以行使选择权而不予选择，但是对于主流意识形态的课程，学生没有选择权，这是国家赖以存在的基础。另外，对于有些课程，如果影响到教学的互动与合作，可以酌情给予开除学籍处分。基于此，给予学校职能部门自由裁量权非常有必要，建议该条加入条款"学校视情况给予相应处分。"

(三) 纪律规范的范围

高等学校的纪律规范的效力仅限于本研究所界定的三维坐标场域。《办法》第一条规定："学生违法、违规、违纪，学校应当视其行为的性质和情节轻重给予批评教育或纪律处分。纪律处分分为五种：(1) 警告；(2) 严重警告；(3) 记过；(4) 留校察看；(5) 开除学籍。"根据高等学校学生纪律处分的三维坐标场域，建议本条修改为：学生校内违法、违规、违纪，学校应当视其行为的性质和情节轻重给予批评教育或纪律处分。纪律处分分为五种：（1）警告；（2）严重警告；（3）记过；（4）留校察看；（5）开除学籍。

《办法》第二条规定："学生违反国家法律、法规，受到公安、司法部门处罚（包括治安管理处罚、劳动教养、判刑等）或违反学校管理制度，学校给予相应纪律处分。"依据上文中学校纪律处分的应然效力，应该修改为：学生校内行为违反国家法律、法规，受到公安、司法部门处罚（包括治安管理处罚、劳动教养、判刑等）的，学校给予相应纪律处分。

《办法》第六条规定："违反国家和学校关于网络使用的有关规定，使用计算机网络登录非法网站、传播有害信息、侵害他人权益者，尚未构成第三条列举情形的，视其情节轻重给予警告至留校察看处分。"根据高等学校学生纪律处分的范围标准，如果学生因为此类行为侵害到其他社会成员的利益，由公安机关或司法部门给予处罚或处理，不属于学校纪律规范的范畴。本条规定可以修改为：违反国家和学校关于网络使用的有关规定，使用计算机网络登录非法网站、传播有害信息、侵害学校、教师和学生权益者，视其情节轻重给予警告至留校察看处分。

《办法》第七条规定："有酗酒、吸毒，传播、复制、贩卖非法书刊和音像制品等违反治安管理规定的行为者；参与非法传销和进行邪教、封建迷信活动者；从事或者参与有损大学生形象、有损社会公德的活动者，尚未构成第三条列举情形的，视其情节轻重给予警告至留校察看处分。"建议本条规定修改为：在校内有酗酒、吸毒，传播、复制、贩卖非法书刊和音像制品等行为者；在校内实施非法传销和进行邪教、封建迷信活动者；在校内从事或者参与有损大学生形象、有损社会公德的活动者，视其情节轻重给予警告至留校察看处分。

《办法》第八条规定："以各种形式进行赌博或提供赌博条件者，尚未构成第三条列举情形的，视其情节轻重给予警告至留校察看处分。"本条规定也不符合学校纪律规范的三维坐标效力场域，建议修改为：在校内以各种形式进行赌博或提供赌博条件者，视其情节轻重给予警告至留校察看处分。

《办法》第九条规定："殴打他人情节较轻者，给予警告或严重警告处分。寻衅滋事打人者、持械打人者、打人致伤者、打群架为首者，尚未构成第三条列举情形的，视其情节轻重给予记过或留校察看处分。蛊惑、纵容他人打架者，根据情节轻重，给予一定的处分。"建议本条修改为：在校内殴打他人情节较轻者，给予警告或严重警告处分。寻衅滋事打人者、持械打人者、打人致伤者、打群架为首者，视其情节轻重给予记过或留校察看处分。蛊惑、纵容他人打架者，根据情节轻重，给予一定的处分。

（四）纪律处分的程度

《办法》第三条规定："学生有下列情形之一，学校可以给予开除学籍处分：（1）违反宪法，反对四项基本原则、破坏安定团结、扰乱社会秩序的；（2）触犯国家法律，构成刑事犯罪的；（3）违反治安管理规定受到处罚，性质恶劣的；（4）由他人代替考试、替他人参加考试、组织作弊、使用通讯设备作弊及其他作弊行为严重的；（5）剽窃、抄袭他人研究成果，情节严重的；（6）违反学校规定，严重影响学校教育教学秩序、生活秩序以及公共场所管理秩序，侵害其他个人、组织合法权益，造成严重后果的；（7）屡次违反学校规定受到纪律处分，经教育不改的。""受教育权是指公民依法享有的要求国家积极提供均等的受教育条件和机会，通过学习来发展其个性心智和身心能力，以获得平等的生存和发展机会的基本权利。"[130]因此，高等学校作为实施教育的机构，对于公民的受教育权的剥夺，必须严格遵照比例原则进行。

关于第一款"（1）违反宪法，反对四项基本原则、破坏安定团结、扰乱社会秩序的"。本条款规定虽然来源于《高等学校学生管理规定》，但是并不证明是完全符合理性的。本条规定明显具有不当联结的性质，错误的手段来实现正当的目的，也是非正当的，以取消学生的共同体成员资格相威胁，达到很高的政治目的，不是校规的功能，所以本条款违反了纪律处分的比例原则中的子原则"适当性原则"。建议修改为：（1）违反宪法，反对四项基本原则、破坏校园安定团结、严重扰乱校园秩序的。

关于第二款和第三款"（2）触犯国家法律，构成刑事犯罪的；（3）违反治安管理规定受到处罚，性质恶劣的"。本研究认为，开除学籍是关乎公民受教育权的行为，而受教育权是我国宪法规定的公民的基本权利，作为公民的基本权利，受教育权规定的是公民与其所属国家的权利义务关系。因此，只要是中华人民共和国公民都享有平等的受教育权，罪犯作为人、作为公民仍然享有受教育权，但在工具主义理论的指导下，罪犯的受教育权更多地被理解为接受特殊教育的义务而没有把罪犯作为一个权利主体、没有赋予罪犯受教育的自由。"对于罪犯来说，虽然被判了刑，但他们作为公民的资格并没有被剥夺，因此受教育权同样也是罪犯应当享有的基本权利。"[131] 只要没有影响到学校共同体成员行使自己的合法权利，就不应该取消学生的受教育权，本条款规定违反了比例原则中的适当性子原则。建议修改为：（2）侵害学校、教师、学生权利，触犯国家法律，构成刑事犯罪的，对学校、教师、学生的合法权利构成严重威胁的；（3）违反治安管理规定受到处罚，性质恶劣，对学校、教师、学生的合法权利构成严重威胁的。

第四款"由他人代替考试、替他人参加考试、组织作弊、使用通讯设备作弊及其他作弊行为严重的"。如果学生在校内代替他人考试，或者替他人参加考试、组织作弊、使用通讯设备作弊及其他作弊的行为，符合纪律处分的三维坐标场域效力，应该给予处分，但是也要分清情况，本着法治精神和比例原则进行处分，并应该有对口管理部门进行处分或者处罚。比如，外校的学生和社会人员，或者本校学生到校外替考，可以由考试负责单位，上报有关机构，根据教育处罚条例给予处分。学生考试作弊是严重影响到学校共同体成员的公正评价权的行为，直接危及学校存在的"信任"道德基础，在美国高等学校中，也是可以处以开除学籍处分的，所以本条款有保留的必要，但是要根据最小侵害原则和狭义比例原则进行处分。

第五款"剽窃、抄袭他人研究成果，情节严重的"。此类行为也是危机学校存在的信任基础，建议保留。

第六款"违反学校规定，严重影响学校教育教学秩序、生活秩序以及公共场所管理秩序，侵害其他个人、组织合法权益，造成严重后果的"。根据最小侵害原则和狭义比例原则，应该给予警告至留校察看纪律处分，但是，如果该行为严重到时刻威胁到共同体成员的利益时，可以取消其受教育权。因此，建议修改为：违反学校规定，严重影响学校教育教学秩序、生活秩序以及公共场所管理秩序，侵害其他个人、组织合法权益，造成严重后果并严重威胁学校、教师和学生权利的。

第七款"屡次违反学校规定受到纪律处分，经教育不改的"。本条款规定暗含这样一个命题，就是该学生会时刻危及共同体成员的利益，威胁到学校共同体的存在，那么取消该学生的学校共同体资格是合理的。

《办法》第十条规定："违章使用电器或明火，引起火警、火灾者除作经济赔偿外，对尚未构成第三条列举情形的，还视其情节轻重给予警告至留校察看处分。"本条款规定违反比例原则中的适当性子原则，目的和手段没有必然联系，在学生管理规章内可以规定"违章使用电器或明火，引起火警、火灾者应该进行经济赔偿"。此条款在《办法》内可以取消。

（五）纪律处分的依据

高等学校学生纪律处分规定可以依据《普通高等学校学生管理规定》，前提是假定《普通高等学校学生管理规定》中对于学生纪律处分的规定是符合公平正义原则的，至于《普通高等学校学生管理规定》的修订，在此暂不探讨。《办法》第十五条规定："如有两种以上违纪行为者，学校根据其违纪事实，按照本办法合并处罚。"第十六条规定："受到警告、严重警告、记过或留校察看处分者，在处分期间又违纪而应受处罚者，应加重处分。"第十七条规定："留校察看的期限为一年，自宣布处分之日开始计算。学生在留校察看期间，如有良好或立功表现者，可提前停止留校察看；如在留校察看期间出现违纪而应受处罚者，应作开除学籍处分。"第十八条规定："毕业班学生所犯的错误应给予留校察看处分的，可减轻为记过处分，并作结业处理。离校后，在工作岗位上考察一年，学校视其表现，决定是否同意其换发毕业证书。"此四条规定符合法治精神、比例原则，建议保留。

《办法》第十九条规定："受处分者，还将受到按下列规定给予的处罚：（1）师范专业的学生受到严重警告以上（包括严重警告）处分，学校停发师范助学金（其中严重警告者，停发三个月；记过者，停发六个月；留校察看者，停发一年）。（2）受各种处分或校、院系通报批评者，该学年内不得参与学校组织的各种评奖与评优。（3）凡受到留校察看处分者，不授予学士学位。"本条规定具有明显违反比例原则当中的适当性原则和狭义比例原则的特征，我们在《普通高等学校学生管理规定》等上位"法"中，找不到根据。先看第一款："师范专业的学生受到严重警告以上（包括严重警告）处分，学校停发师范助学金（其中严重警告者，停发三个月；记过者，停发六个月；留校察看者，停发一年）。"无论是什么处分，学校共同体的成员只要没有丧失其成员资格，就应该享受成员的福利，停发助学金与纪律处分不能进行不当联结。再看第二款："受各种处分或校、院系通报批评者，该学年内不得参与学校组织的各种评奖与评优。"学生因为某一过错，而取消其他权利的享有，也是一种不当联结。最后看第三条款："凡受到留校察看处分者，不授予学士学位。"学士学位代表学生的学术成就，不能成为纪律处分的要挟标的，纪律处分和学生的学术能力没有必然的因果关系，如果因为学生受到留校察看处分而不承认学生的学术能力，纯属不当联结。因此，建议取消此条规定。

《办法》第二十三条规定："各院系必须如实上报学生的违纪情况，并提供学生违纪的证据。不得瞒报和夸大学生违纪情况，否则，一经查实，要追究有关当事人的责任。"该条所规定行为是违反共同体共同规范的，必然要受到相应惩罚，这有利于纪律规范权威的维护，符合上位"法"的精神，建议保留此条目。

（六）纪律处分的程序

《办法》第二十条规定："违纪学生如对处分决定有异议，可在接到处分决定起 5 个工作日内向校学生申诉处理委员会提出书面申诉，校学生申诉处理委员会根据《华东师范大学学生申诉处理办法》进行复查并在规定期限内将复查结果告知申诉者。违纪学生如对校学生申诉处理委员会的复查结果仍有异议，可在接到复查决定起 15 个工作日内向上海市教育委员会提出书面申诉。"此条规定属于学生纪律处分权利救济条款，缺少事先告知程序和听证的规定，违反正当程序原则，建议修改为：对违纪学生，学校事先下达违纪行为认定书，学生在 5 日内到处分职能部门学工部报到，违纪学生对行为认定有异议的，可以提出听证申请，如果没有报到或者没有提出申请的，视为弃权。要求听证的，处分职能部门应该给予听证机会。听证后或者学生弃权后，处分职能部门认为应该给予纪律处分的，给予相应纪律处分。违纪学生如对处分决定有异议，可在接到处分决定起 5 个工作日内向校学生申诉处理委员会提出书面申诉，校学生申诉处理委员会根据《华东师范大学学生申诉处理办法》进行复查并在规定期限内将复查结果告知申诉者。违纪学生如对校学生申诉处理委员会的复查结果仍有异议，可在接到复查决定起 15 个工作日内向上海市教育委员会提出书面申诉。

《办法》第二十一条规定："对学生处分的审批权限及其程序：违纪学生所在院系应根据学生违纪事实和有关规定提出应给予何种处分的建议，并听取学生或者其代理人的陈述和申辩后，签报到学生处（附违纪调查材料、违纪学生本人检查以及学生或其代理人的陈述和申辩记录），由学生处会同相关部门会签后上报学校批准。对警告以上的处分，由学校统一发文并向全校公布。学生处分材料，学校将真实完整地归入学校文书档案和学生本人档案。"此条规定是纪律处分的程序性规定，但是此条规定中的"对警告以上的处分，由学校统一发文并向全校公布"有明显的功利主义倾向，即通过惩罚进行威慑，而且处理方式侵犯了受处分学生的名誉权，甚至有可能侵害学生的隐私权。此条规定中的"学生处分材料，学校将真实完整地归入学校文书档案和学生本人档案"，明显违反比例原则中的最小侵害原则，对学生的一生都造成伤害，是不正义的。建议本条修改为：对学生处分的审批权限及其程序：违纪学生所在院系应根据学生违纪事实和有关规定提出应给予何种处分的建议，并听取学生或者其代理人的陈述和申辩后，签报到学生处（附违纪调查材料、违纪学生本人检查以及学生或其代理人的陈述和申辩记录），由学生处会同相关部门会签后上报学校批准。对警告以上的处分，由学校统一发文匿名并向全校公布。学校将学生处分材料真实完整地归入学校文书档案，不经特别程序，任何人不得调阅。

《办法》第二十三条规定："本办法自 2006 年 9 月 1 日起（实）施行。原《本专科学生违纪处分实施办法》［华师学（2005）第 18 号］同时废止。其他有关规定与本办法不一致的，以本办法为准。本办法的解释权归学生处。"此条规定是对规范适用确定性的说明，建议保留。

第六章　高等学校学生纪律处分纠纷解决的内部机制（下）

一、高等学校学生纪律处分申诉权的确立

（一）高等学校学生纪律处分申诉权的性质

学生纪律处分申诉权在性质上属于非诉讼上的申诉权，即学生在接受学校教育过程中，由于其违反学校规定受到纪律处分之后，认为其合法权益受到侵害或处分不公正，依法向学校或教育行政机关申诉理由，要求重新处理的权利。

1. 学生纪律处分申诉权是学生的一项基本人权

人权是人本身所固有的，对于每个人来说是不可或缺、不可取代、不可转让的。米尔思认为："人权是人之所以为人而应当享有的权利，是无论基于自然属性或是社会属性都应当享有的权利。"[30]6

"申诉权本源上是一种自然权利或道德权利，是公民不服一定公共组织的处理或不利处分决定而向特定公共组织申述理由，要求重新作出公正处理的权利，目的就是保护个人自身的正当权利，矫正非正义，实现社会正义。申诉权产生和存在的条件，一是个体权利的形成，二是公共权力的产生。"[132]75依自然状态学说，在国家产生以前，人们处于原始的"自然

状态"，每个人都有自我保存的同等的自然权利，"人们既然都是平等和独立的，任何人就不得侵害他人的生命、健康、自由或财产。"[133]但权利被非正义地侵害是不可避免的，因为"人来源于动物界这一事实已经决定人永远不能完全摆脱兽性，所以问题永远只能在于摆脱得多些或少些，在于兽性或人性的程度上的差异"[134]。利益冲突和纠纷时有发生。因此，人们即使在自然状态下享有的自然权利也并非是绝对的，为了公正裁决人与人之间的纠纷，人们必须放弃一部分自然权利把它交给公共权力机构。"承认和保护人们的自然权利，则是公共权力机构最基本的职能，但公共权力机构并非是天使，公共权力是一种必要的恶，一把双刃剑，既有保护个人权利的一面，又有侵犯个人权利的一面。"[132]75因此，既要限制公共权力的行使，又要赋予人们当其正当权利遭受到公共权力的非正义侵害时获得救济的权利，提供一条伸张正义、维护和恢复其正当权益的途径。"这种权利不仅是基本人权的保障，也是对公共权力的抵抗和监督，是一种以权利制约权力的具体形式。这正是申诉权存在的正当性与合理性的基础，这种作为人的自然权利、道德权利的申诉权，其实现一方面需依靠个人的权利观；另一方面需要依靠公共权力机构的正义行为，包括符合公平和正义的权力活动。"[132]75

学生纪律处分申诉权作为申诉权的具体形式，是保障学生合法权益的民主权利，同时也是基本人权的组成部分。"学生纪律处分申诉制度给学生一条法律制度上的救济的正当途径，一方面有利于提高学生法律主体的意识，增强权利观念；另一方面可以促使学校和教育行政机关依法治校和依法治教，强化其法律责任，以保护学生的合法权益。申诉权是文明社会建立的保障人权的一项重要制度，是人权从应然走向实然的制度保障。学生纪律处分申诉权的初衷或目的就是给予每一个当事学生以制度上的表达自己意志、进行申辩、陈述理由的正当途径，以充分保障学生正当权利的享有和实现。"[132]76可见，学生纪律处分申诉权作为一项制度化的权利，是保护学生合法权益不受侵害或恢复、补救其合法权益的权利，是一项制度化的人权。因此，设置学生纪律处分申诉制度是"学校和教育行政机关依法治校和依法治教的主要手段，也是一种通过和平的、规范的手段公平地解决利益冲突，化解政府、学校与学生矛盾，维护社会安定和学校教育教学秩序的理想途径"[132]76。

2. 学生纪律处分申诉权是学生的一项宪法性权利

现代宪政制度的设计、运行的出发点和归宿都是为了规范和限制权力的行使，防止权力对权利的侵害，保障公民的基本权利是世界各国宪法追求的最高价值和确立的基本原则。"公民的基本权利是国家权力的源泉，前者派生后者，决定后者，后者服务于前者，即公民权的正当性是先在的，国家和政府的权力是衍生的；国家和政府相对于公民基本权利是工具性的，保障公民基本权利是国家和政府的责任和义务。近现代世界各国宪法或宪法性文件大都规定了作为公民基本权利的申诉权。如英国1688年《权利法案》第五条规定：'向国王请愿，乃臣民之权利，一切对此项请愿之判罪或控告皆为非法。'日本1946年《宪法》第十六条规定：'任何人对于损害救济、公务员罢免、法律命令以及规章的制定、修改和废除以及其他事项都有和平请愿的权利，任何人不因进行此种请愿而受到不同待遇。"[132]75我国《宪法》第四十一条规定："中华人民共和国公民对于任何国家机关和国家工作人员，有提出批评和建议的权利；对于任何国家机关和国家工作人员的违法失职行为，有向有关国家机关提出申诉、控告或者检举的权利，但是不得捏造或者歪曲事实进行诬告陷害。"所以，申诉权的设置是对权力的一种抑制和反抗，是保障公民基本权利、恢复社会正义、补救侵害行为的重要手段。"在政府权力和公民基本权利的关系中存在着一对明显的张力，即政府权力（公权力）实施的必要性和公民基本权利受侵害的可能性。如何在这一紧张关系中保护公民个人的合法权益？如何监督约束强大的政府权力（公权力）？作为公民基本权利合理性来源的人权的反抗权利属性，为此问题的解决提供了重要的资源和思路。申诉权作为一项基本权利本身就是一项抵抗权，是一种抵制公权力非法行使的有力手段。"[132]75

"宪法赋予公民的申诉权是针对依法享有和行使国家公权力的国家机关及其工作人员的违法、失职等侵权行为，在这种情况下，公民无法通过一般的民事救济途径来维护自身的合法权利，只有请求国家相关权力机关启动审查监督机制，对前述的违法行为予以纠正和补救。同时，申诉权也是公民享有参与或监督国家和社会公共事务的一项民主权利。从本质或起源上讲，学校不是国家机关，学生亦非国家工作人员。"[132]77但是，近现代学校特别是公立学校作为国家设立的专门实施国民教育的公共机构，依法享有并行使属于公权力性质的国家教育权。我国公立学校作为国家事业单位法人，依法享有并实施国家教育权。因此，"学校及其教师在教育活动过程中，对学生的不当处分和其他侵权行为，实质上是行使国家教育权或与此密切相关的行为，具有国家公权力的性质。相应地，法律赋予作为相对方的学生享有申诉权，以此来维护自身受教育权和其他合法权利。"[132]77《教育法》第四十二条第四项规定："对学校给予的处分不服向有关部门提出申诉，对学校、教师侵犯其人身权、财产权等合法权益提出申诉或者依法提起诉讼。"学生纪律处分申诉权是一种请求权，在效果上与行政诉讼权有异曲同工之妙。

3. 学生纪律处分申诉权是获得权利救济的程序权利

没有救济就没有权利。同样，没有权利也就没有救济，合法权利的存在也是救济的前提和依据，这是因为：其一，一个人权利的存亡不仅取决于它是否受到侵犯，更在于它受到侵犯后能否得到及时有效的救济，被破坏的法律关系是否得到恢复。宪法和法律确认和宣布人应当有哪些权利而且通过法律建立起有效的权利保障和救济制度。如果没有救济途径，公民再多的权利也只算是空中楼阁，落不到实处。其二，权利需要救济是由权利性质决定的。一方面权利的存在以权利主体利益的享有和实现为目的，权利主体的利益是可能受到侵犯或随时处在受侵犯的威胁中；另一方面，权力由于其天然的扩张性、侵犯性，对权利的侵害是不可避免的。权利被侵犯的最大危险不是来自公民个人行为的违法，而是来自公权力的滥用，因此，"获得权利救济的权利，是实现基本人权的重要手段，是民主与法治发展到一定阶段的必然要求"[132]76。

在法律体系中，维系这种公平精神，平衡公权力与私权利的法律大体可分为两类：一类是实体法，另一类是程序法。实体法用以规范当事人之间的权利义务关系，程序法则使这种权利义务关系得以实施。一个国家即使实体法律再健全，没有严格的程序予以保障也等于零。"民主政治最基本的涵义是公民的合法权益不受侵犯，受到损害之后能够得到恢复和补救。"[135]这样，"有效救济途径的重要性就凸显出来，一方面要求救济渠道广泛而畅通，另一方面，救济途径制度化、程序化，有法律保障，才能体现公平正义，给权利受损害主体提供排泄苦怨的管道，保障公民的公平对待的公正权，使权利主体获得平等感；正义感"[132]76。

　　从法律学的角度来看，程序即法律程序，主要体现为按照一定的顺序、方式、手续和时限来作出决定的过程，以及在这一过程中当事人之间的相互关系。其普遍形态是：按照某种标准和条件整理争论点，公平地听取各方意见，在使当事人可以理解或认可的情况下作出决定。因为程序不是简单的决定过程，一方面，程序还包含着决定成立的前提、存在着左右当事人在程序完成之后的行为态度的契机、并且保留着客观评价决定过程的可能性。另一方面，程序没有预设的真理标准，程序通过促进意见疏通、加强理性思考、扩大选择范围、排除外部干扰来保证决定的成立和正确性。这样，程序就有了两大价值：其一，要通过现实存在的、当事人亲历的、公众看得见的实现法律的过程来尊重人格、体现公正当事人在程序中的切身感受。人们所需要的绝不仅仅是判决结果的正确，更要求在整个诉讼过程中能够受到公平的对待，其人格尊严能够得到切实的尊重，也只有通过程序中"看得见的正义"，才能确保当事人及社会公众对判决结果排除合理怀疑。其二，必须借助程序查清案件事实、辨明是非曲直，进而作出正确的判决，保障当事人实体权利，实现公正。所以，"如果我们要实现有节度的自由、有组织的民主、有保障的人权、有制约的权威、有进取的保守这样一种社会状态的话，那么，程序可以作为其制度化的最重要的基石"[136]。

　　学生纪律处分申诉权是获得权利救济的程序权利。"我国的教育法律、法规和规章都对学生的权利作了规定，但缺乏相应的具体的程序权利。学生纪律处分申诉权不仅针对学校的处理、处分实质性违法或不当，同时还应当包括学校在作出有关的处理和处分决定过程中违反正当法律程序的情形。"[132]77国外教育法律的实践表明，正当程序是实现学生纪律处分申诉权和保护学生合法权利的有效途径。"在英国，通过国王特许状或依法设立的教育机构具有特殊公法人地位，必须严格遵守英国行政法的自然公正原则，相对人可以通过申请调卷令与强制令等公法上的特别救济方式，而不限于普通法上的救济。对于依注册登记设立的私立学校，学生与学校间的权利义务关系一般取决于契约，其相应的救济途径主要是损害赔偿等普通法上的救济。美国公立学校属于公法人，作为公立机构，与受制于普通法约束的私立学校不同，除了受普通法之规范外，还必须遵守联邦宪法和州宪法关于控制政府权力、公共权力的条款，特别是正当法律程序原则。"[132]77 传统上一般把学校对学生的处分视为内部处理行为而忽视正当程序的原则约束。在"田永诉北京科技大学案"① 中，法官创造性地运用了正当法律程序原则。法官在判决书中称："按退学处理，涉及到被处理者的受教育权利，从充分保障当事人的权益的原则出发，作出处理决定的单位应当将该决定直接向被处理者本人宣布、送达，允许被处理者本人申辩。北京科技大学没有照此原则办理，忽视了当事人的申辩权利，这样的行政管理行为不具有合法性。""我国在 1996 年通过的《中华人民共和国行政处罚法》关于行政处罚程序的规定体现了自然公正和正当法律程序原则。目前，正在起草和讨论的《中华人民共和国行政程序法》，该法草案明确规定了正当程序的原则，即具有管理公共事务职能的组织行使内部管理职能，对内部成员给予纪律处分或实施其他影响其权利义务的行为，应遵守本法规定的正当法律程序原则。相应地，具有管理公共事务职能组织的内部成员认为相应的组织的内部管理行为违反本法规定的正当法律程序原则，可以申请司法审查。即当学校依其章程实施内部管理行为时，其内部成员可以对其违反正当法律程序的行为申请司法审查"[132]77。虽然这部法律的出台正在期待中，但是，随着法制建设的不断深入，它的出台已经不可阻挡。

总之，学生纪律处分申诉程序通过现实存在的、当事人亲历的、公众看得见的实现法律的过程来尊重学生人格、体现公平正义，因为学生所需要的绝不仅仅是判决结果的正确，更要求在整个处理过程中能够受到公平的对待，即在纪律处分申诉程序运行中，学生及其利害关系人切身感受到其人格尊严能够得到切实的尊重，通过程序中"看得见的正义"，确保了学生及社会公众对判决结果排除合理怀疑。高等学校必须借助程序查清案件事实、辨明是非曲直，进而对纪律处分纠纷作出正确的判决，以保障学生实体权利，实现公正。因此，学生纪律处分申诉权是学生获得权利救济的一项重要的程序权利。

（二）学生纪律处分校内申诉制度的功能和意义

台湾学者罗庆德认为，学生纪律处分校内申诉制度至少有十六个功

---

① 参见附件二。

能[137]：（1）确保学生基本人权。（2）确保学生校园生活、学习及其相关接受教育之相关权益。（3）消除校园学生不满情绪，降低学生破坏公物事情，减少学校无谓支出。（4）增加校园沟通管道。（5）制造一个校园理性论辩的思考空间。（6）减少师、生对立冲突之现象，消弭学生暴力行为。（7）提升校园民主、法治教育素养。（8）为一个透明化、程序过程的示范学习，建构公民教育典范。（9）强化教育政策及组织合法性与功能，借此提升相关人员专业知识技能。（10）肯定教师或学生事务人员的专业知识技能。（11）对于异动频繁的学生事务人员，获得学习、传承机会。（12）提供学校自我审查效果，充实法治专业知识技能。（13）减轻上级教育行政机关或法院负担。（14）建构校园社区意识，形塑校园民主校风与制度。（15）促成校园相关法规公开化，借此检讨、修正，以符合现代法治理念。（16）经由合理、适当的学习操作，让学生获得宝贵的校园经验，从而使得学生全面发展。

基于对以上学生纪律处分校内申诉制度功能的研究，本研究认为，学生纪律处分校内申诉制度有以下四个方面的重要意义。

1. 学生纪律处分校内申诉制度对依法治校具有重要意义

高等学校内部纪律处分校内申诉制度的完善，是对学生权利的尊重，是法治精神的体现。一个明确、适当、合理、合法、可行的学生权利救济渠道往往体现一个国家基本人权尊重、法治国家精神、依法行政原则与正当法律程序等现代法治理念的深入状况，同时关系着学生权利的尊重与实现。高等学校内部学生纪律处分申诉权利被漠视问题，已为近年有识之士所批判，不容再拖延下去，尤其是在这个特别权力关系思想解构、个人权利张扬的时代，理当对这一问题给予重视，而不容再回避下去，高等学校和大学生的内部权利互动方式必须进行调整与调适，必须使宪法所赋予的基本人权和学生权利得到尊重和慎重的回归。学生纪律处分校内申诉制度作为学生的一种救济途径，本身是一种抵抗权、监督权的实现途径，它在权利结构体系中起着安全通道和反馈调节的作用，同时是对学校管理权的一种抑制和监督，有利于防止权力的滥用，抵制权力对权利的侵害。根据无救济即无权利的原理，学生纪律处分申诉制度是救济学生合法权益受损害的制度通道，如果学生没有纪律处分校内申诉权，实现依法治校就等于一句空话。[132]77

2. 建立学生校内申诉制度体现了学校教育以育人为本、以学生为主体的理念，有利于促进学生健康成长

学校的根本任务是培养人和教育人。学生违纪后，学校按照相关的法律法规给予纪律处分，从本质上来说也是一种教育手段，目的在于使学生本人从所犯错误中吸取教训。从以往的情况看，学生违纪后，违纪事实的认定和给予学生什么样的处分都由学校"一锤定音"。这种简单化的处理方法，有时不仅达不到教育的目的，而且还会在不知不觉中侵犯学生的权益，甚至留下一些"后遗症"。建立学生校内申诉制度，一方面，可以督促学校严格依据事实和处理规范，慎重作出处分学生的决定，推进学生管理水平的提高；另一方面，学生通过申辩、申诉，在行使学生权利的同时，提高责任意识和独立意识。学生代表通过参与学生申诉委员会的工作，参与学校的民主管理，加强学校与学生之间的沟通，有利于化解学校与学生之间的矛盾。从学生校内申诉的实践来看，学生提出申诉的过程，是学生对学校规章制度的再学习和对自己行为结果的再反思过程。同时，学校对学生校内申诉的处理过程，也是学校与学生积极的沟通和开展耐心细致思想政治工作的过程。

3. 学生纪律处分校内申诉制度对于增强学生事务管理人员在处理学生校内申诉方面的专业能力，提高学校管理水平有重要意义

作为处理学生事务的管理者，其主观能动性的发挥从某种程度上对处理学生事务起到了举足轻重的作用。这种作用的发挥是通过两个方面体现出来的。一方面，在中国现有体制下，学生事务管理人员的工作难度和压力非常大。在这种状况下，改变工作精神与服务态度就显得尤为重要。忠于职守的工作态度和精益求精的工作精神不仅可以推动学生申诉制度工作的开展，还有助于学生事务管理人员的自我成长。另一方面，学生事务管理人员陈旧的理念和专业知识技能是学校管理缺乏活力和创新的根源。要解决这一问题，就必然要求学生事务管理人员不仅能够掌握执行学生申诉制度的实践技能，而且要在学习提高的基础上，强化法制观念和学生主体理念，不断提高学生申诉的处理技能，尊重学生权利，以身体力行来促进学校管理水平的提高。

4. 学生纪律处分校内申诉制度对提升学生的权利，减少纠纷，构建和谐校园有重要意义

"学生纪律处分校内申诉制度同时又是一项程序性权利保障制度，程

序是法治和恣意人治之间的分水岭，法律程序的设计就是程序性权利的行使方式和运行轨道，它不仅是实体性权利的保障，而且本身具有独立的价值，包括参与、个人尊严、平等、理性，等等。程序的公正性的实质是排除恣意因素，保证决定的客观公正，程序的对立物是恣意，程序参加者在角色就位后，各司其职，互相之间既配合又牵制，恣意的余地自然就受到压缩。"[132]78因此，学生纪律处分申诉制度不仅是实现学生实体权利的保障，同时也体现了学校在教育管理过程中对学生参与的支持和人格尊严平等的尊重。"从实体结果的公正性看，学生纪律处分申诉制度的运行有助于学校对学生的处理或处分结果更加准确公正；从程序的公正来讲，学生纪律处分校内申诉制度有助于他们对学校处理或处分结果和程序本身的认同"[132]78，对解决纪律处分纠纷具有重要的意义。

二、高等学校学生纪律处分校内申诉机构的设立

（一）高等学校学生申诉委员会与学生纪律处分校内申诉委员会

2005 年实施的《普通高校学生管理规定》第六十条规定："学校应当成立学生申诉处理委员会，受理学生对取消入学资格、退学处理或者违规、违纪处分的申诉。学生申诉处理委员会应当由学校负责人、职能部门负责人、教师代表、学生代表组成。"基于此规定，各高等学校的申诉委员会相继成立。这些高等学校学生申诉处理委员会设立的目的是各高等学校为解决学生因学校给予其取消入学资格、退学处理或者违规、违纪等处分的不服问题。由于学生申诉范围要大大超过新《普通高等学校学生管理规定》所规定的申诉范围，本研究认为，校内申诉制度应该有学生冤屈校内申诉制度、学生入学资格校内申诉制度以及学生纪律处分校内申诉制度等三套程序机制，相对应的应该建立学生冤屈校内申诉委员会、学生入学资格申诉校内委员会以及学生纪律处分校内申诉委员会等三个分支机构。学生纪律处分校内申诉委员会是学校针对学生在接受学校教育过程中，由于其违反学校规定受到纪律处分之后，认为其合法权益受到侵害或处分不公正，依法向学校申诉理由，要求重新处理的行为而设立的处理机构。

本研究认为，学生纪律处分校内申诉委员会应具有以下几个特点。

（1）行政管理性。学生纪律处分纠纷处理的第一层次即纪律处分校内申诉处理委员会，它是学校内部的一个行政管理部门，是教育行政规章规定学校设立的，其作出的处理也是一种单位内部的行政行为，"依照我国现行的法律法规，它是高校自主管理、自主办学的一种内部约束；从其组成的成员上分析，学校有关的职能部门、相关教师居于重要位置，有较强的行政管理色彩"[138]39。

（2）职权性。"对学生进行自主管理是高校依法自主办学的重要内容，履行学生纪律处分校内申诉处理的职责，也必须遵循依法办事、依法管理的职责。"[138]39 这也就是说该委员会并非对所有涉及学生管理方面的事务都进行申诉管理，申诉范围有一点需明确：只能是对高等学校具体的行政管理行为，即纪律处分行为作出申诉，抽象的行政管理行为不在此列。

（3）监督性。"学生纪律处分校内申诉处理委员会依据相关法规，根据行政管理相对人的请求来复查相应的学生违纪行为和学校纪律处分行为，它在复查具体纪律处分行为时，如果发现有违法或不当情况的，就必须予以纠正。"[138]40 所以，申诉委员会复查具体学生行政管理的过程，实质是高等学校内部管理部门对作出该纪律处分行为的职能部门实施监督的过程。当然，这种监督行为与行政监察机关的监督有很大的不同。"首先，其本身是一种内部的监督，即是学校内部管理部门对具体职能部门实施的一种制度化的较为规范的内部监督；其次，它是一种事后的监督，也就是说它是在高校学生纪律处分职能部门作出某种纪律处分处理决定后才可能作出的；再次，它是一种间接监督，即是从行政命令、行政指挥中分离出来的，一种间接的又相对独立的监督形式。"[138]40

（4）程序性。学生纪律处分内部申诉的处理从法律行为的性质上说是一种内部行政管理行为，但它由于涉及行政争议的解决，因此，比一般行政管理行为具有更高的程序性要求。"申诉从申请、受理、审理决定及送达都必须符合实体要件与形式要件，违反或缺乏其中任何一项程序，都可能导致申诉处理的中止或终止。"[138]40

（5）专门性。学生纪律处分校内申诉处理委员会虽依法成立并通过学校行政举措成立的，但也是一个相对独立的机构，不应依附学校任何一个行政部门，并且是能体现相对的权威性和最大限度公信力的机构。另外，其专门性还体现在组成人员的配备上。一些高等学校所组成的学生纪律处分申诉处理委员会，其成员不但有相关行政部门的负责人、法律专家及有法律意识的普通师生，还聘请律师和法律专业人员，共同开展对学生纪律处分申诉的处理，并最终通过无记名投票来裁决纠纷，这些做法也充分体现了校内申诉处理委员会的专门性特征。

（6）救济性。学生纪律处分校内申诉处理委员会对高等学校学生纪律处分管理行为的失误有补救作用。各高等学校在依法享有自主办学、民主管理权的同时，也应履行相应的责任。"大学生是一个特殊的群体，他们既是各高校行政管理的相对人，同时也是公民，同样拥有宪法、法律规定的公民权利，鉴于各种原因，高校在实施具体行政管理行为时不可避免地会产生违法或不当的问题，从而侵犯了大学生权利，引起纪律处分争议。为了妥善解决管理方与管理相对人之间的管理纠纷与争议，保护大学生合法权利，缓解政府及司法机关工作压力，提高管理效率，有必要建立高校内部解决争议的某种救济制度，以此来纠正违法或不当的行政行为，学生纪律处分校内申诉处理委员会的设立就是这种救济制度的必然产物。"[138]40

（二）高等学校申诉委员会及纪律处分校内申诉委员会的性质与法律地位

新《普通高等学校学生管理规定》第六十条至六十五条规定："学校应当成立学生申诉处理委员会，受理学生对取消入学资格、退学处理或者违规、违纪处分的申诉。学生申诉处理委员会应当由学校负责人、职能部门负责人、教师代表、学生代表组成……学生对处分决定有异议的，在接到学校处分决定书之日起5个工作日内，可以向学校学生申诉处理委员会提出书面申诉……学生申诉处理委员会对学生提出的申诉进行复查，并在接到书面申诉之日起15个工作日内，作出复查结论并告知申诉人。需要改变原处分决定的，由学生申诉处理委员会提交学校重新研究决定……学生对复查决定有异议的，在接到学校复查决定书之日起15个工作日内，可以向学校所在地省级教育行政部门提出书面申诉……省级教育行政部门在接到学生书面申诉之日起30个工作日内，应当对申诉人的问题给予处理并答复……从处分决定或者复查决定送交之日起，学生在申诉期内未提出申诉的，学校或者省级教育行政部门不再受理其提出的申诉……被开除学籍的学生，由学校发给学习证明。学生按学校规定期限离校，档案、户口退回其家庭户籍所在地……对学生的奖励、处分材料，学校应当真实完整地归入学校文书档案和本人档案。"这标志着我国学生权益救济制度的初步建立，它对于保护学生合法权益、促进依法治校无疑具有重要意义。

然而，以上规定缺乏对学生校内申诉委员会及其分支机构学生纪律处分校内申诉委员会的性质和法律地位的确定或确认，在实践中，这种情况容易导致两个误区：一方面，学生校内申诉委员会及其分支机构学生纪律处分申诉制度与其他学生权利救济制度关系不明确，学生权利救济途径之间关系紊乱，体系不协调，救济途径相互衔接等问题凸显出来，非常不利于高等学校学生纪律处分纠纷的解决；另一方面，学生内部申诉委员会及其分支机构学生纪律处分校内申诉委员会"无权改变学校的原处分决定，如果该机构复查后认为需要改变原处分决定的，只能提交学校重新研究决定。换句话说，该机构的复查结论仅仅是供学校决策的内部咨询意见，所以它也只能是学校的内部咨询机构"[139]42。所以，明确学生校内申诉委员会及其分支机构学生纪律处分校内申诉委员会的性质和法律地位，对于明确学生申诉制度的法律地位，协调和完善学生权利救济体系，解决高等学校学生纪律处分纠纷具有非常重要的意义。

在实践中，我们只有将学生校内申诉委员会及其分支机构学生纪律处分校内申诉委员会定性为校内行政仲裁机构，才能够为其找到存在的空间。[139]44

1. 学生校内申诉委员会及其分支机构学生纪律处分校内申诉委员会应具有一定的独立性

尽管新《普通高等学校学生管理规定》没有对该机构如何设立作明确规定，但是，从目前各个高等学校的实践来看，该机构一般是附设于学校行政机构上。例如，有的挂靠在校办公室（如上海师范大学），有的与学生工作处合署办公（如海南大学），也有的挂靠在监察处（如广西艺术学院），还有的则隶属于学校法制办（如燕山大学），有的甚至设在校学生会（如思茅师范高等专科学校），等等。[139]43 虽然各个学校做法不一，但都有一个共同点，就是学生校内申诉委员会及其分支机构学生纪律处分校内申诉委员会对学校保持着一定的独立性，是附设于学校内的专门解决学生与学校争议的独立机构，符合行政仲裁机构的特征。

2. 组成人员应具有专业性和中立性

行政仲裁机构的组成人员往往既有行政机关的专业人员，以保持其专业性，也有行政机关以外的人员，以体现其中立性。《普通高等学校学生管理规定》第六十条第二款规定："学生申诉处理委员会应当由学校负责人、职能部门负责人、教师代表、学生代表组成"。在学生校内申诉委员会及其分支机构学生纪律处分校内申诉委员会组成人员中，学校负责人和职能部门负责人显然是为了满足专业性要求的，而教师代表和学生代表则可以看成是为了满足中立性的需要。关于该机构的人数和成员比例，《普通高等学校学生管理规定》没有加以明确。从实践中各个学校该机构成员的结构看，比较规范的学生校内申诉委员会中教师代表和学生代表往往占较大的比例。例如，清华大学第一届委员会的九名委员由 1 名学校负责人、2 名职能部门负责人、3 名教师代表和 3 名学生代表组成，教师代表和学生代表占总人数的 2/3。[140]上海师范大学学生校内申诉委员会及其分支机构学生纪律处分校内申诉委员会是由校纪委书记 1 人、校长助理 1 人、校办和监察处各 1 人、1 名教师代表和 6 名学生代表共 11 人组成，教师代表和学生代表占总人数的 63.6%。[141]这种人员结构就凸显了学生校内申诉委员会及其分支机构学生纪律处分校内申诉委员会的仲裁性质，至少一定程度上可以体现该机构的中立性，保证该机构能够作出公正的裁决。

3. 应具有行政仲裁特征

"行政仲裁与一般的民事仲裁即《仲裁法》规定的仲裁之间的根本区别，在于行政仲裁裁决一般不具有终局性法律效力，当事双方如果不服裁决，还可以寻求其他的法律救济途径解决争议。"[139]44如对人事争议仲裁委员会和劳动争议仲裁委员会的仲裁决定不服，双方当事人可以向人民法院提起诉讼。"依照《普通高等学校学生管理规定》，学生倘若对于学生校内申诉委员会及其分支机构学生纪律处分校内申诉委员会的复查决定有异议的，还可以向学校所在地省级教育行政部门提起行政申诉，省级教育行政部门应当对申诉人的问题给予处理并答复。高校学生对省级教育行政部门的处理决定不服，是否可以再向法院起诉以及提起何种性质（民事或行政）的诉讼，尽管目前还没有法律予以明确，但是，在学生校内申诉委员会及其分支机构学生纪律处分校内申诉委员会的复查决定不具有也不应该具有终局性法律效力这一点上，是明确而没有异议的。"[139]44

其一，它以行政管理相对方的申请为前提。"学生纪律处分校内申诉制度是一种依申请而产生的具体行为，是以行政管理相对方的申请为基本前提。它不是以高校有关部门依照自己的职权而主动进行的，而在于学校管理方一种"不告不理"的行为，如果属于学校管理方依照自己的职权主动对原处理行为进行复查，就不归属于学生申诉的范畴。"[139]39

其二，行政管理相对方的申诉申请因管理方具体的纪律处分行为而产生。根据《普通高等学校学生管理规定》，高等学校学生只能就学校给予其警告、严重警告、记过、留校察看、开除学籍处分的不服，向纪律处分校内申诉委员会提请申诉。"如果对管理方抽象的管理行为——制定相关的管理制度、校纪校规或具有普遍约束力的规定不服，则不能直接申诉，只能在对根据相应制度而作出的具体管理行为提起申诉时，一并提出对此项管理制度进行审查。"[139]39

其三，学生纪律处分校内申诉是由教育行政部门授权学校来解决学生纪律处分方面争议的一项活动，从立法本意上看，是为了减少教育系统内部管理矛盾、保护学生正当权益而设计出台的。

其四，学生申诉的结果以管理方的行政决定表现出来。由于学生申诉的最终结果是高等学校管理者作出的，因此，学生申诉结果的表现形式，只能是高等学校管理者的决定，而不是人民法院的判决或裁定。

其五，学生申诉及其处理受法定期限的限制。"由于学生的申诉涉及该管理争议的解决，因此，它就要受到法定期限的严格限制。这种期限包含了两方面的内容：一是管理相对方的申诉要求，须在法定的期限内，逾期申诉的，管理方不予以受理（有规定的特殊情形除外）；二是申诉处理部门必须在法定的期限内作出处理，非有法定事由逾期不能作出处理决定的，则可能成为管理相对方提起行政诉讼的理由，而且，此情形系属申诉处理的程序违法。"[139]39

（三）学生纪律处分校内申诉委员会与其他组织机构的关系

以我国高等学校的权力组织机构为基础，结合我国高等学校学生纪律处分校内申诉委员会（以下称纪申委）的设置状况，将纪申委机构设置状况分析如下：

1. 纪申委设在学工部（处）

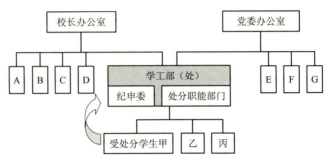

图6-1　纪申委设在学工部

说明：

（1）受处分学生对处分不服，可以向纪申委提出申诉。

（2）纪申委与处分职能部门同时隶属学工部，学生与学工部有上下管理关系。

本模式以最原始的方式，向作出处分的上级提出，往往效果极差。即学生遭受学工部惩处，学生又向学工部（处）提出申诉的方式属最不理想的解决方式。

2. 纪申委设在团委

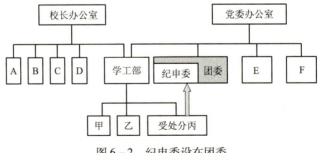

图6-2　纪申委设在团委

说明：

（1）受处分学生对处分不服，可以向纪申委提出申诉。

（2）纪申委设在团委，与处分职能部门分开。

（3）此模式中，纪申委设在团委，一般来讲，团委书记有的属于副处级别，纪申委挂靠在团委，在整个组织中的定位上难免有层级混乱之嫌，效果不大。

3. 纪申委设在党委办公室

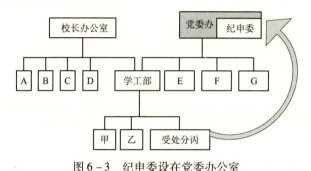

图6-3　纪申委设在党委办公室

说明：

（1）受处分学生对处分不服，可以向纪申委提出申诉。

（2）学工部是党委办公室的隶属单位，是一个颇佳的获取解决的方式，但是容易架空学工部，使学工部与党委办公室之间的矛盾不断累积。另外，受处分学生找党委书记提出申诉的方式，由于党委办公室与学工部的隶属关系，党委办公室为了协调与下属的隶属关系往往不会径行予以更正，仍然会尊重原处理单位，维持原处理的可能性极大。

4. 纪申委单独设立

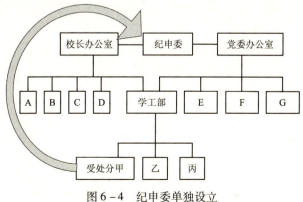

图6-4　纪申委单独设立

说明：

（1）受处分学生对处分不服，可以向纪申委提出申诉。

（2）纪申委为独立设置，由各层级代表委员所组成，与其他职能部门没有隶属关系。

（3）该组织结构能够使得纪申委作为独立机构出现，充分发挥学校行使内部行政仲裁功能。尤其对于处理学生纪律处分申诉案件，能够公平合理地进行审理和作出决定。

三、高等学校学生纪律处分校内申诉制度的制定

（一）高等学校学生纪律处分校内申诉制度的内部结构

高等学校学生纪律处分校内申诉制度应该由总则、申诉处理机构、申诉的受理、申诉的处理、附则五个部分构成。①

1. 总则部分。该部分应该包括：目标任务、程序性质、适应范围、申诉范围四个方面的内容。

2. 申诉处理机构。该部分内容包括：纪律处分申诉委员会及其性质与地位、纪申委的职责、人员组成、纪申委人员遴选、纪申委会议、审议小组、调查小组等。

3. 申诉的受理。该部分内容包括：申诉提出时限、申请书应记载内容、代理人制度、特殊学生的处理、附设设备、纪申委的受理决定、纪申委通知职能部门等。

4. 申诉的处理。该部分内容包括：纪申委处理申诉的方式、纪申委审查的内容与方式、纪申委听证审查、纪申委处理时限、审议延期逾期处理、听证参与人、回避制度、听证会主持人职责、当事人陈述权与申辩权、会议秩序、听证参与人确认、听证程序、听证记录、申诉决定程序、申诉决定书、送达、申诉期间学生学习权保障、申诉撤回、再审程序、教示义务、停止评议、决定书效力、秘密义务、经费、法定程序完成等。

5. 附则。该部分内容包括：纪申委办法的宣传、解释、施行日期等。

---

① 参见附件五。

（二）高等学校学生纪律处分校内申诉制度的制定程序

高等学校应当遵循合法、公开、精简、统一、效能的原则，以学校名义，以"规定""办法""实施细则""决定""命令""通告""公告"等形式制定学生纪律处分校内申诉制度。该制度应该由校长办公会议委托学校相关部门来制定，包括以下程序：起草、审查与决定、备案与公布、修改与废止。

1. 起草

高等学校起草学生纪律处分校内申诉制度，应当对该制度的必要性和可行性进行研究，并对该制度所要解决的问题、拟确立的主要规则和措施等内容进行调研论证。

由于起草的学生纪律处分校内申诉制度涉及学校多个职能部门，为了保证内部规范的统一和关系的和谐，学生纪律处分校内申诉制度的起草单位应当广泛听取相关教育行政部门、教师、学生的意见。并且方式应多样化，比如书面征求意见、座谈会、论证会、听证会等。意见不能一致的，校长办公会议应当进行协调。

2. 审查与决定

学生纪律处分校内申诉制度草案应当经校长办公会议审核。下列材料应当与学生纪律处分申诉校内制度草案一并报送校长办公会议审核：（1）起草说明；（2）起草所依据的法律、法规、规章、政策和上级行政机关的命令、决定及主要参考资料；（3）各方面的意见；（4）需要报送的其他材料。

校长办公会议应当对报送的规范性文件草案提出书面审核意见。包括下列内容：（1）是否超越制定机关的法定职权；（2）是否与法律、法规、规章、政策和上级行政机关的命令、决定相抵触；（3）是否与相关的学校规范性文件协调、衔接；（4）是否符合本校改革和发展的实际需要；（5）是否正确处理有关组织、教师和学生对学生纪律处分校内申诉制度草案主要问题的意见；（6）需要审查的其他内容。

学生纪律处分校内申诉制度草案有下列情形之一的，校长办公会议可以退回学校相关部门，并令其重新起草：（1）有关职能部门对学生纪律处分申诉制度草案的内容有较大争议及理由较为充分的；（2）学校相关部门未与有关部门协商的；（3）规范性文件草案所附材料不齐全的。

学校相关部门根据校长办公会审议意见，对学生纪律处分校内申诉制度草案进行修改，形成正式稿，经学校相关部门主要负责人复核后报校长办公会议，由校长以校长令的形式签发。

3. 备案与实施

学生纪律处分校内申诉制度应当自签发之日起 10 个工作日内上报省教育厅备案登记。未经备案登记的，不得公布实施。

学生纪律处分校内申诉制度公布后，应当及时在校内的报刊、电视台、学校网站上公布。未向全校师生公布的学生纪律处分校内申诉制度，不得作为实施学生纪律处分校内申诉的依据。

4. 修改和废止

有下列情形之一的，学生纪律处分校内申诉制度应当及时修改：（1）因有关法律、法规、规章、政策以及上级教育行政机关的决定、命令的修改或废止，需要作出相应修改的；（2）因实际情况发生变化，需要增减或者改变内容的；（3）其他应当予以修改的情况。修改学生纪律处分校内申诉制度的程序参照制定程序，学生纪律处分校内申诉制度修改后应当将全文重新公布。

有下列情形之一的，学生纪律处分校内申诉制度应当及时废止：（1）因有关法律、法规、规章、政策以及上级教育行政机关的决定、命令废止或者修改，失去制定依据或者没有必要继续执行的；（2）因规定的事项已执行完毕或者因实际情况变化，没有必要继续执行的；（3）新的学生纪律处分申诉制度已取代旧的学生纪律处分申诉制度；（4）其他应当予以废止的情况。对需要废止或者已经失效的学生纪律处分校内申诉制度由校长宣布失效。

四、高等学校学生纪律处分申诉制度的运行

（一）高等学校学生纪律处分申诉制度的运行原则

依据《普通高等学校学生管理规定》及参照《行政复议法》有关精神，高等学校学生校内申诉处理委员会要遵循合法、公正、公开、及时、方便学生的基本原则，坚持有错必纠，保障制度的正确实施。除此以外，还应遵循以下具体原则：

1. 依法独立行使仲裁权的原则

"高等学校学生纪律处分校内申诉的处理权是学生纪律处分校内申诉处理委员会依法享有的一项专有的行政管理权，是依法治校的重要措施。"[139]40 从现行的法律法规上看，虽然国家教育行政机关可以对高等学校学生纪律处分校内申诉委员会行为的合法性进行各种形式的监督，但对高等学校自主办学、民主管理过程中出现的学生纪律处分校内申诉的仲裁权必须予以保护，不得干涉，更不能代替，保证该组织行使内部行政仲裁权。"独立行使仲裁权的原则，应该包涵三层含义：其一，学生纪律处分校内申诉仲裁权只能由高校学生纪律处分校内申诉委员会专门享有，其他任何机关、部门都不享有该权利；其二，高等学校学生纪律处分校内申诉委员会行使仲裁权必须严格依照相应的法规，尤其不能与《普通高等学校学生管理规定》相抵触，这是申诉仲裁活动合法性的基本要求，当然该规定还有待完善；其三，高校学生纪律处分校内申诉委员会在其法定职权范围内依法独立行使，不受任何单位和个人的非法干涉。"[139]40

2. 一次仲裁的原则

我国目前学生纪律处分校内申诉处理采取的是一次仲裁方式，也就是说，对具体学生纪律处分申诉的处理，以各高等学校学生纪律处分校内申诉委员会的处理决定为学校终局决定，处理决定书下达以后，行政管理相对方不得以相同的理由再次提请校内申诉，各职能部门也不能以同一事件提请重新审议。"该原则的主要依据是，在通常的情况下，校内申诉处理并非行政相对人最后的手段，当事人如不服，可以再向省级教育行政部门申诉，条件具备时也可以提起行政复议和行政诉讼。在行政诉讼程序中也有一审、二审程序，对二审判决不服仍可以进行申诉，法律制度上就没必要在高校内部设置两次或多次的申诉处理制度"[138]40，这样可以简化程序，提高效率。

3. 对具体行政行为的合法性、合适性进行审查的原则

高等学校学生纪律处分校内申诉委员会对具体行政行为的合法性进行审查，目的就是要监督作出该行为的职能部门是否依法管理，有无超越职权、滥用职权、违反程序的情况。"对具体行政行为的适当性进行审查，主要是审查作出该行为的职能部门是否在法定裁量权内，是否适度、公正。保证具体行政行为的合法性、合适性是依法治校的两个重要条件，缺

一不可，通过对此进行的审查，达到监督具体职能部门依法行政的目的。"[138]40

4. 不调解原则

"学生纪律处分校内申诉委员会是为处理学生行政管理上的争议而设置的，作为当事人的一方是高校管理者，其依法履行职责，既是一种权利也是一种义务。高校管理者作出某种处理决定时必须是合法、合理的，在学生纪律处分申诉的处理过程中，纪律处分校内申诉委员会只能作出肯定或否定的判断，而不能由申诉双方自行解决。"[138]40当然，在处理具体的学生申诉事件中，可以及时对双方进行政策法律的宣传教育，有的放矢地作一些思想疏导工作。

5. 回避原则

回避制度源于诉讼案件中，为保证案件公正审理而设立的一项审判制度，在学生校内申诉和处理实践中，我们可以借鉴之。"它可以使有关联的一些委员或其他办事人员合法地退出该申诉事件，又可以消除当事人的顾虑，保证审查处理的公正性。"[138]40对此，《普通高等学校学生管理规定》中虽未作出规定，但是从立法本意看应予以贯彻执行。"回避的条件具体可有以下几种：一是本申诉事件当事人或当事人的近亲属；二是与本事件有利害关系；三是与本事件当事人有其他关系，可能影响到对事件的公正处理；四是具体参与本事件调查处理的有关人员。"[138]40以上具体规定也适用于记录人员及为此事件服务的其他工作人员。

（二）高等学校学生纪律处分校内申诉程序与外在程序的衔接

本研究虽然将学生校内申诉委员会及其分支机构学生纪律处分校内申诉委员会定性为行政仲裁机构，高等学校学生纪律处分校内申诉程序即是一种选择性行政仲裁程序，但是，在实际运行中，该程序依然存在很多问题，这需要在制度制定中予以完善。

1. 虽然高等学校学生纪律处分校内申诉程序只是一种选择程序，但是《普通高等学校学生管理规定》仍然存在与《行政复议法》相抵触的嫌疑

"《行政复议法》规定：'对法律、法规授权的组织具体行政行为不服的，分别向直接管理该组织的地方人民政府、地方人民政府工作部门或者

国务院部门申请行政复议'根据《普通高等学校学生管理规定》，学生对校内申诉委员会的复查决定仍然不服的，只能向学校所在地省级教育行政部门提出书面申诉。假定某学生对北京大学（教育部直属大学）纪律处分的复查结论不服，依照《行政复议法》，应该向教育部申请行政复议，而按照《普通高等学校学生纪律处分规定》，却应该向北京市教育委员会申诉，这显然有抵触《行政复议法》之嫌疑。"[139]45一般而言，对行政仲裁裁决不服，只能由司法机关进行合法性审查。例如，我国的劳动争议仲裁委员会和人事争议仲裁委员会的仲裁决定，劳动行政机关和人事行政机关均无权审查，当事人不服，只能向法院提起诉讼。而"《普通高等学校学生管理规定》却赋予学校所在地省级教育行政部门审查高等学校学生校内申诉委员会决定的权力。即使我们假定由行政机关对行政仲裁裁决进行审查，在理论上没有障碍，但教育部是否有权通过《普通高等学校学生管理规定》授予省级教育行政部门这一项权力也应该受到质疑。对于这么一项重要的权力，教育部仅凭一个部门规章就把本应属于法院的权力授予给了自己的下级，显然是对现行权力构造体系的巨大破坏，同样存在越权嫌疑。为了消除高等学校学生纪律处分校内申诉制度与现行法律规范之间存在的冲突，以及该制度运行后对法治可能产生的负面影响，有必要对它加以完善"[139]45。

2. 应当提高设立高等学校学生校内申诉制度的立法层次

"修改《教育法》和《高等教育法》，将高等学校学生校内纪律处分申诉制度的有关内容纳入这两个法律，并明确它是一种内部行政仲裁制度，是一种选择性程序。"[139]45对学校作出的处理决定，学生如果不服，既可以向高等学校学生校内申诉委员会的分支机构学生纪律处分校内申诉委员会申请内部行政仲裁，也可以依照《行政复议法》的规定提起行政复议。

3. 《教育法》和《高等教育法》应当规定高等学校学生纪律处分校内申诉委员会有权直接改变学校处分职能部门的决定

如果高等学校学生纪律处分校内申诉委员会作出的裁决内容没有撤销学生"开除学籍"处分，以及没有改变因为纪律处分而取消学位证和学历证的决定，学生不服，还可以提起行政复议或向法院提起诉讼。其理由如下：

首先，这样可以提升学生纪律处分校内申诉制度的立法层次至法律层面，前文指出过的抵触其他法律及越权等问题就可以得到消解。

其次，既然确立了高等学校学生校内申诉委员会分支机构纪律处分校内申诉委员会是行政仲裁机构，当然就应该有权直接改变学校的处理决定，无需提交学校处分职能部门重新研究决定，否则高等学校学生校内申诉委员会分支机构纪律处分校内申诉委员会不仅不能被称为仲裁机构，而且这项制度也很难发挥实效。

再次，之所以规定对不涉及撤销学生"开除学籍"的处理决定，高等学校校内申诉委员会分支机构的纪律处分校内申诉委员会的裁决和教育行政复议机关的复议决定具有终局性法律效力，是因为如果不涉及学生的"开除学籍"被撤销问题，学校的处理决定就没有侵犯学生的受教育权，不属于外部行政行为，而是内部的管理行为，是高等学校在行使办学自主权的自由裁量行为。学生如果不服，由学生纪律处分校内申诉委员会"进行裁决或者通过行政申诉，足可以对其进行有效的救济，因为毕竟受到影响的学生权益不是很大，学生没有必要耗费时力耽误学习去跟学校打官司，学校也可以从这些申诉中解脱出来，集中精力更好地教书育人"[139]46。

最后，如果对学生纪律处分校内申诉委员会作出的不予撤销学生"开除学籍"的裁决不服，或者是对由于纪律处分引起的学位证、学历证处理不服，应当允许学生提起行政复议或行政诉讼。倘若不允许学生提起行政复议或向法院提起诉讼，高等学校内部申诉委员会分支机构学生纪律处分校内申诉委员会的决定就成为了终局性行政仲裁裁决，这势必与《行政复议法》和《行政诉讼法》相抵触。

第七章 高等学校学生纪律处分纠纷解决的外部机制

在完善高等学校学生纪律处分纠纷解决的内部机制的同时，我们必须致力于完善高等学校学生纪律处分纠纷解决的外部机制，具体包括完善教育行政申诉制度、教育行政复议制度和诉讼机制等几个方面。

一、高等学校学生纪律处分纠纷解决与教育行政申诉制度的完善

（一）教育行政申诉在法律上应该定性为教育行政仲裁

2001 年，在中国教育学会教育政策与法律研究专业委员会第二届年会上，当时就学于中国人民大学教科所的申素平博士专门作过一个《政府与学校的法律关系》的专题报告。该报告从高等学校与政府关系的历史变迁，谈到当今高等学校与政府的关系。申素平博士认为，从我国高等学校与政府关系的传统来看，高等学校是政府的隶属单位，没有独立法人地位，其与政府的关系只能是内部行政法律关系。虽然《民法通则》颁布以后，政府不断强调高等学校自主办学，并向高等学校放权，但在1995 年《教育法》颁布之前，高等学校与政府的关系仍没有超出传统的

模式，法律上仍然是内部行政法律关系。直至 1995 年《教育法》和 1998 年《高等教育法》颁布，两部法律分别明确了高等学校的法人地位。因而，作为两个行政法上的法人，它们应该是外部行政法律关系，而且还应该存在法律监督关系、行政指导关系及运用行政命令的直接管理关系、运用行政合同等的合作关系以及政府对高等学校的服务关系。[142] 本研究赞同这个观点，同时认为，高等学校与政府之间的监督行政法律关系一经确立，并随着时间的推移，这种关系将占主导地位。监督行政法律关系，是指经过法律确认的国家立法机关、司法机关、上级行政机关、专门行政监督机关以及公民、法人和其他组织，在监督行政行为过程中，与公共行政组织及其所属公职人员之间发生的各种社会关系。与行政关系相比较，很少有监督行政关系是不受法律调整的。换言之，由于行政的监督通常都是依据法律而产生的，监督行政关系和监督行政法律关系的外延基本上是一致的。在当今倡行法治的国家，任何行政组织的行政活动，都受到严格的监督，以使其能够真正符合法治行政的原则，保护公民、法人和其他组织的正当权益不受违法行政的侵犯。正是基于这样的基本原则，在行政管理关系的基础上，就产生了监督行政法律关系。

在教育领域，虽然高等学校行使的教育管理权的行为不全是行政行为，但为了高等学校教育管理的合理性和合法性，我国法律对教育行政机关和高等学校的监督法律关系也进行了确认。《高等教育法》第十三条规定："国务院统一领导和管理全国高等教育事业。省、自治区、直辖市人民政府统筹协调本行政区域内的高等教育事业，管理主要为地方培养人才和国务院授权管理的高等学校。"《高等教育法》第四十四条规定："高等学校的办学水平、教育质量，接受教育行政部门的监督和由其组织的评估。"上述外部行政管理关系结构主要由行政组织与行政相对人两方主体组成，其中行政组织是具有权威性的、行使某种特定形式国家权力的国家机关，这种监督行政法律关系是基于行政法律关系而产生的，没有行政管理，无论如何不能奢谈监督行政。

教育行政申诉正是在监督行政法律关系的基础上，国家教育行政机关行使教育监督权，对高等学校进行教育行政监督，解决学生、教师与学校的纠纷的一种行政行为，具有以下特点。

（1）教育行政申诉部门具有一定的独立性。尽管《普通高等学校学生管理规定》没有对各个省级教育行政申诉部门如何设立作明确规定，但是从目前实践来看，教育行政申诉部门与高等学校保持着一种行政监督法律关系，具有一定的独立性。

（2）教育行政申诉部门具有专业性和中立性特点。教育行政仲裁机构的组成人员往往既有行政机关的专业人员，又有教师及学生代表等人员，以保持其专业性和中立性质。比如，《海南省高等学校学生申诉处理办法（试行）》第六条规定："省申诉处理委员会由 5 至 7 人组成。委员由省教育厅分管领导、高等教育处、政策法规处、省教育工委办公室、省考试局等有关部门负责人组成。省申诉处理委员会办公室挂靠在省教育厅高等教育处。"再比如，湖南省学生申诉处理委员会由省教育厅副厅长担任主任，成员包括省政府学位办和教育厅工作人员 8 人、高等学校教授 3 人，这样的组织构成保证了该组织在学生行政申诉中的中立性和专业性。

（3）教育行政申诉的过程和决定具有行政仲裁特征。行政仲裁与一般的民事仲裁（《仲裁法》规定的仲裁）之间的根本区别，在于行政仲裁裁决一般不具有终局性法律效力，当事双方如果不服裁决，还可以寻求其他的法律救济途径解决争议。其一，行政申诉制度是一种依申请而产生的具体行为，是以行政管理相对方的申请为基本前提，而不是教育行政部门依照自己的职权而主动进行的。其二，行政申诉是由教育行政部门解决学生纪律处分方面争议的一项活动，从立法本意上是为了减少教育系统内部管理矛盾、保护学生正当权益而设计出台的。其三，学生申诉的结果以教育行政部门的行政决定表现出来。由于学生申诉的最终结果是由教育行政部门作出的，因此，教育行政申诉的结果表现形式，只能是教育行政部门的决定，而不是人民法院的判决或裁定。其四，教育行政申诉及其处理受法定期限的限制。由于学生的申诉涉及该管理争议的解决，因此，它就要受到法定期限的严格限制。这种期限包含了两方面的内容：一是管理相对方的申诉要求，须在法定的期限内，逾期申诉的，管理方不予以受理（有规定的特殊情形除外）；二是申诉处理部门必须在法定的期限内作出处理，非有法定事由逾期不能作出处理决定的，则可能成为管理相对方提起行政诉讼的理由，而且，此情形系属申诉处理的程序违法。其五，教育行政申诉的结果具有非终局性。如《湖南省普通高等学校学生申诉处理委员会章程》第二十条规定："申诉处理委员会在规定期限内未作出处理决定的，或者当事人对处理决定不服的，可以依法提起行政复议或者行政诉讼。"

确立和确认教育申诉制度的教育行政仲裁性质，有三个方面的重要意义：其一，可以确认学生由于纪律处分与高等学校产生纠纷后，学生一旦提起申诉，教育行政部门必须受理。其二，可以确定教育申诉制度、行政复议制度、行政诉讼和民事诉讼救济途径的衔接合理性。其三，保证高等学校学生纪律处分纠纷解决渠道的法律体系的统一。

（二）教育行政部门概念的澄清与纪律处分纠纷教育行政申诉途径的确认

1. 学生纪律处分纠纷由教育行政部门来解决有充分的法律和法规依据

《教育部关于实施〈中华人民共和国高等教育法〉若干问题的意见》（教高［1999］4 号）中明确规定："为落实《高等教育法》有关保护高等学校和教师、学生合法权益的规定，教育行政部门要按照《教育法》和《教师法》的规定，建立和健全行政复议和教师、学生申诉制度，依法保护高等学校和教师、学生的合法权益。"同时，1995 年 8 月 28 日国家教委发布的《关于开展教育执法及监督试点工作的意见》已经明确"行政申诉制度是政府、教育行政部门依法处理教师、学生申诉请求的制度"，"申诉受理审查、申诉处理都应以书面的形式作出决定，通知申诉人和被申诉人，并在一定时限内完成"。《高等学校校园秩序管理若干规定》（国家教育委员会令第 13 号）第十四条规定："禁止师生员工赌博、酗酒、打架斗殴以及其他干扰学校的教学、科研和生活秩序的行为。"第十八条明确规定："对违反本规定，经过劝告、制止仍不改正的师生员工，学校可视情节给予行政处分或者纪律处分；属于违反治安管理行为的，由公安机关依法处理；情节严重构成犯罪的，由司法机关处理。师生员工对学校的处分不服的，可以向有关教育行政部门提出申诉，教育行政部门应当在接到申诉的 30 日内作出处理决定。"《普通高等学校学生管理规定》第六十三条明确规定："学生对复查决定有异议的，在接到学校复查决定书之日起 15 个工作日内，可以向学校所在地省级教育行政部门提出书面申诉。省级教育行政部门在接到学生书面申诉之日起 30 个工作日内，应

当对申诉人的问题给予处理并答复。"由此可以看出，学生对学校处分不服
向教育行政部门申诉，教育行政部门应当予以受理是有明确规定的。

2. 在实践中，教育行政部门的指向是明确的

刘璐案件就是一个典型的例子。在刘璐案中，国务院法制办公室秘书
行政司对辽宁省人民政府法制办公室《关于刘璐行政复议案件有关问题
的请示》的复函（国法秘函［2003］216 号 2003 年 9 月 27 日）中指出：
"依照《教育法》第四十二条第（四）项的规定，对学校给予的处分不服
向有关部门提出申诉是受教育者享有的权利。因此，作为高等学校学籍管
理的归口部门，辽宁省教育厅应当受理刘璐同学的申诉。""本案中，第
三人做出的处分决定不仅剥夺了申请人的学籍，而且直接依据的是被申请
人制定并颁布的《辽宁省普通高等学校学生行政处分条例（试行）》。对
此，被申请人不仅有监督第三人是否依法实施学籍管理活动的职责，而且
对第三人理解、运用条例有关条款、特别是行为定性是否准确。有相应的
监督权和解释权。如果被申请人认为第三人错误引用了自身制定的有关规
则，依法有要求第三人变更或者撤销其决定的职权。"教育部在《行政复
议决定书》（教行【2004】2 号）中认为："依据《教育法》、《高等教育
法》的规定，高等学校的学生管理权亦是法律赋予学校行使的公权力，
对学生的学籍处分，特别是开除学籍等剥夺学生在校学习权利的处分决
定，直接影响学生受教育权利的实现。因此，高等学校行使此种权力应当
遵循法定的原则与程序，保护学生的合法权利，并依法接受教育行政部门
依据上位法及国家的有关规定实施的监督。"

（三）教育行政部门对高等学校纪律处分规章及其执行行使
教育行政监督权

国家教育行政主管部门作为国家设立的主管教育行政事务的国家行政
机关，负有领导和监督教育事业发展的职责，也因此享有对高等学校的监
督权，该权力包括对学校制定的纪律处分规章进行审查的权力。教育行政
部门对纪律处分规章的监督按照时间的前后，可以进一步分为规章生效前
的审查和规章生效后的审查。前者叫做事前监督，是一种预防性的监督，
是由教育行政机关在学校纪律处分制度生效之前进行审查，该规章只有经
过教育主管行政机关的许可方可生效；后者叫事后监督，是一种控制性监

督，是指高等学校的纪律处分制度生效后需要向行政机关备案，行政机关认为违反了国家法律规定的，可以采取纠正措施。

我国《教育法》和《高等教育法》都规定高等学校的章程制定应当得到教育行政主管机关的批准，但是对于高等学校学生纪律处分规章的制定没有规定任何监督的程序，这种监督制度的缺乏也是造成学校滥用纪律处分规章制定权的一个原因。因此，为了加强对于学校纪律处分规章制定权的监督，可以考虑借鉴国外和台湾地区的经验，通过教育行政机关运用行政监督的方式，建立高等学校学生纪律处分规章向教育行政机关报备的制度，对高等学校学生纪律处分规章制定权进行监督。同时，为了防止侵害到学校的自主权，需要对教育机关的监督权进行限制，如何在行政监督和高校自主之间寻求平衡，可以从两个方面制定高等学校学生纪律处分规章监督制度。

1. 通过法律明确规定教育行政机关对报备的学校纪律处分规章进行合法性与合理性审查

高等学校学生纪律处分纠纷的行政申诉解决是控制性监督的一种表现形式，实际上，预防性监督应该比控制性监督更为重要，因为绝大多数的高等学校学生纪律处分都是按照学校纪律处分制度作出的。在案例3和案例10中，虽然被处分方就纪律处分的依据存在异议，校规内容缺乏合理性，但高等学校基于校规的合法地位据理力争，行政部门和法院也爱莫能助。因此，教育行政部门既要对高等学校学生纪律处分规章进行合法性审查，又要对其进行合理性审查。

在合法性审查中，教育行政机关应该从以下几个方面进行：其一，高等学校是否在权限范围内行使纪律处分规章制定权。高等学校行使自治规章制定权，必须是在授权范围内进行，不能超越法律所规定的权限范围。同时授权应有严格的限制，不能无限制地授权，否则造成高等学校权力的极度扩张，最终导致高等学校专横和权力无限制。其二，高等学校是否遵循相应的纪律处分规章制定程序。严格的自治规章制定程序是正确进行自治规章制定的有效保障。按照制定程序进行自治规章制定，既能防止受领导者个人意志的影响，又可使规章制定规范化。其三，纪律处分内容是否违背宪法和其他法律。纪律处分自治规章的制定属授权"立法"，以宪法和其他法律为依据，因而其内容不得有与宪法和其他法律相抵触之处，否则无效。这是自治规章制定过程中最易出现问题的地方，特别是高等学校在立法过程中易出现此类情况，一旦出现则属实质违法，因而无效。其四，纪律处分规定与上级教育行政机关所立之法是否存在矛盾和冲突。高等学校学生纪律处分制度与教育行政部门所立之法规不得相抵触，否则无效。

在对高等学校学生纪律处分规章的合理性审查中，教育行政部门可以从反正两个方面确定合理性纪律处分规定的内容。从反面来讲，"不合理"的纪律处分规定至少应该包括以下 10 个种类：不正当的目的、不善良的动机、不相关的考虑、不应有的疏忽、不正确的认定、不适当的迟延、不寻常的背离、不一致的解释、不合理的决定、不得体的方式。从正面来讲，合理的高校学生纪律处分规定应该符合以下原则：（1）妥当性原则，是指纪律处分行为是否能够真正达到法定目的，该原则要求手段是能够达到目的的，如果手段根本无法达到目的，就是违反妥当性原则；（2）必要性原则，是指纪律处分只要足以达到法定目的即为合理，该原则要求手段的运用以达到目的为限，如果手段的运用超过目的所必需的"度"，就是违反必要性原则。（3）比例性原则，即狭义的比例原则。如确有必要对学生进行处分，必须权衡纪律处分目的所实现的利益与被处分者的利益，只有在确认前者所保护的利益绝对大丁后者利益时，才能实施。以上三个原则均涉及纪律处分目的，即我国学者常常提到的"合目的原则"，另外还涵盖了合乎目的的"程度"问题。

如果高等学校学生纪律处分规章与合法性和合理性背离，出现了需要撤销的情况，那么就存在一个由谁来提出的问题。（1）教育行政机关可依职权主动提出并依职权予以撤销。（2）学生如果发现合法性与合理性问题可提请教育行政部门进行审查。（3）高等学校可依职权主动撤销。

2. 教育行政部门对纪律处分规章执行状况进行审查

在事后监督过程中，教育行政部门需要对已经生效的学校纪律处分规章在适用过程中的执行行为的合法性产生怀疑时进行审查监督。需要指出的是，在这个过程中，教育行政机关不需要重新对纪律处分规章的内容合理性进行审查，因为如果在此过程中重新审查，就会有朝令夕改的嫌疑，就可能会使高等学校的管理无所适从。而且，在行政系统中，上级行政机关对于下级行政机关有领导的权力，下级行政机关应当遵从上级机关的命令。行政组织在传统上是采用科层式的模式，下级服从上级，实行层级节制。这种科层式的组织模式不适应高等学校探求知识、学术创新的目标，因此，"法律赋予高等学校具有较之行政机关更大的自主管理权和独立的法律地位，不受教育行政机关的直接指挥，政府相关部门只负责监督和控制"[143]。由于高等学校的纪律处分规章制定权是其自主权一部分，而且高等学校学生纪律处分规章已经通过报备审查，其合理性和合法性已经得到确认。为了避免过度的行政干涉，保障大学的自治权，除非法律有特别规定，否则教育行政机关对高等学校学生纪律处分规定的执行状况的监督应当严格限制在合法性监督的范围内。

（四）制定相关规范保证教育行政申诉的公正实施

由教育部来制定《普通高等学校学生教育行政申诉实施办法》①，通过硬约束来确立地方教育行政部门处理纪律处分纠纷的职权，解决职权怠于行使的行为，保障申请人的权利得以有效保护，避免权利救济的申诉渠道进入"死循环"。"作为非诉讼意义上的高校学生申诉制度在一定意义上类似于行政复议制度。比照我国《行政复议法》，省级教育行政部门对学生申诉的处理应包含变更权。参照行政机关作出复议决定的原则，省级教育行政部门可以分以下情况对学生的申诉作出处理决定：（1）学校的管理行为符合法定权限和程序，适用校规正确、事实清楚，可以维持原处理结果；（2）学校的管理行为明显存在着程序上的不足，决定被申诉人进行补正；（3）对于被申诉人不履行法律、法规和规章规定的职责的，决定限期改正；（4）学校的处理或处分适用学校规章制度错误的，可以直接变更原处理结果；（5）学校的处理或处分所依据的学校规章制度与法律、法规及其他规范性文件相抵触的，可直接撤销原处理决定。"[57]44

为了保证教育行政申诉的公正性，《普通高等学校学生教育行政申诉实施办法》应该规定对学校有行政管理权的行政机关在接受学生的申诉请求后，应审查被申诉的学校行为是否属于行政审查范围。超出行政机关职权范围的，应告知学生撤回申诉，选择其他救济途径；符合行政机关职权范围的，应进一步审查学校作出相应行为的事实依据与法律依据，并有

---

① 参见附件五。

权调集或重新收集相关证据与材料，要求学校进一步说明作出相应行为的依据与理由。在全面查明事实与确定依据后，行政机关应对学生的申诉请求作出处理决定。需要强调的是，行政机关在处理申诉的过程中，应充分保障申诉学生的陈述权、申辩权、请求权，并将处理结果与依据向学生公开，保障学生的知情权与了解权，并在合理期限内将处理结果通知学校。学生或学校对行政机关的处理决定不服的，可以行使行政复议或向司法机关诉讼的请求权。

教育行政申诉处理决定的效力要明确。我国法律、法规以及规章中对教育申诉制度的效力都缺乏相应的规定，特别是对申诉处理的执行没有相应的保障机制，这种状况造成了教育行政申诉的效力低下。比如在案例7中，北京市教委撤销了中央民族大学开除学生的决定，但是中央民族大学拒不执行。[144]出现这种状况是由于缺乏相应依据所造成的。教育部可以通过《普通高等学校学生教育行政申诉实施办法》来明确申诉机关有权决定由被申诉人重新作出处理决定，并明确重新作出处理决定和执行决定的期限。此外，该办法还应该规定，申诉机关作出处理决定后，如果被申诉人拒不履行，那么申诉人可以申请行政强制执行，申诉处理决定的效力明确必定会使得申诉制度的作用发挥到极致。

为了保证教育行政申诉的顺利实施和结果的公正性，《普通高等学校学生教育行政申诉实施办法》应该设立专门章节规定责任追究机制。比如："对于一般过错的直接责任者、直接领导责任者和间接领导责任者，可以单独给予或者合并给予责令作出书面检查、取消当年评优评先资格、通报批评处理。""对于严重过错，按下列规定追究行政责任：（一）对直接责任者，给予行政降级以下处分，合并给予取消当年评优评先资格、通报批评、诫勉、停职处理；（二）对直接领导责任者，给予行政记大过以下处分，合并给予取消当年评优评先资格、通报批评、诫勉处理；（三）对间接领导责任者，给予行政警告或者行政记过处分，合并给予取消当年评优评先资格、通报批评处理。""对于特别严重过错，按下列规定追究行政责任：（一）对直接责任者，给予行政撤职或者行政开除处分；（二）对直接领导责任者，给予行政降级以上处分；（三）对间接领导责任者，给予行政记大过以上处分。给予行政记大过处分的，合并给予取消当年评优评先资格、通报批评、诫勉处理；给予行政降级处分的，合并给予取消当年评优评先资格、通报批评、诫勉、停职处理；给予行政撤职处分的，合并给予取消当年评优评先资格、通报批评处理。""因行政过错侵犯了申请人的合法权益，造成损害并涉及赔偿的，省、自治区、直辖市的教育厅应当依照《中华人民共和国国家赔偿法》的有关规定予以赔偿，并依法向行政过错责任人追偿。""有下列情形之一的，应当进行调查，以确定有关行为人是否应当承担行政过错责任：（一）申请人投诉、检举、控告的；（二）使用已经废除的法律、法规、规章和规范性文件的；（三）经行政复议，复议机关作出变更，或者撤销决定的；（四）经行政诉讼，人民法院作出撤销或者部分撤销判决的；（五）本机关要求调查处理或者在人大、政府执法检查中，被认定为错误行为或者显失公正，要求调查处理的。""行政过错责任人有下列情形之一的，应当从重处理，构成犯罪的，移送司法机关处理：（一）一年内出现两次以上应予追究的行政过错的；（二）干扰、阻碍调查人员对其行政过错行为进行调查的；（三）对投诉人、检举人、控告人打击、报复、陷害的；（四）故意导致行政过错发生的。"

二、高等学校学生纪律处分纠纷解决与教育行政复议制度的完善

（一）行政复议制度作为解决高等学校学生纪律处分纠纷途径的确认

行政复议既是对行政管理机关违法或者不当的具体行政行为进行矫正的一种救济手段，也是上级行政机关对下级行政机关的具体行政行为进行审查和复核，行使行政职权的一种形式，还是行政管理系统内部自我纠错、自我监督的方式之一。行政复议的目的就在于自我监督、自我纠错、纠正违法或者不当的具体行政行为，从而使行政管理相对人的合法权益及时得到保护和救济。

高等学校和学生之间由于纪律处分产生的纠纷是否适用行政复议呢？这必须考察高等学校和地方教育行政部门是否存在行政管理系统内部关系。随着国家权力社会化进程的推进，高等学校教育管理自主权越来越大，如果说地方教育行政部门与高等学校是行政管理系统内部关系，可能

成为笑柄。但是，结合本书第四章的结论，我们可以这样表述：高等学校是法定的事业单位组织，在国家权力社会化过程中，原来属于国家的高等教育权正逐渐"下放"给高等学校，由高等学校来享有部分国家教育管理权这种公共权力，高等学校在行使这种作为公共权力而存在的主流意识形态传播权、招生入学权、对受教育者颁发相应的毕业证书和学位证书权、退学处分权的时候，地方教育行政部门就与高等学校形成一种行政管理系统内部关系。因此，本研究认为，在高等教育系统中，开除学籍行政处罚和由纪律处分引发的拒绝颁发毕业证的行为可以纳入行政复议渠道。其他的纪律处分如警告、严重警告、记过、留校察看纪律处分即使侵害到学生的人身权和财产权也不适合行政复议，相信随着教育行政申诉制度的健全，这些问题可以迎刃而解。

确定高等学校在关于开除学籍行政处罚和由纪律处分引发的拒绝颁发毕业证的行为的教育行政复议中的被申请人地位。行政主体是承担行政职权，实施行政活动的组织，以自己的名义实施行政活动，能够承担行政活动的法律效果的组织。包括行政机关和法律、法规授权的组织。高等学校作为行使开除学籍行政处罚的被授权的事业单位组织是以自己的名义实施行政活动，是能够承担行政活动的法律效果的组织。根据《行政复议法》的规定，对法律、法规授权组织的具体行政行为不服的，分别向直接管理该组织的地方人民政府、地方人民政府工作部门或者国务院部门申请行政复议。《行政复议法》第十四条规定："对国务院部门或者省、自治区、直辖市人民政府的具体行政行为不服的，向作出该具体行政行为的国务院部门或者省、自治区、直辖市人民政府申请行政复议；对行政复议决定不服的，可以向人民法院提起行政诉讼，也可向国务院申请裁决，国务院的裁决为最终裁决。"在我国现行的教育管理体制下，由高等学校对学生的行政管理行为引起的纠纷只能依法通过申诉途径来获得救济，而无法通过行政复议的途径获得救济，源于立法机关和行政机关对高等学校作出的开除学籍处分和拒绝颁发毕业证、学位证的行为认识有偏差。本研究认为，高等学校学生纪律处分中的开除学籍处分是行政处罚行为，而拒绝颁发毕业证和学位证的行为是一种行政不作为行为，所以直接将高等学校列入复议被申请人之内，以解决《行政诉讼法》规定的"复议机关作出维持决定或者不作决定的，起诉时以最初作出具体行政行为的行政机关为被告，复议机关改变原行为的，以复议机关为被告"问题。这不仅对地方教育行政机关公平，而且对申请人的权利保护也有利。

（二）高等学校学生纪律处分纠纷解决与教育行政复议制度的完善

作为解决高等学校纪律处分纠纷的有效机制之一，行政复议制度可从以下五个方面进行完善。

1. 加强地方教育行政部门对抽象行政行为的主动审查权

如果地方教育行政部门怠于行使审查权，应该依法追究其法律责任。高等学校自主管理权是个相对的概念，不等于学校想怎么做就怎么做，必须要受到宏观条件和法规的制约，这样全国高等学校的学生管理工作才有原则可循，有法可依。我国的《教育法》和《高等教育法》对学校的自主管理权都有所规定，新《普通高等学校学生管理规定》的实施无疑将进一步推动高等学校自主管理权的落实，但并不能解决现存所有问题。全面实现高等学校的自主管理权需要进一步在法律上解决三个问题：学校的自主管理权与国家教育管理权的界定、学校内部的私权与公权、学校本身的私权的规范。高等学校如要实现新《普通高等学校学生管理规定》中的自主管理权，应该首先明确"自主权"不是"自由权"，并尽快完善配套的规章制度，做到高等学校行使自主管理权的制度化、程序化和民主化。国家教育行政部门在放权的同时，新《普通高等学校学生管理规定》也确立了加强政府和学生对学校权力进行的监督制度。学校的管理权是一种公权，法律在赋予学校充分行使自主管理权的同时，也要将其纳入管理者和政府的监督之中。为此，新《普通高等学校学生管理规定》要求学校将学生管理规定要及时向学生公告，并向教育主管部门备案；省级教育行政部门不再具有一级管理规定的制订权，而是要根据新《普通高等学校学生管理规定》履行依法指导、检查和督促高等学校实施学生管理工作的职责；地方教育行政部门对高等学校制定的管理规范有审查权和不合法的规定有撤销的权力。所以，根据《行政复议法》的规定，针对高等学校自己制定的纪律处分规范，一旦引起纠纷，地方教育行政机关无疑具有审查权，而且地方教育行政机关要主动行使审查权和撤销权。

2. 修改《行政复议法》，以实现学生的重要权利和受教育权的保全

《行政复议法》关于规范性文件审查的规定使申请人的权益保障受到消极影响。根据该法第二十六条和第二十七条的规定，在对具体行政行为所依据的规范性文件进行处理期间，中止对具体行为的审查。对于行政复议期间具体行政行为又不停止执行这个问题，从我国现有的法制状况下很难解决，我们只能依照《国家赔偿法》的相关规定，对受到侵害的权利进行事后补偿，然而从一定意义上讲，此类权益的损失是无法补偿的。基于以上论述，修改《行政复议法》，进而规定对明显违法的具体行政行为实行暂停执行和先行撤销制度确有必要。

3. 《行政复议法》应该明确对抽象行政行为的处理机关和处理程序

依《宪法》和有关组织法的规定，有权处理规范性文件的机关分别是：对政府制定的，由同级权力机关和上级政府处理；对政府部门制定的，由同级政府处理。对行政复议中附带申请审查的规定，能够处理的仅限于权力机关和政府，对于有领导关系的上、下级部门之间，上级机关无权处理下级机关的规范性文件，这就使得处理机关较为单一。我们可以通过修改《行政复议法》，来解决地方垂直领导的行政机关撤销下级抽象行政行为的权力问题，因为《宪法》和有关组织法中已经有关于规范性文件（包括地方各级权力机关制定的）的监督制度，只不过由于缺少具体的处理程序，这些制度（特别是权力机关的监督）形同虚设，未能发挥应有的作用。因此，建议通过修改《行政复议法》，完善抽象行政行为审查的程序，同时要规定有权机关未依法处理的法律责任。通过强化有权机关处理抽象行政行为的操作性，有利于解决省级教育行政部门可以审查并撤销或者更正高等学校自己制定的纪律处分规定的非合理和非法规定的问题。比如，《普通高等学校管理规定》对于开除学籍纪律处分如果违反《宪法》精神和其他法律，按照《宪法》和组织法的有关规定，就可以由国务院和全国人民代表大会来撤销。

4. 要明确适当性审查的标准

修改《行政复议法》，明确具体行政行为明显不当的认定标准，增强行政复议对不当行为进行监督的可操作性，保障相对人的合法权益。《行政复议法》第四条规定："行政复议机关履行行政复议职责，应当遵循合法、公正、公开、及时、便民的原则，坚持有错必纠，保障法律、法规的

正确实施。"这一规定贯彻了行政合法性的原则。行政合法性原则主要是针对行政机关拥有的自由裁量权所确立的法治原则。行政机关及法律授权组织作出的行政行为，除了有法律明确具体规定的羁束行政行为外，有相当一部分是属于在行政职权范围内，可以由行政机关自由裁量的行政行为，如在数量控制、范围确定、时限长短、处罚幅度等方面，行政机关享有一定的"自由度"。因为，如果行政机关及法律授权组织没有自由裁量权，则不能保障其有效实施行政管理和应有的行政效率。既然行政机关及法律授权组织具有自由活动的空间和权力，必然会因此产生在这个空间范围内作出的决定是否适当、合理、是否公正的问题。如果对行政机关及法律授权组织的自由裁量权不加限制，则极易发生滥用权力，随意侵害公民、法人或者其他组织合法权益的现象。行政法确立行政合理性原则，目的就是保障行政机关依法行政，在行使自由裁量权的时候，基于合理动机，遵循正当程序，作出合法适当的行政行为。

5. 增加行政复议机关不履行复议职责的外部责任的规定

尽管《行政复议法》规定了行政复议机关以及行政复议机构在行政复议过程中违法、失职的法律责任，但这种责任是一种内部责任，对于如何促使行政复议机关依法履行复议职责，真正发挥行政复议制度，防止和纠正违法的或者不当的具体行政行为的功能，则欠缺制度上的保障，特别是欠缺外部责任的规定。在通过行政复议来解决高等学校学生纪律处分纠纷的过程中，开除学籍行政处罚和由纪律处分引发的拒绝颁发毕业证的行为可以纳入行政复议渠道，如果高等学校成为被申请人，这个问题就不会存在。而现有渠道中，通过学生不服申诉，以地方行政部门向教育部提起行政复议，可以根据《国家赔偿法》的规定，经复议的案件，由最初造成侵权行为的行政机关为赔偿义务机关，复议决定加重损害的，复议机关对加重的部分履行赔偿义务。立法上的这种责任分配极易导致复议机关为了避免自身成为行政诉讼的被告或者国家赔偿的义务机关，对于其受理的复议案件，明知具体行政行为违法或者不当，却仍然作出维持决定或者不作决定。如果在立法中规定，经复议的案件，在行政诉讼中，起诉时一律以复议机关为被告；在国家赔偿中，一律以复议机关为赔偿义务机关，复议机关在履行赔偿义务后，可以向最初造成侵权行为的行政机关追偿。只有这样，才有可能促使复议机关依法履行复议职责，真正发挥行政复议制度的功能。

三、高等学校学生纪律处分纠纷解决与诉讼机制的完善

（一）高等学校学生纪律处分纠纷解决与行政诉讼机制的完善

1. 高等学校可以成为行政诉讼适格被告

（1）理论基础

从理论上讲，"任何类型的行政诉讼都建立在一定的公权力的运作之上，只不过与公权力的密切程度不同"[145]。首先，高等学校等事业单位所实施的"行政"虽不是国家行政，但与国家行政机关所实施的"行政"同是"公行政"，都属于行政法学研究的"行政范畴"。在这种理论基础之上，高等学校不只是授权组织，而且是"具有行政职权的组织，它与学生之间的关系是行政主体与相对人的关系，以内部管理关系概括显然不当"[146]。其次，德国行政法理论中的特别权力关系，可区分为基础关系与管理关系的思路，是具有借鉴意义的。从法律上对其进行基础关系与管理关系或称基本关系与工作关系的划分，其最重要的法律后果是：基本权利相关的决定属于行政行为，而工作关系中的命令则不属于行政行为。也就是说，特别权力人涉及基础关系的决定，如涉及军人、公务员、学生等身份的取得、丧失等，可视为可诉行政行为；属于管理关系的决定，如对军人、公务员、学生等的服装、仪表、作息时间等的规定，则属于特定组织内部为实现组织目标所必需的管理规则，不必遵循法律保留原则，特别权力相对人因此而遭受的不改变其基本身份和不影响其公民基本权利的处分也不属于可诉行政行为。在学校这种以实现教育目的为其基本宗旨的特殊组织中，一切管理工作都应服务于教育和培养人这一学校的组织目标。因此，学校与学生之间的管理关系应以教育目的为其出发点和界限，它是一种以实现教育目的为其限度的规范关系，超出这个界限，即进入基础关系而应遵循法律保留原则。如在学生的在学关系中，学生被开除学籍而失去在学校这种特定组织中的特定身份，从而导致学生受教育基本权利的丧失，实际上也就意味着原有的特定教育关系和管理关系的解除。由于此时学校和学生的关系已不再是基于教育目的的管理关系，因此，"导致这种

关系变化的条件不应由高等学校来设定。在私立学校中应由合同来规定，即以相对人的同意为基础，在公立学校中则应由法律来规定"[147]。再次，处于主要地位的外部行政法律关系而言，其具有以下特征：其一，作为外部行政法律关系主体一方的必然是行政组织；其二，外部行政法律关系的双方当事人，处于权利义务不对等的地位；其三，外部行政法律关系的发生不以当事人意思自治为前提，而是通常由行政法预先规定；其四，行政组织实体上的权利义务是重合的。高等学校由于行使开除学籍处罚权和拒绝颁发学历证和学位证的权力时候，是完全符合上述特征的。最后，高等学校的开除学籍处分实质上是一种行政处罚行为，而拒绝颁发毕业证和学位证的行为，原告可以认为是高等学校的一种行政不作为行为。因此，由开除学籍纪律处分和由于纪律处分引发的学历和学位证诉讼，高等学校必然可以成为适格被告。

（2）立法现状

从立法现状来看，1990 年 10 月 1 日施行的《中华人民共和国行政诉讼法》第二条规定："公民、法人或者其他组织认为行政机关和行政机关工作人员的具体行政行为侵犯其合法权益，有权依照本法向人民法院提起诉讼。"显然，该条款规定的行政诉讼被告仅为行政机关。但是《高等教育法》第四十一条规定："高等学校的校长全面负责本学校的教学、科学研究和其他行政管理工作，行使下列职权：……（四）聘任与解聘教师以及内部其他工作人员，对学生进行学籍管理并实施奖励或者处分"。而中国公立高等学校的校长，一般来讲都是厅级或部级官员，是由教育行政部门和组织部门委任的，将其看做行政机关工作人员并无不可。同时，《行政诉讼法》第二十五条第四款规定："由法律、法规授权的组织所作的具体行政行为，该组织是被告"。随后颁布的《最高人民法院关于贯彻执行〈中华人民共和国行政诉讼法〉若干问题的意见（试行）》第一条对"具体行政行为"作了列举解释："指国家行政机关和行政机关工作人员、法律法规授权的组织、行政机关委托的组织或者个人在行政管理活动中行使行政职权，针对特定的公民、法人或者其他组织，就特定的具体事项，作出的有关该公民、法人或者其他组织权利义务的单方行为。"从这一司法解释中，可以推出学校行政诉讼被告资格。2000 年 3 月 8 日颁布的《最高人民法院关于执行〈中华人民共和国行政诉讼法〉若干问题的解释》（以下简称《解释》），其第一条第一款规定："公民、法人或者其他组织对具有国家行政职权的机关和组织及其工作人员的行政行为不服，依法提起诉讼的，属于人民法院行政诉讼的受案范围。"这一解释以"行政行为"替代了《行政诉讼法》及其《试行意见》中的"具体行政行为"，以"具有国家行政职权的机构和组织"替代了"行政机关"。可见，《行政诉讼法》和最高人民法院先后发布的关于贯彻《行政诉讼法》的两个司法解释均可以理解为对高等学校的行政诉讼被告资格的规定，田永案和刘燕文案均是引用这一规定完成了对高等学校行政诉讼被告资格的阐释。《解释》中"具有国家行政职权的机构和组织"的表述则更加接近把高等学校视为行政主体，因而赋予其行政诉讼被告资格的观点。虽然现在的法律法规没有直接规定高等学校的行政被告资格，但是，这完全可以通过深层次的司法解释来解决。

（3）司法实践

从司法实践来看，由于在 1999 年以前的相关立法中无法找到高等学校行政诉讼被告资格的直接规定，出于保护高等学校管理行为相对人合法权益的需要，法官们把目光转向了《行政诉讼法》第二十五条第四项"法律、法规授权组织"的规定。对授权组织规定的引用是由司法实践率先启动的。从现有掌握的资料统计，第一例确立学校在行政诉讼案件中被告地位的案件，是河南省平顶山市湛河区法院于 1996 年 7 月 16 日受理的刘国聚、王云、张芳、马超诉河南省平顶山煤矿技术学校责令退学、注销学籍案。

【案例15】四学生诉河南省平顶山煤矿技术学校案

1995 年，河南省平顶山煤矿技术学校与学生刘国聚、王云、张芳、马超及其家长所在单位签订了委托培训合同，学校收取四位学生的培训费各 3500 元。学校发现四人在考试中有抄袭舞弊行为，遂将其逐出考场，随后于 1996 年 5 月对他们作出责令退学、注销学籍的决定。四位家长多次找学校交涉，并向有关部门反映问题，均未得到解决。四人不服，于当年 7 月 16 日向平顶山市湛河区法院起诉，要求撤销上述决定。法院的判决支持了原告的诉求。[148]7

在本案中，法院作了如下表述：被告系法律法规授权的组织，符合行政诉讼的被告主体资格，被告辩称其不属于行政机关，不能作为行政诉讼的被告主体的理由不成立。最终法院判决撤销被告对四原告作出的责令退学、注销学籍的处分决定，并责令恢复四原告学籍。判决对学校作为授权组织的论述尽管较为粗糙，但它毕竟是引用授权组织的法律规定对学校行政诉讼被告资格的首次确认。此案的影响力虽不及其后的田永案和刘燕文案，但其引用授权组织的规定作为判决法律依据的思路却对田永案和刘燕文案的法官产生了实际的影响，两案的主审法官饶亚东女士曾非常坦率地承认，其在审理田永案时受到了包括平顶山煤矿技术学校案在内的几个案例的启发[149]263。遗憾的是，虽然 1999 年 2 月 14 日田永诉北京科技大学拒绝颁发毕业证、学位证案①作出了原告胜诉的判决，但判决运用授权组织规定对高等学校行政诉讼被告资格的论述却未能更进一步，海淀区法院的一审判决只是提及："本院认为，根据我国法律规定，高等学校对受教育者有进行学籍管理、实施奖励或处分的权力，有代表国家对受教育者颁发相应的学业证书、学位证书的职责。"[149]544北京市第一中级人民法院的二审判决稍进一步，点明高等学校为法律授权机构："本院认为，根据我国法律规定，国家实行学业证书制度和学位制度，高等学校作为法律授权机构有代表国家对受教育者颁发相应的学业证书、学位证书的职责。"[149]551 1999 年 12 月 17 日，海淀区法院对刘燕文诉北京大学拒绝颁发博士证书一案的判决才对高等学校作为授权组织可以充当行政诉讼的被告的结论作了较为深入的论述："高等学校作为公共教育机构，虽然不是法律意义上的行政机关，但是其对受教育者进行颁发学业证书与学位证书等的权力是国家法律所授予的，其在教育活动中的管理行为是单方面的作出的，无需受教育者的同意……根据《中华人民共和国行政诉讼法》第二十五条第四款规定，由法律、法规授权的组织作出的具体行政行为，该组织是被告。北京大学作为国家批准成立的高等学校，在法律、法规授权的情况下，具有代表国家对受教育者颁发相应学业证书的权力，北京大学在依法行使这一授权时，其作出的单方面的管理行为，属于《中华人民共和国行政诉讼法》规定的可以提起行政诉讼的具体行政行为。"这三起案

① 详见附件二。

件的判决，开创了司法实践中运用行政诉讼法规定的法律、法规授权组织确认学校行政诉讼被告资格的先例，而最高人民法院公报中对田永案的一段文字表述，更是赋予了这一先例普遍性意义，为高等学校行政诉讼被告资格在司法实践中的确立奠定了基础："在我国目前情况下，某些事业单位、社会团体虽然不具有行政机关的资格，但是法律赋予它行使一定的行政管理职权。这些单位、团体管理与相对人之间不存在平等的民事关系，而是特殊的行政管理关系。他们之间因管理行为而发生的争议，不是民事诉讼，而是行政诉讼。尽管《中华人民共和国行政诉讼法》第二十五条所指的被告是行政机关，但是为了维护管理相对人的合法权益，将其列为行政诉讼的被告，运用行政诉讼法来解决它们与管理相对人之间的行政争议，有利于化解社会矛盾，维护社会稳定。"[148]9

从理论、立法和司法三个方面综合分析，高等学校开除学籍处罚和由于纪律处分引发的学历和学位证纠纷，是可以通过行政诉讼的渠道来解决的。

2. 关于法院对高等学校学生纪律处分规定的审查问题

高等学校学生纪律处分规定是抽象行政行为。高等学校学生纪律处分规定到底属于具体行政行为还是抽象行政行为，我们可以依据《行政诉讼法》第十二条第（二）项的若干解释及第三条的规定，从以下两个方面进行甄别：一方面，行政行为针对的对象是否确定。具体行政行为针对的对象是确定、具体的，不论其人数的多寡。抽象行政行为针对的对象是不确定的、广泛的，对任何人都具有约束力。另一方面，该行政行为是否可以反复适用。一个具体行政行为由于针对的是特定的对象，因此，其法律效力只能对其对象有效。抽象行政行为由于其针对的对象为不特定的人，因此该抽象行政行为能够对不特定的多人反复适用。按照这两个基本特征来考察高等学校学生纪律处分规定，第一，高等学校学生纪律处分规定不是针对具体某位学生的，而是针对拥有高等学校共同体资格的所有学生；第二，高等学校学生纪律处分规定可以反复适用。综上所述，高等学校学生纪律处分规定是抽象行政行为。

现行法律框架下，法院不能审查高等学校的纪律处分规定。《行政诉讼法》第十二条规定，人民法院不受理公民、法人或者其他组织对行政法规、规章或者行政机关制定、发布的具有普遍约束力的决定、命令提起的诉讼；该法第十一条规定的受案范围也仅限于具体行政行为；《最高人民法院关于贯彻执行〈中华人民共和国行政诉讼法〉若干问题的意见（试行）》第一条也将抽象行政行为排除在行政诉讼的受案范围之外。总而言之，抽象行政行为不属行政诉讼受案范围，高等学校学生纪律处分规定属于抽象行政行为，自然也不在司法审查之列。

高等学校制定规章进行自主管理是大学自治的重要体现，数量庞大的学校内部规章对有效调整校内关系，发挥着不可替代的作用。对高于校规的法律的审查制度，《立法法》已经有了明确的规定，本书自不必述。但对于教育机关制定的规章和学校制定的校规这些抽象行政行为，正如前所述，现行行政诉讼将其排除在审查的范围之外。现行行政诉讼制度在设立之初，充分考虑到我国是一个受五千年封建传统思想影响的国家，"冤死不告官"的思想较为根深蒂固，不论是行政机关、公民、法人、其他组织，还是人民法院对于大范围的行政审判，在当时都是难以承受的。但随着我国民主法治进程的加快，特别是随着社会主义市场经济体制的发展，对抽象行政行为不得进行司法审查的原则性规定，已明显不符合时代的要求。其理由主要有以下几个方面。

（1）抽象行政行为与具体行政行为一样都具有侵犯性，对学生的合法权益的侵害具有现实可能性。近几年来，各地高等学校为了适应依法治校的需要，以各种形式制定了大量的学校管理规章。但是，由于各个省的教育行政机关和各个高等学校的管理理念和"立法"水平高低不同，很多教育行政机关和高等学校在规章制定过程中缺乏科学的论证，甚至出现了与法律、法规和规章等上位法相冲突或前后矛盾的现象，极大地损害了相对人的合法权益。如"中央民族大学开除11名学生案"和"两学生诉西南某学院案"，它们所反映的共同问题就是学校规定与上位法之间存在冲突的问题。如不对这种抽象行政行为进行司法的审查监督，就很难确认据此作出的具体行政行为的合法与否。

（2）抽象行政行为违法的危害性更大。具体行政行为与抽象行政行为重要的划分标准就是比较这两种行政行为针对的对象是否特定，具体行政行为针对的对象是特定而具体的，而抽象行政行为针对的对象是不特定的。正是由于抽象行政行为针对对象的不特定性，一旦该行为违法，将可能造成大范围学生利益受损的局面，其侵害的权利范围远远大于具体行政行为。如许多高等学校作出决定，为严惩作弊行为，考试作弊一律开除，该决定不仅与《普通高等学校学生管理规定》中关于开除学籍的规定相冲突，而且往往使某些学生因小过而受到重罚。可见，由于规定在校内具有普遍效力，有可能导致大规模的侵权行为。

（3）法院不得对抽象行政行为进行司法审查，会在一定程度上影响司法审查效能的发挥。如果人民法院对适用的规范（尤其是行政机关制定的规范）无审查权，则司法权的完整性必将受损。《行政复议法》规定，公民、法人和其他组织对具体行政行为提起行政复议的，可以一并对作出该具体行政行为的规范文件提起审查申请。但是该复议机关如作出维持的复议决定，当事人仍不服而向人民法院提起行政诉讼的，法院对规范性文件又没有审查的权力。行政复议与行政诉讼的不衔接，造成了整个救济途径的扭曲和不顺畅，使公民、法人和其他组织对行政诉讼制度产生茫然和不信任。在立法上，应当修改《行政诉讼法》的有关规定，规定当事人不服具体行政行为，有权附带请求对抽象行政行为进行合法性审查。

（4）从行政审判实践来看，对具体行政行为的审查不可能完全脱离对抽象行政行为的审查判断。由于绝大部分具体行政行为都是依据抽象行政行为作出的，不确定抽象行政行为的合法性，很难审查具体行政行为是否合法。

综上所述，在现阶段为促使高等学校依法治校，一方面需要教育行政部门和高等学校自己完善和严格"立法"程序，增强"立法"的科学性和透明度；另一方面应该根据现有的实际，建立对教育行政决定、命令等规范性文件和高等学校的纪律处分规定的审查制度，把教育行政决定、命令等规范性文件和高等学校的纪律处分规定都纳入到行政诉讼中来，适当拓展对抽象行政行为的审查权，监督教育行政机关和高等学校在制定规范性文件规程中的合法性，促进依法治校。

3. 大学自治与纪律处分的司法审查限度

20 世纪 90 年代中后期开始，学生诉高等学校案件引起了社会的普遍而强烈的关注。法院对学生诉高等学校行政案件的受理，开启了司法对大学管理行为的审查之门，引发了理论界与实务界对司法审查与大学自治的关系的争论。其焦点在于，司法审查能否介入大学自治领域，司法审查与大学自治的界限如何界定，等等。

　　大学自治一般是指大学应当独立地决定自身的发展目标和计划，并将其付诸实施，不受政府或其他任何社会法人机构的控制和干预。其目的是"为了保证知识的准确和正确，学者的活动必须只服从真理的标准，而不受任何外界压力，如教会、国家或经济利益的影响"[150]。作为西方一种古老的高等教育管理思想和理念，大学自治始终支配着高等教育。高等学校作为文化知识的传承、培养和传播机构，应当比一般的社会组织具有更大的独立性和自主性。大学自治的积极意义在于赋予大学对于学术、研究与教学的有关事务独立行使裁量权。

　　司法有其特定的存在形式和操作规则，有其独立的价值取向，而大学也有其独特的运作方式和教育规律。但我们不难发现二者之间有着某种相似特质：对平等、正义、公正、良知、文明的追求。司法保障整个社会的公平、正义和文明的实现，不能不包括作为社会一部分的大学；大学追求和促进社会公平、正义和文明的实现不能没有司法的保障。可见，大学的人文精神与法治精神是并行不悖的，二者有着相同的人文基础。"历史也有某种契合，作为世界上最早的大学之一的意大利波仑亚大学，其前身就是法学院，它在当时是为研修和重振罗马法而诞生的，这使大学的人文精神从一开始就与法治精神结下了不解之缘。"[151]司法审查介入高等学校学生纪律处分纠纷只是为了保障和监督大学自治，而不应该是干预。保障学术自由与强化司法监督并不矛盾，只要司法审查是合理的、有限度的，而且仅限于制约侵害权利和程序的现象，而不涉及实质性的教学和学术问题，司法审查介入教育纠纷和高等学校自治是可以实现动态平衡的。

　　基于以上分析，本研究认为，对于高等学校学生纪律处分纠纷的司法介入，司法应该秉持自己的逻辑，按照法定的操作规则来进行。高等学校学生纪律处分的司法审查，应该仅限于合法性审查，而不在于合理性审查。根据我国《行政诉讼法》第五十四条的规定，法院对高等学校学生纪律处分的审查，应该符合以下七个标准：（1）证据是否确凿；（2）适用法律、法规是否正确；（3）是否符合法定程序；（4）是否超越职权；（5）是否不履行、拖延履行法定职责；（6）是否滥用职权；（7）是否显失公正。

（二）高等学校学生纪律处分纠纷解决与民事诉讼机制的完善

1. 因学生纪律处分行为所引起的财产权、名誉权、人身自由权和隐私权等纠纷可以通过民事诉讼来解决

《最高人民法院关于审理名誉侵权案件若干问题的解释》（以下简称《解释》）第四条规定："国家机关、社会团体、企事业单位等部门对其管理的人员作出的结论或者处理决定，当事人以其侵害名誉权向人民法院提起诉讼的，人民法院不予受理。"本研究以为，该《解释》的实质是：无论单位在其内部管理过程中所作出的"结论或者处理决定"是否侵犯了被管理者的名誉，被管理者都无权得到国家的司法救济。高等学校认为司法不能介入学校内部的管理纠纷，其根本理由也在于此。

现实生活表明：单位在其内部管理过程中所作出的"结论或者处理决定"，在客观上完全可能侵犯被管理者的名誉。所谓"结论"不过是单位针对被管理者的某种行为而作出的，不附有"处理决定"的事实认定。而所谓"处理决定"，如"警告""严重警告""记过""留校察看""开除学籍"等，所表明的不过是单位与被管理者之间某种内部管理关系。因此，就"处理决定"本身而言，它并不会构成对被管理者的名誉侵权。但是"处理决定"所依赖的事实认定，以及与"处理决定"相关的一些"处理程序"却完全可能侵犯被管理者的名誉权。其主要原因有两点：一是管理者对事实的认定错误，即由于种种原因管理者对事实的认定与实际事实本身并不见得一致；二是管理者根据一定的程序，在传播"处理决定"的同时，也传播了认定的错误事实，即管理者有意或无意地将错误的事实传播于社会之中，从而构成了对被管理者的名誉侵权。在案例14中，学生起诉高等学校也正是肇因于此。所以，该《解释》已经间接剥夺了公民名誉享有受国家法律保护与救济的权利。受理、调查、判决社会成员之间的法律纠纷，从而依法保障公民或法人的合法权利，是宪法规定的法院必须履行的司法义务。而该《解释》规定法院不得受理单位内部在管理过程中所发生的侵犯被管理者名誉权的纠纷，实际上就是以司法解释权来免除宪法、法律为法院所设立的受理并审理这类纠纷的司法义务。

保障公民与法人的合法权利，是法院的最本质的目的与任务。当法院的这个法律义务被免除了，那么公民的诉权何在呢？没有了诉权，又何谈实体权利的保障呢？

法治对权力的另一种有效限制，是事后司法校正。司法是实现法治的最后一道闸门，是对不法行为的一种校正机制，也是对权力的一种制约机制。一旦某种权力行为被提交诉讼，司法就承担了对其进行法律评价的任务，这时司法对维护法治举足轻重。然而，最高人民法院有着"内部管理行为"引发的名誉权纠纷，不能列入民事受案范围的司法解释；而且按照法律规定，"内部管理行为"属于"内部行政行为"，提起行政诉讼难度很大。如上规定，等于排除了因这类权力行为侵犯当事人权利而被司法校正的机会。值得注意的是，在涉及有关民事主体权利的诉讼时，司法裁判的结果不仅事关该个案当事人的权利维护，而且它还意味着此后同类案件中，处于与权利人类似境遇的其他人也会受到该判决的影响。无疑，本案终审裁决既出，将会助长此类"通报批评行为"。以上揭示的我国司法对保护当事人权利、校正权力失范行为的缺陷，应引起人们深思。

诉讼请求权是当事人向人民法院提起诉讼，请求通过司法裁判方式支持其主张的权利。司法救济是社会救济方式中的最后救济与最高救济，也是解决社会冲突与纠纷的最后方式与最高方式。

实体权利的保护应当有相应的诉权配置与之对应。就学生的诉讼请求权而言，高等学校与学生权利纠纷中的可诉范围大小，反映了对学生权利的保护水平的高低。诉权行使的限制越多，学生权利所能获取的救济就越少。应当赋予学生对所有构成对其权利行使形成妨碍的行为，享有广泛的诉讼请求权，学生的任何实体性权利都应有相匹配的诉权保障。

就学生具体行使的诉讼请求权而言，应当包括以下三个方面：（1）请求高等学校履行教育契约的诉权。如请求学校依照约定提供良好的教育与管理义务的诉权等。（2）请求学校承担违反教育契约责任的诉权。如请求退还多收部分的学费的诉权和请求对学生学业进行公正评价的诉权等。（3）请求学校承担侵权行为责任的诉权。如请求学校承担侵犯学生政治权利行为责任的诉权；请求学校承担侵犯学生人身权利行为责任的诉权；请求学校承担侵犯学生财产权利行为责任的诉权等。

就高等学校学生纪律处分纠纷来讲，高等学校给予学生警告、严重警告、记过、留校察看、开除学籍处分时，如果在程序上或者行为上侵害了学生的财产权、名誉权、人身自由权和隐私权等权利时，学生完全可以提起民事诉讼，要求恢复被破坏的契约关系，对权利进行救济。这里不包括受教育权，因为高等学校受教育权的获得是一种行政准入行为，学生只是具有很小的选择权，受教育权应该通过教育行政申诉、行政复议或者行政诉讼的途径获得救济。

2. 民事诉讼途径不适合对纪律处分所引起的受教育权纠纷和毕业证与学位证纠纷可以通过行政合同纠纷的救济途径来解决

从学理上讲，高等学校与学生之间确实存在契约关系，而且是一种复杂的契约关系，其中主要是民事合同关系，但是还有一部分类似于行政合同（或行政契约）关系。这种复杂的法律关系中民事合同关系部分比较容易认定，比如校内的教育管理包括警告、严重警告、记过和留校察看纪律处分，以及后勤管理和服务等。但是高等学校的有些行为，比如招生、国家主流意识形态的传播、退学、学生的毕业以及高等学校给学生发放毕业证书、学位证书等，本应由国家教育行政主管部门完成的工作，高等学校只是依法代行某些国家管理权，所以这些活动不是民事合同所能包含的。

行政合同是指行政主体为了行使行政职能实现特定的行政管理目标，而与公民、法人其他社会组织，经过协商，相互意思表示一致所达成的协议。行政合同具有以下特征[153]55：

（1）行政合同当事人中一方必定是行政主体。在行政合同中，一方是从事行政管理、执行职务的行政主体，另一方是行政管理相对人，且行政主体处于主导地位并享有一定程度的特殊权力，行政机关凭借优越地位，通过合同方式行使行政管理权。

（2）行政合同以双方一致的意思表示为前提。当然双方的意思表示一致并不等于双方追求的目标相同。

（3）在行政合同的履行、变更或解除中，行政主体享有行政优益权。

行政合同中"当事人并不具有完全平等的法律地位，行政机关可以根据行政管理的需要，单方面的依法变更或解除合同，而作为另一方当事人的公民、法人或其他组织则不享有此权利"[153]56。

"从行政合同的特征上不难看出，行政合同与民事合同相比，两者存在着较大区别。行政合同主体双方的法律地位是不平等的，是管理与被管理的关系。而民事合同双方当事人的法律地位是平等的，一方不得将自己的意志强加给另一方。"[153]55

在合同成立的原则方面，行政合同的双方意思表示一致是符合行政要求前提下的自愿和对等。"行政主体在行政合同的缔结过程中处于优先要约的地位，行政管理的相对人如果自愿与行政主体缔结合同就意味着要服从他的管理和监督，履行某些先合同义务。签订合同后，即使在具体的合同中未规定行政特权条款，也应视为其已经就上述内容与行政机关协商一致。而民事合同，充分保护当事人的意愿，必须以双方当事人的意思表示为前提，任何单位和个人不得非法干预。"[152]357

高等学校与学生的法律关系中，有一部分类似于行政合同关系是基于以下几个方面的原因。

（1）高等学校依照我国有关法律规定行使一定的国家管理权力。《教育法》第二十一条规定："经国家批准设立或认可的学校或其他教育机构按照国家有关规定，颁发学历证书或其他学业证书。"第二十二条规定："国家实行学位制度，学位授予单位依法对达到一定水平或专业技术水平的人员授予相应的学位，颁发学位证书。"《中华人民共和国学位条例》第八条规定："学士学位，由国务院授权的高等学校授予；硕士学位、博士学位由国务院授权的高等学校和科学研究机构授予。"从上述法律规定可以看出，高等学校其实是接受国家的授权从事一定范围的行政管理工作，高等学校虽然不是行政机关，但它代行行政机关的职责，而行政合同要求一方主体是行政机关，故本研究认为它是类似于行政合同中主体特征的机构。"从教育的属性讲，任何教育都带有国家的意志，高等学校总是自觉不自觉地扮演着类似国家教育管理者的身份。从司法实践看，'田永诉北京科技大学案'和后来的'刘燕文诉北大案'，法院认为根据我国法律规定，高等学校对受教育者进行学籍管理等权力，有代表国家对受教育者颁发相应证书的职责，高等学校作为公共教育机构，虽然不是法律意义上的行政机关，但其对受教育者进行颁发证书等权力是国家法律所授予的，其在教育活动中的这种管理行为是单方面做出的，无须受教育者的同意，是行使行政权的具体表现。"[153]56

（2）高等学校代行某些国家行政机关的职权，对学生实行管理是为了实现《高等教育法》规定的学生培养目标。这种培养目标和学生管理的目标是一致的。"行政合同之所以存在就是行政主体为了实现一定的行政管理目标而与相对人达成的协议。"[153]56

（3）公立高等学校与学生基于教育和受教育而形成的合同关系也是双方意思表示一致的产物。"高校与学生虽然法律地位不对等，但双方地位不对等并不影响双方合意的形成。高校招收符合要求的学生，达到一定要求的学生到自己认可的学校接受教育，双方都在按照自己的意愿在相互选择，并最终达成共识。"[153]56随着高等教育体制改革的不断深入，这种选择，特别是学生的选择越来越明显。

（4）高等学校在合同的履行、变更、解除中同样也享有行政优益权。"高校可以依照有关规定单方面决定教育期限、决定课程设置、制定内部学生管理的规章制度、单方面变更和解除合同。如前国家教委制定的《高等学校学生行为准则》和《普通高等学校学生管理规定》均规定，大学生应注重个人品德修养，有品行极为恶劣，道德败坏，违反学校纪律，情节严重者，学校可酌情给予勒令退学或开除学籍的处分。"[153]56

（5）虽然高等学校与学生并未正式签订书面的合同，但是在明确高等学校管理权的前提下，这种合同关系又集中体现在高等学校的招生简章及其他文件中。"学生从报到注册时起就与高等学校建立了合同关系，学生保证遵守学校的规章制度，接受服从学校的管理，交纳学费；学校保证提供学生完成学业所需的各种保障，如果学生符合毕业条件和授予学位的条件，学校就应颁发学生毕业证书和学位证书等。公立高等学校是代表国家为社会提供教育，这决定了公立高等学校教育管理的行政公务性质，因此国家对学校和学生的合同关系会进行更多的干预，干预的方式就是制定大量规则约束此类合同关系，有些规则就成为合同的附加条款。"[153]56

如上所述，高等学校与学生法律关系中涉及招生、学籍管理、毕业证、学位证的发放环节即类似于行政合同关系。

总之，高等学校与学生的合同法律关系不同于一般的合同关系，它具有某些特殊性，具体表现在以下几个方面[153]56。

第一，民事合同关系大量存在于学生管理过程中，类似于行政合同的法律关系只在学生管理的某些环节中体现出来。第二，高等学校在与学生行政合同中不是真正意义上的行政机关，而是接受法律的授权代行行政机关的某些职权。第三，在高等学校与学生之间不论是民事合同关系还是类似于行政合同的关系中，另一方当事人——学生的身份也比较特殊，是接受教育的受教育者，是国家通过统一的招生录取考试选拔的未来国家事业的"接班人"和"建设者"。第四，高等学校与学生合同关系的内容也具有特殊性。高等学校与学生的关系大多都是围绕着教育活动而展开的，教育的特殊性决定高等学校与学生合同关系的特殊性。第五，高等学校与学生合同关系的形式同样具有特殊性。一般的合同都是双方当事人以书面的形式来确定，高等学校与学生的合同关系并未通过正式书面的方式加以确认。

不同的合同，分别由不同的法律进行调整，也就是说，不同的合同分别适用不同的法律。行政合同由行政法调整，劳动合同由劳动法调整，国家之间的合同由国际法调整，民事合同由民法进行调整。但鉴于行政合同的特殊性质，行政合同纠纷的救济途径应有别于民事合同和其他的行政行为，主要包括以下几种途径。

首先是自力救济。"由于行政合同中包含大量的民法精神，行政合同纠纷的成因也很有可能包括合同的诚实信用、显失公平、不可预见、不可抗力等因素，如果基于此类原因发生纠纷，行政合同的双方当事人完全可以先通过协商解决。"[152]358由于自力救济属于非正式途径，也非本文研究范畴，不予赘述。

其次是行政救济。行政合同作为一种行政行为，应受行政法所调整，对于行政合同纠纷，故救济途径不可能排除行政救济即行政复议。《行政复议法》第二条规定："公民、法人或者其他组织认为具体行政行为侵犯其合法权益，向行政机关提出行政复议申请，行政机关受理行政复议申请，作出行政复议决定，适用本法。"第六条对行政复议范围作了明确的规定，其中第五款"认为行政机关侵犯合法的经营自主经营权的"、第六款"认为行政机关变更或者废止农业承包合同，侵犯其合法权益的"，是将纳入行政复议范围的行政合同具体化了。所以相对人也可以通过行政复议来解决发生的行政合同纠纷。

最后是司法救济。行政主体在行政合同中处于优越的地位，而行政管理的相对人就成了弱势群体。所以司法救济是保护他们合法权益的最有效也是最后的途径。《行政复议法》第五条规定："公民、法人或者其他组织对行政复议决定不服的，可以依照行政诉讼法的规定向人民法院提起行政诉讼。"《行政诉讼法》第二条规定："公民、法人或者其他组织认为行政机关和行政机关工作人员的具体行政行为侵犯其合法权益的，有权依照本法向人民法院提起诉讼。""行政合同行为属于行政机关针对特定的相对人就特定的行政合同事项实施的，能够影响相对人法律地位，产生行政后果的行为，应属具体行政行为，具有行政可诉性。根据行政合同及其纠纷诉讼法律特征，本研究认为，作为行政合同相对人的公民、法人或其他组织对行政机关的违反行政合同的侵权行为，可以提起行政诉讼。"[154]

综上所述，高等学校学生纪律处分所引发的学生民事侵权纠纷可以适用民事诉讼途径，而开除学籍处分所引发的受教育权纠纷和因为纪律处分所引起的毕业证和学位证纠纷可以通过行政申诉救济、行政复议救济和行政诉讼救济等正式途径予以解决。

结　语

　　高等学校学生纪律处分纠纷是社会转型过程中利益重分和规则重建的产物，是一种不可避免的社会现象。在社会学意义上，纠纷是特定的主体基于利益冲突而产生的一种双边对抗行为，它意味着一定情况下的平衡状态被打破。唯物辩证法认为，世界上的一切事物、现象和过程都存在着矛盾，矛盾无时不在，无处不有。人类社会作为客观世界的一部分，自然具有客观世界的这一属性，即社会矛盾无时不在，无处不有，贯串于人类社会的始终。矛盾的对立、斗争则形成了人类社会的种种纠纷。[155]4-5 低暴力、高频度的纠纷，可以使仇恨和不满适时得以宣泄和排放，具有"排气孔"和"安全阀"的作用，从而维系高等学校主体间的关系，提高高等学校管理的更新能力和创造力水平。沈阳师范大学学生处赵为处长的话是很有道理的："我们学校因为纪律处分问题被诉是第一次，但是我不认为这是一件坏事情，如果我们这次败诉了，说明我们的管理需要改进，如果我们胜诉了，正是对我们学校的管理工作的肯定和鼓励。"① 在某种程度上，我们可以这样说，高等学校学生纪律处分纠纷的解决过程隐含着创新，意味着社会关系的重新调整和新规则的确立，同时，高等学校学生纪律处分纠纷的解决过程也是学生权利和《教育法》的发展契机，甚至可

———————————

① 参见附件三。

能成为高等学校管理变革的先导和动力。

但是，纠纷并不只具有积极意义，它的消极影响更应引人注意。正如法国社会学家涂尔干所认为得那样，纠纷意味着失范，"由于失范，人们无法约束彼此争斗的各种势力，无法提供能使人们俯首帖耳的限制，人们就会相互对抗，相互防范，相互削弱，就有可能出现无政府状态的病态现象"[156]。因而，高等学校学生纪律处分纠纷同时也是对社会现有秩序的破坏。顾培东认为："纠纷的本质是主体的行为与社会既定的秩序和制度以及主流道德的不协调或对之的反叛，与既定秩序和制度以及主流道德意识所不相容，具有反社会性。"[157] 以此观点而论，纠纷具有恶性，它"隐喻着对现存秩序的破坏、恶性、无序，大规模的纠纷如战争、暴乱通常与鲜血、苦难和泪水相伴而生"[155]1。由此可见，纠纷是以牺牲"现存秩序"为代价的。教育法律关注高等学校学生纪律处分纠纷，正是基于纠纷对现存社会制度和社会秩序的消极影响进而为其提供解决规则。

我们必须以一种科学的态度来对待高等学校学生纪律处分纠纷。高等学校学生纪律处分纠纷"是一种中性的存在，它不必然意味着'恶'，也不必然意味着'善'，不能在纠纷与病态之间画等号，也不能在纠纷与进步之间画等号"[155]5。无限夸大高等学校学生纪律处分纠纷的积极意义是鼓励学生和高等学校相互冲突的"斗争哲学"，无限夸大高等学校学生纪律处分纠纷的消极意义是扼杀学校管理水平提高的"独裁政治"。最为重要的是，高等学校学生纪律处分纠纷的悬而未决会使得高等学校和学生双方的利益标的处于悬置状态，往往会引起双方当事人的不安、焦虑和惶恐。因此，解决高等学校学生纪律处分纠纷就成为教育管理研究的使命之一，这恰恰是本研究的价值所在。

附　　件

一、本书涉及的主要法律、法规、规章和高等学校规定

1. 《中华人民共和国教育法》（1995 年 3 月 18 日第八届全国人民代表大会第三次会议通过，自 1995 年 9 月 1 日起施行。）

2. 《中华人民共和国高等教育法》（1998 年 8 月 29 日第九届全国人民代表大会常务委员会第四次会议通过，自 1999 年 1 月 1 日起施行。）

3. 《中华人民共和国民事诉讼法》（1991 年 4 月 9 日第七届全国人民代表大会第四次会议通过，自 1991 年 4 月 9 日起施行。）

4. 《中华人民共和国行政诉讼法》（1989 年 4 月 4 日第七届全国人民代表大会第二次会议通过，自 1990 年 10 月 1 日起施行。）

5. 《中华人民共和国行政复议法》（1999 年 4 月 29 日第九届全国人民代表大会常务委员会第九次会议通过，自 1999 年 10 月 1 日起施行。）

6. 《普通高等学校学生管理规定》（教育部 2005 年第 21 号令，自 2005 年 9 月 1 日起施行。）

7. 《上海市教育委员会关于受理、处理、答复本市高校学生申诉暂行实施办法》（上海市教育委员会制定，自 2005 年 9 月 9 日起实施。）

8. 《湖南省普通高等学校学生申诉处理委员会章程》（湖南省教育厅湖南省普通高等学校学生申诉处理委员会制定，自 2005 年 10 月 17 日

施行。)

9.《郑州大学学生申诉处理实施办法》(2005 年 9 月 1 日校长办公会议通过,自 2005 年 9 月 1 日起施行。)

10.《上海师范大学学生申诉处理办法》(2006 年 3 月 6 日校长办公会议通过,自 2006 年 3 月 6 日起施行。)

11.《兰州大学学生申诉处理暂行办法》(2005 年 3 月 23 日校长办公会议通过,自 2005 年 3 月 23 日起施行。)

12.《北京邮电大学学生申诉管理条例》(2005 年 8 月 29 日校长办公会议通过,自 2005 年 9 月 1 日起施行。)

13.《北京航空航天大学学生校内申诉和听证规定 (试行)》(校长办公会议通过,自 2005 年 10 月 15 日发布并施行。)

14.《华东师范大学本专科学生违纪处分办法》(校长办公会议通过,自 2005 年 9 月 1 日发布并施行。)

15. 美国《北卡罗来纳州立大学学生纪律规范》(发布于 1990 年 2 月 17 日,修订于 2002 年 11 月 22 日。)

16. 美国《北卡罗来纳州立大学学生纪律处分程序》(2003 年 11 月 3 日学校理事会批准,2004 年 3 月 5 日修订。)

二、本书涉及的其他案例

(一) 田永诉北京科技大学案

北京科技大学(下称"北科大")本科生田永在大学二年级时,在电磁学课程补考中,因其携带记有公式的纸条被监考老师发现。监考老师虽未发现其有偷看行为,但还是停止其考试并上报学校。学校根据校发(1994)年第 068 号《关于严格考试管理的紧急通知》(下称"068 号通知")第三条第 2 项关于"夹带者,包括写在手上等作弊行为者"的规定,认定田永的行为是考试作弊,并根据第一条"凡考试作弊者,一律按退学处理"的规定,对田永作出"退学处理"的决定。但田永未收到正式通知,该退学处理决定并未得到实际执行。在以后的两年间,田永仍以北科大学生的身份进行正常的学习,继续交纳学费、使用学校的各种设施,享受学校补助金,修完了所有学分并完成了毕业实习和毕业设计。但在临毕业时,学校通知田永所在院系,田永不能毕业,不发给其毕业证、学位证及派遣证,理由是田永已被退学。田永不服,认为学校的行为侵犯了其合法权益,于是向人民法院提起行政诉讼,请求法院判令学校履行发放毕业证、学位证及派遣证的法定职责。一审法院在查明事实的基础上认定,北科大的"068号通知"与有关规章的规定相抵触,对田永的退学处理属无效行为,并判令北科大颁发田永毕业证,评定田永的学士学位资格,上报田永的毕业派遣手续。北科大不服上诉。二审法院驳回上诉,维持原判。至此,我国首例大学生因受学校退学处理导致文凭纠纷案以学生的胜诉而告终。

参见:① 田浩. 我要文凭——中国首例大学生诉学校拒发"两证"行政诉讼案[N]. 人民法院报,1999－06－08 (4). ② 田永诉北京科技大学拒绝颁发毕业证、学位证行政诉讼案 [R]. 中华人民共和国最高人民法院公告,1999 (4).

(二) 梁小永诉贵州大学案

梁小永为贵州大学茶学与贸易专业1997级学生,1998年9月8日上午,梁在进行"马克思主义原理"课程补考中,夹带与考试有关的材料,当年10月12日,学校给梁记过处分。1999年7月7日,梁在"基础生化与茶叶生化"课程考试中又有夹带行为。1999年10月19日,校长办公会决定,根据有关规定,给予梁小永勒令退学处分。2000年8月22日,梁小永向花溪区人民法院提起行政诉讼。法院行政庭审理查明后认为,贵州大学是事业法人,不是行使国家行政职能的机关和组织,对梁小永勒令退学的处分行为不属行政诉讼受案范围。2000年11月8日,花溪区人民法院行政庭下达行政裁定书,法院依法驳回梁小永的起诉。

参见:韦红霞,国辉. 作弊被开除,大学生状告母校 [EB/OL]. (2007－03－02) [2007－07－02]. http://edu.netbig.com/rank/r1/r02/509.

(三) 刘兵诉天津轻工业学院案

这是天津市第一起高等学校作为行政诉讼主体被推上被告席的案件。原告刘兵,原系天津市轻工业学院化工系学生,因不服被告天津轻工业学院对其作出的开除学籍的处分而诉至法院。原告诉称,学校的宿舍楼下有大量的废弃自行车。1999年10月22日,他收集了一些废旧零部件,想组装成整车使用。学校保卫人员发现后,以盗窃为名把他送到派出所。12

月 31 日，学校勒令刘兵退学。刘兵多次向学校领导申诉，但均无结果。刘兵认为自己组装的这些车均是无人认领的报废自行车，自己的组装行为不是盗窃。被告轻工业学院答辩称，据不完全统计，去年 10 月份，到学校保卫处登记丢失自行车的记录达 30 多人次。刘兵"盗窃"的自行车为七八成新，并且在十几天内连续"盗窃"两辆。依据《全日制高等学校学生违纪处分条例》"偷窃、诈骗国家、集体或私人财务一次或多次作案价值达 100 元以上者，给予勒令退学或开除学籍处分"的规定。学校的处理决定无任何不当之处。此外，学校作为事业单位，其处分决定属于内部管理行为，不同于行政机关的行政决定，因此本院不是行政诉讼案件的主体。天津市河西区法院认为，学校与学生的关系不是一般民事关系，高等学校作为国家委托授权的机关，虽不是法律意义上的行政机关，但原告提出的其教育中的管理行为符合《行政诉讼法》中有关被告的条件，遂受理此案，并于 2000 年 4 月 10 日开庭审理，刘兵及学校代理人在法庭上就自行车是用废旧零件组装而成还是属于盗窃、学校对于刘兵的行政处分决定是否合法等问题，进行了将近一天的辩论，法庭未作出判决。此案原被告双方在庭外和解，学校取消了对刘兵勒令退学的处分，允许刘兵回校继续完成学业。2000 年 12 月 7 日，天津市河西区人民法院作出行政裁定，准许原告刘兵撤回起诉，理由是原告刘兵有权处分其本人的诉讼权利，且此行为不规避法律，因此作出准许刘兵撤回起诉的裁定。

　　参见：李新玲. 天津学生诉学校案裁定：刘兵回校上课 [J]. 中国青年报，2000 - 12 - 11.

（四）齐玉苓诉陈晓琪案

　　齐玉苓、陈晓琪均系山东省滕州市八中 1990 届初中毕业生。陈晓琪在 1990 年中专预考时成绩不合格，失去了升学考试资格。齐玉苓则通过了预选考试，并在中专统考中获得 441 分，超过了委培录取的分数线。随后，山东省济宁市商业学校发出录取齐玉苓为该校 1990 级财会专业委培生的通知书。但齐玉苓的录取通知书被陈晓琪领走，并以齐玉苓的名义到济宁市商业学校报到就读。1993 年毕业后，陈继续以齐玉苓的名义到中国银行滕州市支行工作。1999 年 1 月 29 日，齐玉苓在得知陈晓琪冒用自己的姓名上学并就业的情况后，以陈晓琪及陈克政（陈晓琪之父）、滕州八中、济宁商校、滕州市教委为被告,向枣庄市中级人民法院提起民事诉讼,要求被告停止侵害,并赔偿经济损失和精神损失。1999 年 5 月,枣庄市中院作出一审判决。法院认为,陈晓琪冒用齐玉苓姓名上学的行为,构成对齐玉苓姓名权的侵害,判决陈晓琪停止侵害,陈晓琪等被告向齐玉苓赔礼道歉并赔偿精神损失费 35000 元,但驳回齐玉苓其他诉讼请求。齐玉苓不服,认为被告的共同侵权剥夺了其受教育的权利并造成相关利益损失,原审判决否认其受教育权被侵犯,是错误的。遂向山东省高院提起上诉,请求法院判令陈晓琪等赔偿各种损失 56 万元。二审期间,山东省高院认为该案存在适用法律方面的疑难问题,于 1999 年以 [1999] 鲁民终字第 258 号请示,报请最高人民法院作出司法解释。最高人民法院经反复研究,于 2001 年 8 月 13 日公布了法释 [2001] 25 号《关于以侵犯姓名权的手段侵犯宪法保护的公民受教育的基本权利是否应承担民事责任的批复》,明确指出:根据本案事实,陈晓琪等以侵犯姓名权的手段,侵犯了齐玉苓依据宪法规定所享有的受教育的基本权利,并造成了具体的损害后果,应承担相应的民事责任。2001 年 8 月 23 日,山东省高院依据宪法第四十六条、最高人民法院批复和民事诉讼法有关条款,终审判决此案:(1) 责令陈晓琪停止对齐玉苓姓名权的侵害;(2) 陈晓琪等四被告向齐玉苓赔礼道歉;(3) 齐玉苓因受教育权被侵犯造成的直接经济损失 7000 元和间接经济损失 41045 元,由陈晓琪、陈克政赔偿,其余被告承担连带赔偿责任;(4) 陈晓琪等被告赔偿齐玉苓精神损害赔偿费 50000 元。

参见:王禹. 齐玉苓案所引发的宪法思考 [EB/OL]. (2007 - 03 - 05) [2007 - 07 - 02]. http://www.gongfa.com/wangyuqiyuling.htm.

三、调查的主要问题

(一) 沈阳地区七所高校学生纪律处分及纠纷发生和处理状况的调查问题

1. 关于学生纪律处分情况的调查

(1) 近三年 (2004—2006 年) 处分的学生有多少名?

(2) 处分原因和人数。比如考试作弊、夜不归宿、打架各有多少名?

(3) 处分类型和人数。即警告、严重警告、记过、留校察看、开除学籍各有多少名?

2. 关于学生纪律处分纠纷发生状况的调查

(1) 有多少名学生与学校发生过纠纷?

(2) 处分类型和人数。

(3) 处分原因和人数。

3. 关于学生与学校发生纠纷解决状况的调查

(1) 都是怎么解决的,改变处分决定的件数有多少?

(2) 告到教育厅的纠纷件数及处理结果。

(3) 告到法院的案例数及判决结果。

(4) 学校校内申诉的纠纷件数及处理结果。

4. 关于学校申诉委员会的调查

(1) 学校是否成立了申诉委员会,成立时间是什么时候? 机构设置在什么部门?

(2) 申诉委员会的成员人数和成员构成。

(3) 有多少名被处分学生来申诉?

(4) 申诉委员会的经费是由学校提供的吗?

(二) 沈阳师范大学被诉案的访谈问题

1. 对纪律处分职能部门领导的访谈问题

(1) 赵处长,您对学生到法院告学校这个事件怎么看?

(2) 您认为学校胜诉的可能性有多大?

(3) 您认为学校在以后的管理中应该采取哪些措施?

2. 对被处分学生代理律师的访谈问题

(1) 您对该案是如何认识的?

(2) 您认为该案胜诉的可能性有多大?

3. 对被处分学生的访谈问题

(1) 您认为自己被处分是应该的吗?

(2) 为什么要告学校呢?

(3) 如果胜诉,您有什么打算?

(4) 如果败诉,您有什么打算?

四、经典案例的主要材料

（一）司国栋诉沈阳师范大学行政起诉状①

行政起诉状

原告：司国栋，男，1984 年 12 月 13 日出生，汉族，学生

住址：山东省阳信县劳店乡司家村 227 号

被告：沈阳师范大学

地址：沈阳市于洪区黄河北大街 253 号

法定代表人：赵大宇，系该校校长

诉 讼 请 求

1. 请求法院判决撤销被告开除原告学籍的行政行为，立即恢复原告的学籍；

2. 由被告承担诉讼费用。

事实与理由

原告是被告戏剧艺术学院学生，2007 年 1 月 11 日，原告得知被告以考试作弊为由开除原告学籍，但被告未向原告送达任何书面开除决定。原告认为被告无开除原告学籍的法定职权，被告开除原告学籍的行为违法，无法律依据，直接剥夺了原告接受教育的基本权利，且事实不清，证据不足，违反法定程序。原告在被告处接受高等教育的过程中，被告未教育、培养好原告，且对学校、学生的管理不善，具有过错，故被告对原告考试作弊的行为负有不可推卸的责任。

一、被告开除原告学籍的行为违法

被告开除原告学籍的行为，直接剥夺了原告接受教育的基本权利，违反了《中华人民共和国宪法》《中华人民共和国教育法》《中华人民共和国高等教育法》关于中华人民共和国公民有受教育的权利的规定。

二、被告无开除原告学籍的法定职权，开除原告学籍无法律依据，是越权行政行为

《中华人民共和国宪法》《中华人民共和国教育法》《中华人民共和国

---

① 由原告代理律师辽宁隆丰律师事务所主任王乃龙提供。

高等教育法》《中华人民共和国行政处罚法》等法律法规均没有规定被告具有开除原告学籍的法定职权。

行政处分所涉及的是被处分者在某一机关（或组织）中的内部权利，不涉及其外部权利即法律规定的公民基本权利。行政处分在性质上是一种内部管理措施，其种类范围限定在对违纪行为的内部否定之内，它以不剥夺被管理者的外部权利即基本权利为限度。虽然行政处分最低是警告，警告以上还有五种，但由于它是内部的否定，其针对的对象是由内部关系而生的内部权利，所以，均不涉及公民外部的权利——基本权利。

而行政处罚是一种国家行政管理行为，是由行政机关及法律、法规授权的组织代表国家行使行政权力，对行政相对人的某种基本权利采取的限制、剥夺措施，处罚的结果是受制裁者的某项基本权利受到剥夺。行政处罚才能通过剥夺违法者的外部权利即基本权利对违法者进行惩罚。

在我国现行法律体系中，行政处分、行政处罚的分界点是以是否涉及剥夺公民的外部权利即基本权利为标准的。行政处分是不能涉及剥夺被处分者基本权利的，涉及剥夺被处分者基本权利则只能以行政处罚的形式方可实施。

被告开除原告学籍的行为严重侵犯了原告的受教育权，"开除学籍"所涉及的已不仅仅是原告与被告的内部关系中形成的权利，而是已经涉及了剥夺原告的宪法赋予的基本权利——受教育权，已经超过了行政处分的性质所决定的应有限度，理应属于行政处罚。而按照《中华人民共和国行政处罚法》第八条，这种在《中华人民共和国行政处罚法》中没有列明的行政处罚种类，只能由法律、行政法规规定。现行的法律、行政法规中并没有这种处罚规定，更没有将这种"处罚"权明确授权给学校。被告是没有这种"处分"权力的。因此，在现有的法律法规框架下，被告对原告作出"开除学籍"的"处分"已不是行政处分行为，理应是对原告严厉的"行政处罚"行为，是一种越权行为。《国家教育考试违规处理办法》《普通高等学校学生管理规定》属于规章，不能够自行创设开除学籍的行政处罚方式，其开除学籍规定是违法的，因而也是无效的，所以被告开除原告学籍无法律依据，是越权行政行为。

三、被告开除原告学籍，事实不清

被告处罚原告认定事实不清，被告没有查明原告违纪的事实。

四、被告开除原告学籍，证据不足

被告开除原告学籍没有充足的证据。

五、被告开除原告学籍，违反法定程序

被告开除原告学籍理应是一种剥夺原告受教育权的严厉的行政处罚行为，应该遵守《中华人民共和国行政处罚法》规定的法定程序，但被告在实施整个处罚过程当中均违反法定程序。被告没有查明原告违法的事实，在作出处罚决定之前没有告知原告作出处罚决定的事实、理由及依据，也没有告知原告依法享有的权利，剥夺了原告在处罚决定前进行陈述和申辩的权利，被告也没有对原告作出书面的处罚决定书，更没有对原告进行送达。所以，被告开除原告的行为违反法定程序。

六、被告开除原告学籍，适用法律错误

被告对原告处罚的依据是《国家教育考试违规处理办法》《普通高等学校学生管理规定》《沈阳师范大学学生考试违纪处分细则》，上述规定均不是法律法规，且与《中华人民共和国宪法》《中华人民共和国教育法》《中华人民共和国高等教育法》《中华人民共和国行政处罚法》相矛盾、相抵触，其开除学籍规定是违法的，因而也是无效的。并且《沈阳师范大学学生考试违纪处分细则》从未向包括原告在内的学生公布。因此，被告根据违法、无效的依据条款开除原告学籍，适用法律错误。

七、被告未履行好对原告的教育职责，具有过错

原告在被告处接受高等教育的过程中，被告未教育、培养好原告且对学校、学生的管理不善，具有过错，故被告对原告考试作弊的行为负有不可推卸的责任。

八、被告开除原告学籍的行为是行政行为，应属法院受理行政诉讼的受案范围

被告学校对原告学生进行处分的权利，来自于《中华人民共和国教育法》第二十八条第（四）项的授权：学校及其他教育机构行使"对受教育者进行学籍管理，实施奖励或者处分"的权利，被告学校是法律授权其"对受教育者进行学籍管理，实施奖励或者处分"的组织，被告开除原告学籍的行为是行政行为。

被告学校的处分不是行政处罚，但其处分却剥夺了行政处罚方可剥夺的公民的基本权利即受教育权，已超出了法律授权的处分的限度，属越权

处罚，因此应属法院受理行政诉讼的受案范围。

综上所述，被告不具有开除原告学籍的法定职权，开除原告学籍的行为剥夺了原告受教育的基本权利，被告的行为无法律依据，是越权行政行为，且事实不清，证据不足，违反法定程序。被告未履行好对原告的教育职责，具有过错。原告在被告处接受高等教育的过程中，被告未教育、培养好原告且对学校、学生的管理不善，具有过错，故被告对原告考试作弊的行为负有不可推卸的责任。因此，原告请求法院撤销被告开除原告学籍的行政行为，立即恢复原告的学籍，保障原告受教育的基本权利。

此致
沈阳市于洪区人民法院

原告
2007 年 3 月 1 日

（二）杨亚人诉天津科技大学案行政判决书①

天津市高级人民法院
行政判决书
（2005）津高行终字第 0002 号

上诉人（原审原告）：杨亚人，男，1981 年 11 月 9 日出生，汉族，天津科技大学应届毕业生

住址：天津市和平区劝业场街热河路 11 号

委托代理人：杨仲凯，天津名扬律师事务所律师

被上诉人（原审被告）：天津科技大学，住所地：天津市河西区大沽南路 1038 号

法定代表人：魏大鹏，天津科技大学校长

委托代理人：孙诚，天津科技大学教务处处长

委托代理人：付士成，天津科技大学法律顾问

---

① 参见：http://www.law-lib.com/cpws/cpws_view.asp? id = 200400986791.

上诉人杨亚人因诉被上诉人天津科技大学履行行政义务一案，不服天津市第二中级人民法院于 2004 年 11 月 24 日作出的（2004）二中行初字第 21 号行政判决，向本院提起上诉。本院依法组成合议庭，于 2005 年 1 月 26 日在本院公开开庭审理了本案。上诉人杨亚人及其委托代理人杨仲凯，被上诉人天津科技大学法定代表人魏大鹏的委托代理人孙诚、付士成到庭参加诉讼。本案现已审理终结。

原审判决认定的事实是：原告杨亚人系被告天津科技大学（原名天津轻工业学院）材料科学与化学工程学院 2004 届毕业生。原告杨亚人在 2001 年 6 月 9 日"分析化学"期末考试中夹带复习材料，被考场巡视人员和监考老师当场发现。被告天津科技大学于 2001 年 6 月 12 日对原告杨亚人作出处理决定，认定其考试作弊并对其此次考试成绩以零分计。依据天津轻工业学院《关于对学生管理规定中有关考试作弊条款的修订意见》第一条第 2 项，考试作弊者作弊科目成绩以零分计算，并不准正常补考，对考试作弊者，给予留校察看处分的规定，给予原告杨亚人留校察看一年的处分。2002 年 7 月 4 日被告天津科技大学根据原告杨亚人的申请，对其作出解除留校察看一年的处分。原告杨亚人分别于 2002 年 9 月和 2003 年 4 月参加了全国计算机等级考试并取得了二级合格证书和三级合格证书。原告杨亚人于 2004 年 3 月 1 日通过大学英语四级考试；2004 年 6 月 30 日本科毕业，取得本科毕业证书。2004 年 6 月 17 日，被告天津科技大学所属材料科学与化学工程学院对原告杨亚人的学士学位资格进行了审查，依据天津轻工业学院《关于授予本科毕业生学士学位的规定》第二条第 1、3 项的规定，违反校纪，受记过（含记过）以上处分者和凡考试作弊者不授予学士学位，将原告杨亚人列入不授予学士学位者名单中，并报送天津科技大学材料科学与化学工程学院学位评定分委会审议，天津科技大学材料科学与化学工程学院学位评定分委会经审议通过了不授予学士学位的学生名单，认为原告杨亚人不符合授予学士学位的条件并报校学位评定委员会。2004 年 6 月 23 日，天津科技大学学位评定委员会审议通过了 2003—2004 学年度授予学士学位的名单，原告杨亚人不在此名单中，2004 年 6 月 26 日，天津科技大学学位评定委员会审议通过了天津科技大学 2004 年本科毕业生不授予学士学位名单，原告杨亚人在此名单中，至此，原告杨亚人没有获得学士学位。

原审法院认为，《中华人民共和国学位条例》第八条规定，学士学位由国务院授权的高等学校授予。被告天津科技大学是国务院授权的学士学位授予单位，其代表国家行使对受教育者授予学士学位、颁发学士学位证书的职权。关于授予学士学位的程序，《中华人民共和国学位条例暂行实施办法》第四条规定："授予学士学位的高等学校，应当由系逐个审核本科毕业生的成绩和毕业鉴定材料，对符合暂行办法第三条及有关规定的，可向学校学位评定委员会提名，列入学士学位获得者名单。"第五条规定："学士学位获得者的名单，经授予学士学位的高等学校学位评定委员会审查通过，由授予学士学位的高等学校授予学士学位。"被告提供的证据能够证明被告已组织其所属院系学位评定分委员会对原告学位问题进行审查后，报校学位评定委员会进行审查决定，因被告所属院系学位评定分委员会和校学位评定委员会均未通过授予原告学士学位，故被告决定不授予原告学士学位。被告对原告的学士学位资格已按照法律规定的程序进行了审核，原告对此也给予了认可。关于被告制定的《关于授予本科毕业生学士学位的规定》是否合法有效的问题，首先，被告认定原告在考试过程中夹带复习材料行为系考试作弊行为符合教育部《国家教育考试违规处理办法》第六条第一项规定，即携带与考试内容相关的文字材料应当认定为考试作弊。其次，《中华人民共和国学位条例》第四条规定："高等学校本科毕业生，成绩优良，达到下述学术水平者，授予学士学位。（一）较好地掌握本门学科的基础理论、专门知识和基本技能；（二）具有从事科学研究工作或担负专门技术工作的初步能力。"《中华人民共和国学位条例暂行实施办法》第三条规定："学士学位由国务院授权的高等学校授予。高等学校本科学生完成教学计划的各项要求，经审核准予毕业，其课程学习和毕业论文的成绩表明确已较好地掌握本门学科的基础理论、专门知识和基本技能，并且有从事科学研究工作或担负专门技术工作的初步能力的，授学士学位。"既然《中华人民共和国学位条例》规定了授予学士学位的条件，客观上必然存在不授予学士学位的情形。依据《中华人民共和国学位条例暂行实施办法》第二十五条规定，学位授予单位可以根据该办法制定具体工作细则。被告在其制定的《关于授予本科毕业生学士学位的规定》第二条中规定的违反校纪，受记过（含记过）以上处分者和凡考试作弊者不授予学士学位并不违反《中华人民共和国学位条例》关于授予学士学位的原则性规定。被告及其所属学位评定委员会针对原告存在考试作弊而受到处分的情况，结合授予学士学位的相关规定认定原告不具备授予学士学位的条件并作出不授予学士学位的决定并不违反《中华人民共和国学位条例》规定。另外，关于原告提出的被告应将不授予原告学士学位的决定以书面的形式告知原告，没有法律依据，而原告已实际知道其没有获得学士学位。综上，被告对原告的学士学位资格已按照法律规定的程序进行了审核，并作出不授予原告学士学位的决定。原告的诉讼请求没有事实依据和法律依据。依据最高人民法院《关于执行〈中华人民共和国行政诉讼法〉若干问题的解释》第五十六条第（一）项之规定，判决驳回了原告杨亚人的诉讼请求。案件受理费 100 元，由原告杨亚人负担。

原审被告向原审法院提供的证据材料有：

1. 材料科学与化学工程学院 2004 届毕业生毕业及学位资格审查情况，包括不授予学士学位名单和授予学士学位的名单；2. 天津科技大学第一届学位评定委员会材料科学与化学工程学院评定分委会第二次会议决议，讨论通过了授予学士学位的学生名单和不授予学士学位的学生名单；3. 天津科技大学学位委员会评定材料，包括 2004 届毕业生毕、结业及学位情况汇总、2004 届毕业生不授予学士学位情况汇总表；4. 天津科技大学第一届学位评定委员会《关于授予胡绍辉等 1453 人学士学位的决议》，原告不在授予学士学位的名单中；5. 第一届学位评定委员会第五次会议纪要，审议通过天津科技大学 2004 年普通高等教育本科毕业生学士学位授予者名单及不授予学士学位的名单等内容，作出了不授予原告学士学位的结论；6. 国务院批转国务院学位委员会关于国务院学位委员会第一次（扩大）会议的报告和《中华人民共和国学位条例暂行实施办法》的通知；7. 《中华人民共和国学位条例暂行实施办法》第四条和第二十五条；8. 天津轻工业学院《关于授予本科毕业生学士学位的规定》；9. 天津科技大学第一届学位评定委员会第四次会议纪要和《关于修订授予本科学士学位规定意见的反馈结果》；10. 考试情况报告表；11. 原告夹带的与考试内容有关的材料；12. 考试作弊课程"分析化学"考试试卷；13. 原告书写的要求解除处分申请书（包括报告材料）；14. 《国家教育考试违规处理办法》第六条第一款、第三十三条；15. 天津轻工业学院《关于对学生管理规定中有关考试作弊条款的修订意见》；16. 天津轻工业学院《学生学籍管理规定》第十一条；17. 天津轻工业学院《考务工作条例》第六条第 7 款的规定；18. 天津轻工业学院《学生考试纪律》第三条、第五条；19. 天津轻工业学院《巡视员巡视制度》第七条；20.《关于执行〈天津轻工业学院考务工作条例〉之新附件的通知》，其中附件二《监考须知》第十条的规定；21. 天津轻工业学院关于对《学生管理规定选编》相关文件的修订意见，对《天津轻工业学院学生考试纪律》进行了修订；22.《关于对赵中阳等同学的处分决定》；23.《关于对段斌等人解除处分的决定》。

原审原告向原审法院提供的证据材料有：

1. 原告杨亚人的身份证；2. 原告杨亚人普通高等学校毕业证书；3. 大学英语四级考试合格证书；4. 全国计算机等级考试二级证书；5. 全国计算机等级考试三级证书；6. 原告杨亚人的陈述材料；7.《关于对赵中阳等同学的处分决定》；8.《关于对段斌等人解除处分的决定》；9. 原告的成绩单；10. 被告制定的《关于授予本科毕业生学士学位的规定》。上述证据均已随案移送本院。

上诉人杨亚人不服原审判决，于 2004 年 12 月 2 日向本院提起上诉。

上诉人杨亚人的上诉请求是：

1. 依法对原审判决予以撤销或改判；

2. 判令被上诉人承担本案所发生的一切诉讼费用。

上诉人杨亚人的上诉理由为：

一、原审判决认定被上诉人已经对上诉人作出不授予学士学位的决定是错误的

具体行政行为是行政主体对特定的、具体的事件所作的，能直接改变被管理者义务的行为。其对象是特定化、具体化，是对某一个具体的事件或者具体的人所作的处理，效力指向特定具体事件或者公民、法人或其他组织。具体行政行为必须符合几个要件：主体合法；有明确的行政相对人；送达。对象的特定性是确定具体行政行为的关键因素，如果某项行为仅仅是针对特定的事而非特定人实施的，不能视为具体行政行为。针对本案，既然不授予学士学位是一个具体的行政行为，那么它就要符合以上具体行政行为的一系列要件。一审法院审理认定被上诉人已经对上诉人作出了不授予上诉人学士学位的决定。也就是说，一审法院审理后认定了这样

的事实：被上诉人已经对针对作为行政相对人的上诉人作出了不授予学士学位的决定；被上诉人已经将这份决定送达给了上诉人。但事实上并不是这样的。被上诉人并未对上诉人作出过这样的决定。因为行政诉讼采用举证责任倒置原则，那么被上诉人就应当对自己提出的已经对上诉人作出具体行政行为的主张进行举证。如果举证不能，就应当承担败诉的风险。本案中被上诉人一再强调自己已经组织其所属院系学位评定委员会进行了审查，上诉人被列入了不授予学士学位的名单，并将这份不授予学士学位的学生名单上报评定委员会审议、通过。但就这份汇总性质的《不授予学士学位名单》能认定为被上诉人针对作为行政相对人的上诉人所作出了具体行政行为吗？显然是不能的。被上诉人称该名单经第一届学位评定委员会第五次会议审议、通过，并提交了会议纪要作为证据。会议纪要是何性质暂且不说，但它绝不是不授予学士学位的决定，这一点是非常清楚的。更何况名单也好，会议纪要也好，一不是生效的法律文书，二未经送达。被上诉人在起诉前根本没见过这样的文件，更加谈不上送达给上诉人。退一步讲，不授予学士学位作为要式行政行为，即使被上诉人对上诉人作出了不授予的具体行政行为，也不能以行政相对人已经"实际知道"（原审判决第9页倒数第3行）认定为法律文书已经送达。因此，被上诉人根本没有对上诉人作出不授予学士学位决定，一审判决书对该事实的认定是错误的。

二、原审判决中认定上诉人作弊事实不清，证据不足

原审判决认定上诉人在2001年6月9日"分析化学"期末考试中夹带复习材料，被考场巡视员和监考老师当场发现。但实际情况是上诉人并未夹带材料，甚至对于所谓的夹带的材料是从何而来都不知道。上诉人不清楚是正常的，试想，一个专心投入考试的学生，如何能知道与自己无关的纸张是从何而来？不仅上诉人不清楚，就连监考的老师也说不清。相反，监考老师是否履行了职责，提醒了学生检查座位周围的纸张、纸屑、纸团？没有，至少在被上诉人提供的证据10《考试情况报告表》中没有体现。对于这样一张说不清来历的纸，硬要说是上诉人夹带用来作弊的，显然是失实的。被上诉人出具的证据12，试图要用考卷上的"违纪"二字来证明本案诉争的作弊事实的存在是错误的，是犯了典型的逻辑上的错误。是否作弊，是否违纪的事实是要考证的，如何用事后的"违纪"二

字加以证明？被上诉人提供的证据 13 不仅没能证明上诉人作弊了，相反，其内容却再一次印证了上诉人没有在考试中夹带相关材料，对于材料从何而来，如何被发现在自己身边全然不知。从始至终，监考老师及校领导都武断并且一意孤行地认定上诉人就是夹带了，作弊了，没有给上诉人以申辩的机会，以至于最后对上诉人作出了错误的《处分决定》。以上这些情况都说明了学校在认定上诉人作弊是错误的。涉及本案原审判决中认定上诉人夹带复习材料事实不清，证据不足。

三、原审判决认定被上诉人自行制定的《关于授予本科毕业生学士学位的规定》不违反《中华人民共和国学位条例》关于授予学士学位的原则性规定，适用法律错误

《中华人民共和国学位条例》关于授予学士学位条件有二：一是思想政治条件，即第二条凡是拥护中国共产党的领导、拥护社会主义制度，具有一定学术水平的公民，都可以按照本条例的规定申请相应的学位；二是学术水平条件，即第四条高等学校本科毕业生，成绩优良，达到下述学术水平者，授予学士学位。首先是较好地掌握本门学科的基础理论、专门知识和基本技能；其次是具有从事科学研究工作或担负专门技术工作的初步能力。也就是说，上诉人如果达到了以上条件，就应当被授予学士学位。《中华人民共和国学位条例暂行实施办法》第三条规定："学士学位由国务院授权的高等学校授予。"高等学校本科学生完成教学计划的各项要求，经审核准予毕业，其课程学习和毕业论文（毕业设计或其他毕业实践环节）的成绩，表明确已较好地掌握本门学科的基础理论、专门知识和基本技能，并且有从事科学研究工作或担任专门技术工作的初步能力的，授予学士学位。也就是说，只要符合以上的条件，就应当被授予学士学位，上述《条例》及《实施办法》均未明确受处分者和考试作弊者不得取得学士学位。因此被上诉人自行制定的"关于授予本科毕业生学士学位的规定"中第二条第一款规定："违反校纪，受记过分者"和第三款"凡考试作弊者"不授予学士学位是与国家的有关规定相抵触的。被上诉人无权以自己本单位的工作细则来限制上诉人依法取得学士学位的权利。综上，原审判决认定事实不清，证据不足，适用法律错误，请求本院依法撤销原审判决或予以改判。被上诉人天津科技大学的答辩意见为：一审判决认定事实清楚，适用法律正确，程序合法。答辩人已经按照有关法律规

定的程序，对被答辩人的学士学位资格进行了审核，并作出了不授予被答辩人学士学位的决定。对此，被答辩人及其代理人在一审庭审中也明确予以认可。被答辩人要求给其送达一个不授予学士学位的决定书，既没有法律依据，也与学士学位授予的特殊性不相符。是否授予被答辩人学位，是由答辩人的两级学位评定委员会审核决定的。学位评定委员会在性质上，是个学术组织，它的工作是审查决定是否授予学位，对于达到条件的作出授予学位的决定，并授予学位；对于不授予学位的，具体原因可能不同，总的来说，是因为没有达到授予学位的条件。没有达到条件，就不授予学位，不授予学位就是决定，不可能再作出一个不授予学位的书面决定送达给不授予学位者。学位评定委员会审核决定的过程，是一个学术评价和学位资格确认的过程。对学术评价达到标准的，通过授予其学位的决定。不在授予学位行列的，就是不授予学位，不可能再作出不授予学位的书面决定。这是学术惯例，也是法律、法规不规定必须作出书面决定的主要原因。一审判决在审查答辩人有关证据的基础上，认定答辩人已经按照法律规定的程序进行了审核，并作出了不授予被答辩人学士学位的决定，不仅事实清楚，而且适用法律正确，程序合法。被答辩人对考试作弊事实的质疑，已经不属于本案审查的范围。一审判决对答辩人制定的《关于授予本科毕业生学士学位的规定》的认定，符合有关法律、法规的规定及其精神。综上所述，一审判决认定事实清楚，适用法律正确，程序合法，请求本院依法驳回上诉人的上诉，维持原判。

庭审质证中，上诉人杨亚人对被上诉人天津科技大学提供的证据22、23没有异议，对证据1、3、4、5、6、16、19、20、21的真实性没有异议，但认为与本案没有关联性。证据1、3只是被上诉人天津科技大学日常工作的一种统计工作，证据6，即国务院批转国务院学位委员会关于国务院学位委员会第一次（扩大）会议的报告和《中华人民共和国学位条例暂行实施办法》的通知不属于证据范畴。对证据2的真实性、合法性、关联性均有异议，认为该证据产生的时间是2003年6月18日，而上诉人杨亚人的毕业时间是2004年6月。证据7，即《中华人民共和国学位条例暂行实施办法》不能证明天津轻工业学院制定的《关于授予本科毕业生学士学位的规定》是合法有效的。对证据8的真实性没有异议，但在相关的法律中找不到依托。证据9与本案没有关联性。证据10，即考试情况报告表，该报告表上没有公章，也没有注明年月日，没有证据证明当时的监考老师让学生检查周围是否有书本、材料等，该报告表不能证明上诉人杨亚人存在作弊的事实。对证据 11，即原告夹带的与考试内容有关的材料不予认可，第 3 张是上诉人杨亚人在考试过程中演算的草稿纸，第 1 页不知道是从哪里来的，第 2 页不是上诉人杨亚人写的且没有其姓名，不能证明是上诉人杨亚人夹带的。对证据 12 试卷的真实性没有异议，但对该试卷上的"违纪"字样有异议。对证据 13，认为该申请是自己所写，但没有写到承认有作弊行为，另外关于解除上诉人杨亚人处分的报告，只能表明处分的解除。对证据 14 的真实性没有异议，但所谓的作弊行为是在该文件颁布之前，该文件对本案没有证明力。对证据 15，即天津轻工业学院《关于对学生管理规定中有关考试作弊条款的修订意见》的真实性没有异议，但自己没有见到过。证据 17，即天津轻工业学院《考务工作条例》与本案没有关联性，监考老师并没有按照该规定执行。证据 18 无法说明演算纸是学校发的还是上诉人杨亚人自己夹带的。

被上诉人天津科技大学对上诉人杨亚人提供的证据 1—5 的真实性没有异议，但认为以上证据不足以证明被上诉人天津科技大学应当授予上诉人杨亚人学士学位。对证据 7、8、9 的真实性没有异议，但与本案上诉人杨亚人的诉讼请求没有关联性。对证据 6，即上诉人杨亚人的陈述材料的真实性有异议，认为这与上诉人杨亚人提出的解除处分的申请不一致，该证据不能证明上诉人杨亚人的作弊行为不存在。对证据 10，即《关于授予本科毕业生学士学位的规定》的真实性没有异议，但认为该规定与相关的法律规定并不冲突。

被上诉人天津科技大学认为自己提供的证据 2 是一个明显的笔误，日期应为 2004 年，两级学位委员会经过审议并作出决定，说明被上诉人天津科技大学已经针对是否授予上诉人杨亚人学位进行了审查，已经决定不授予上诉人杨亚人的学士学位。证据 11，即原告夹带的与考试内容有关的材料中的第 1、2 页是反正面的，上诉人杨亚人称第 3 页是其草稿纸，但该草稿纸与学校统一发的纸是不一样的，且学校规定不允许自带草稿纸。证据 12，即考试作弊课程"分析化学"考试试卷上的"违纪"字样，是学校作的标记以便汇报。证据 14，即《国家教育考试违规处理办法》的颁布实施时间虽然是 2004 年，但这与以前的规定是一致的。

　　本院经开庭审查并对全案证据进行综合分析后认为，上诉人杨亚人提供的证据1—5、7—10均具有真实性，其证据来源合法，与本案具有关联性，本院予以认定。上诉人杨亚人提供的证据6，即杨亚人的陈述材料系其自己所写，但不能证明其主张，故本院不予认定。被上诉人天津科技大学在法定期限内提供的证据1—13、证据15—23具有真实性、合法性，能够证明被上诉人天津科技大学对上诉人杨亚人考试作弊的认定，并经被上诉人天津科技大学两级学位委员会的审查，作出了不授予上诉人杨亚人学士学位的决议，本院对述上证据予以认定。被上诉人天津科技大学提供的证据14，即2004年5月19日教育部颁布施行的《国家教育考试违规处理办法》，不具有对本案上诉人杨亚人的行为作出处理的溯及力，故该证据不能作为定案证据予以认定。

　　本案争议的焦点是，被上诉人天津科技大学对不符合授予学士学位的上诉人杨亚人是否应当作出不授予其学士学位的书面决定。

　　庭审辩论中，上诉人杨亚人认为，在一审起诉前不知道被上诉人天津科技大学是否对自己的学士学位资格进行了审核，经过开庭审理，才得知被上诉人天津科技大学对自己的学士学位资格履行了审核的义务，对此表示认可。但是，如果被上诉人天津科技大学认为上诉人杨亚人不符合授予学士学位的条件，应当作出书面决定告知，故请求法院判令被上诉人天津科技大学作出不授予上诉人杨亚人学士学位的书面决定。

　　被上诉人天津科技大学认为，学校学位委员会对本年度的毕业生是逐一进行审查的，但作出的是一个总的决议。根据《中华人民共和国学位条例暂行实施办法》第五条的规定，"学士学位获得者的名单，经授予学士学位的高等学校学位评定委员会审查通过，由授予学士学位的高等学校授予学士学位。"法律只规定了学士学位获得者由授予学士学位的高等学校授予，没有规定对不授予学位的学生必须作出书面的决定，学校对没有获得学士学位的学生不作书面决定，但在学生毕业后，学校已经告知了哪些学生可以去领学位证书，哪些学生不可以领取学位证书，对决定不授予学士学位证书的学生已经作出了口头告知。

　　经审查，本院认定的法律事实与原审判决认定的事实一致。本院认为，根据《中华人民共和国学位条例》第八条第一款"学士学位，由国务院授权的高等学校授予"的规定，被上诉人天津科技大学是国务院授权的学士学位授予单位，具有对受教育者授予学士学位、颁发学士学位证书的行政执法主体资格和法定职权。依照《中华人民共和国学位条例暂行实施办法》第四条第一款"授予学士学位的高等院校，应当由系逐个审核本科毕业生的成绩和毕业鉴定材料，对符合本暂行办法第三条及有关规定的，可向学校学位评定委员会提名，列入学士学位获得者名单"和第五条"学士学位获得者的名单，经授予学士学位的高等学校学位评定委员会审查通过，由授予学士学位的高等学校授予学士学位"的规定，被上诉人天津科技大学提供的证据能够证明已组织其所属院系学位评定分委员会对上诉人杨亚人学位问题进行审查后，报校学位评定委员会进行了审查决定，由于被上诉人天津科技大学所属院系学位评定分委员会和校学位评定委员会均未通过授予上诉人杨亚人学士学位，所以，被上诉人天津科技大学决定不授予上诉人杨亚人学士学位。被上诉人天津科技大学对上诉人杨亚人的学士学位资格已按照法律规定的程序进行了审核的事实，上诉人杨亚人亦表示了认可。关于学士学位授予与否的送达问题，因法律规范没有规定必须送达的法定程序，因此，上诉人杨亚人坚持不授予其学士学位法律文书必须送达的请求，本院不予支持。综上，被上诉人天津科技大学不授予上诉人杨亚人学士学位的行政执法程序合法。被上诉人天津科技大学依据天津轻工业学院《关于授予本科毕业生学士学位的规定》第二条"凡有下列情况之一者，不授予学士学位"中第1项"违反校纪，受记过（含记过）以上处分者"和第3项"凡考试作弊者"的规定，在认定上诉人杨亚人2001年6月9日"分析化学"期末考试中夹带复习材料，被考场巡视人员和监考老师当场发现并于2001年6月12日受到学校留校察看一年处分的基础之上，将其列入不授予学士学位者名单中的事实清楚。关于上诉人杨亚人主张天津轻工业学院自行制定的《关于授予本科毕业生学士学位的规定》中第二条第一款"违反校纪，受记过处分者"和第三款"凡考试作弊者"不授予学士学位的规定，与国家的有关规定相抵触；被上诉人无权以自己本单位的工作细则来限制上诉人依法取得学士学位权利的观点，本院认为，首先，被上诉人天津科技大学认定上诉人杨亚人在考试过程中夹带复习材料行为系考试作弊行为，符合教育部《国家教育考试违规处理办法》第六条第一项"携带与考试内容相关的文字材料"应当认定为考试作弊的规定。其次，根据《中华人民共和国学位条例》第四条"高等学校本科毕业生，成绩优良，达到下述学术水平者，授予学士学位。（一）较好地掌握本门学科的基础理论、专门知识和基本技能；（二）具有从事科学研究工作或担负专门技术工作的初步能力"和《中华人民共和国学位条例暂行实施办法》第三条"学士学位由国务院授权的高等学校授予。高等学校本科学生完成教学计划的各项要求，经审核准予毕业，其课程学习和毕业论文的成绩表明确已较好地掌握本门学科的基础理论、专门知识和基本技能，并且有从事科学研究工作或担负专门技术工作的初步能力的，授予学士学位"的规定，既然《中华人民共和国学位条例》规定了授予学士学位的条件，那么必然存在不授予学士学位的客观情况。天津轻工业学院依照《中华人民共和国学位条例暂行实施办法》第二十五条"学位授予单位可以根据该办法制定具体工作细则"的规定所制定的《关于授予本科毕业生学士学位的规定》，既符合《中华人民共和国高等教育法》第十一条关于"高等学校应当面向社会，依法自主办学，实行民主管理"的规定，亦符合社会公知的学术评价标准，是高等学校行使教育管理自主权的体现，并不违反《中华人民共和国学位条例》关于授予学士学位的原则性规定。被上诉人天津科技大学根据其所属学位评定委员会针对上诉人杨亚人因考试作弊而受到处分的客观事实，结合授予学士学位的规定，认定上诉人杨亚人不具备授予学士学位的条件并作出不授予其学士学位的决议，同样没有违反《中华人民共和国学位条例》的原则规定。

综上所述，原审判决认定被上诉人天津科技大学对上诉人杨亚人的学士学位资格已经按照法律规定的程序进行了审核，并作出了包括上诉人杨亚人在内的2004年本科毕业生不授予学士学位的决议的事实清楚，适用法律规范正确，审判程序合法。上诉人杨亚人请求依法对原审判决予以撤销或改判，判令被上诉人天津科技大学作出不授予上诉人杨亚人学士学位书面决定的理据不足，本院难以支持。根据《中华人民共和国行政诉讼法》第六十一条第（一）项的规定，判决如下：

驳回上诉，维持原判。

一、二审案件受理费 200 元，由上诉人杨亚人负担。

本判决为终审判决。

审　判　长　张福祥

代理审判员　王雅晶

代理审判员　邱建民

书　记　员　张明珠

二〇〇五年三月一日

（三）刘璐不服大连外国语学院处分案调查材料

（1）《辽宁省人民政府法制办公室关于刘璐行政复议案件有关问题的请示》（2003 年 8 月 25 日辽政法〔2003〕10 号）

（2）《国务院法制办公室秘书行政司对辽宁省人民政府法制办公室〈关于刘璐行政复议案件有关问题的请示〉的复函》国法秘函〔2003〕216 号 2003 年 9 月 27 日

（3）《辽宁省人民政府行政复议决定书》辽政行复字〔2003〕第 30 号

（4）辽宁省教育厅《关于刘璐申诉的答复》2004 年 4 月 8 日

（5）中华人民共和国教育部《行政复议决定书》教行复〔2004〕2 号

（6）大连外国语学院《关于对刘璐同学行政处分重新复核的意见》2005 年 1 月 14 日

（7）辽宁省教育厅《关于对刘璐申诉的答复》2005 年 5 月 27 日

五、草拟文件

（一）草拟某某大学纪律处分申诉处理办法

某某大学纪律处分申诉处理办法

第一章　总　　则

（目标任务）

第一条　为保障学生权利，维护学生身心健康，促进学生德、智、体、美全面发展，规范校内纪律处分学生申诉制度，保证学校对学生处理行为程序规范、依据明确、结果恰当，减少因纪律处分原因引发的纠纷，推进依法治校，增进校园和谐和社会和谐，根据《中华人民共和国教育法》《中华人民共和国高等教育法》《普通高等学校学生管理规定》等相关法律法规，结合学校实际，制定《某某大学学生纪律处分申诉处理办法》，以下简称《本办法》。

（程序性质）

第二条　《本办法》属于校内行政仲裁程序，学生有选择使用的权利。

（适应范围）

第三条　《本办法》适用于在本校接受普通高等学历教育的研究生、本科和专科（含高职）学生。

（申诉范围）

第四条　本校学生认为学校给予的警告、严重警告、记过、留校察看、开除学籍纪律处分不当的，可以申请启动该程序。

第二章　学生纪律处分申诉处理机构

（纪律处分申诉委员会及其性质与地位）

第五条　某某大学学生纪律处分申诉委员会是本校学生纪律处分申诉案件的专门处理机构，以下简称纪申委。纪申委是校内独立设置的行政仲裁机构，不依附于任何部门。

（纪申委的职责）

第六条　申诉处理委员会的职责包括：

一、受理申诉人的申诉；

二、调查并审理申诉人的申诉；

三、召开听证会议，对学生申诉的问题进行处理；

四、形成维持原处理决定或撤销原处理决定等书面仲裁意见，形成复议决定书并将申诉结果送达申诉人和学校作出纪律处分的职能部门。

（人员组成）

第七条　纪申委设委员为9人，主席委员1人，主席委员由学校主管学生工作的副校长担任，纪申委其他人员由监察处1人，校纪委员会1

人，教师代表 2 人，学生代表 4 人，其中教师代表由教育和法律专业人士组成，其中教师代表必须有法律专业人士 1 人。委员因各种原因无法履职的由学校临时增补。

（纪申委人员遴选）

第八条 纪申委成员应于第一学期开始前选出，并于开学一个月内，办理聘任手续，委员任期为一学年，连选连任。纪申委中，行政代表为监察处和校纪委员会选任，教师代表、学生代表由校内以直接、公开、平等、普通、无记名方式选举产生。

（纪申委会议）

第九条 纪申委设执行秘书一人，由本校秘书室专人兼办，执掌申诉案收件、提供申诉学生协助及相关资料，并做笔录工作。

（审议小组）

第十条 纪申委设审议小组，由委员互选五至七人组成，负责审议申诉案程序性问题。

（调查小组）

第十一条 申诉案有调查或实地了解必要时，需经纪申委决议，推派委员三至五人成立调查小组；并另聘请医学、法学、社会学、心理学、教育学专业人士为调查小组的咨询顾问。

第三章　申诉申请的受理

（申诉提出及时限）

第十二条 学生应于处分书送达或措施、事件发生或公告期满之次日起算 7 日内，以申请书并检附相关证明文件，向纪申委提出申诉。逾期不予受理，但其情形特殊，应叙明具体理由或提出证明者，不在此限。

（申请书应记载内容）

第十三条 提出申诉案申请书，其内容应包括：

一、申诉人基本数据：

（一）学生姓名、性别或代理人姓名、性别。

（二）系所、年级及学号。

（三）联络地址及电话或代理人姓名、性别。

二、被申诉对象基本数据：

（一）单位名称及其代表人或名称。

（二）联络地址、电话。

三、提出日期。

四、申诉具体事实及理由。

五、请求声明。

六、注记检附资料。（如原处分公告影本、代理人证明文件等）

（代理人制度）

第十四条 学生提出申诉案，其审理过程可以由师长或者律师陪同协助，或由家长或律师代理。

（特殊学生的处理）

第十五条 处理身心障碍特殊教育或其他特殊类型学生申诉案件时，应邀请特殊教育相关学者、专家到场提供咨询或必要协助。

（附设设备）

第十六条 为提供学生申诉及相关咨询，应设专线咨询电话、于校内适当地点设置学生申诉信箱，受理学生提出申诉案。以电话申诉者，应做成电话记录，申请人于3日内完成补送书面申请表，未于期限内补送者视同撤回。

（纪申委的受理决定）

第十七条 纪申委应当自接到申诉申请书之日起3个工作日内对申诉材料进行审查，根据具体情况做出如下决定并送达申诉人：

一、申诉请求符合本办法规定，予以受理；

二、申诉材料不齐备，要求申诉人在3日内补正；

三、有下列情况之一，不予受理，出具不予受理通知单：

（一）申诉人不符合本办法规定的申诉人资格的；

（二）申诉事由不符合本办法规定的申诉范围的；

（三）申诉材料不齐备且在限期内未补正的；

（四）超过申诉期限并无特殊理由的；

（五）已经提请申诉并由纪申委出过复查结论的；

（六）司法机关已经裁定的。

（纪申委通知职能部门）

第十八条 申诉被受理后，纪申委应尽快将学生提出申诉申请的情况通报给对申诉人作出处分决定的职能部门，职能部门应当在 3 日内及时提交作出处分时的全部材料。

第四章 申诉的处理

（纪申委处理申诉的方式）

第十九条 纪申委处理学生申诉，可采取书面审理和听证会议两种方式。纪申委处理事实清楚、证据充分、争议不大的简单申诉时，可以采取书面审理方式进行。申诉人和处理处分职能部门分歧较大的，纪申委认为有必要通过听证会议方式进行复议的，可以召开听证会议对申诉进行复议，举行听证会议应征得申诉人同意。

（纪申委审查内容与书面审查）

第二十条 申诉委员会依据法律、法规、规章和学校的有关规定，对原处分决定所认定的事实、适用的依据、处理的程序等进行复查。采取书面审查方式进行复议的，由纪申委主席指定委员（至少两人）对相关当事人进行询问，开展必要的查证并听取申诉人的陈述及申辩，形成书面审理意见后报纪申委，并经 1/2 以上委员表决同意方可通过。

（纪申委听证审查）

第二十一条 纪申委认为有必要召集有申诉人和对申诉人作出听证处理的，经申请人同意，可以采取听证会议方式进行复议，秘书应当在收到双方书面材料后召集听证会议，通知双方当事人，作出处分的职能部门代表必须派代表参加。听证会议应有 3/4 以上委员到会方可举行。

（纪申委处理时限）

第二十二条 对于被受理的申诉请求，除已被撤回外，纪申委应于接到书面申诉之日起 15 个工作日内作出复查决定并答复申诉人。因故确需延期作出复查决定的，申诉委员会应提前告知申诉人。

（审议延期逾期处理）

第二十三条 纪申委应在处理期限内完成评议，申诉案经审理逾期限未达成评议者，可以延期一周，延期原因要通知申请人，但是，涉及开除学籍处分的申请不得延期，申诉案逾越期限未审理者，申诉人可陈请校长径行裁决。

（听证参与人）

第二十四条 申诉人和处分职能部门代表应当出席听证会议，申诉人要求公开听证的，纪申委秘书在听证会开始前公示 3 日。

（回避制度）

第二十五条 纪申委委员与申诉人提出的申诉有利害关系的应当回避。申诉方有权申请纪申委成员回避，并说明理由。委员的回避由委员会主任决定，委员会主任的回避由校长决定。

（听证会主持人职责）

第二十六条 听证主持人由纪申委内部选任担任，每次听证会之前，半小时内选出。听证主持人就听证活动行使下列职权：

一、决定听证的时间、地点和参加人员；

二、决定听证的延期、中止或者终结；

三、询问听证参加人；

四、接收并审核有关证据；

五、维护听证秩序，对违反听证秩序的人员进行警告，对情节严重者可以责令其退场；

六、向纪申委提出对申诉的处理意见。

（当事人陈述权与申辩权）

第二十七条 听证主持人在听证活动中应该公正地履行主持听证的职责，保证当事人行使陈述权、申辩权。

（会议秩序）

第二十八条 参加听证的当事人和其他人员应当按时参加听证，遵守听证秩序，如实回答听证主持人的询问，依法举证。

（听证参与人确认）

第二十九条 听证开始前，听证记录员（由纪申委秘书担任）应当查明听证参加人员是否到场，并宣读听证纪律。

（听证程序）

第三十条 听证应当按照下列程序进行：

一、听证主持人宣布案由；

二、做出处分的职能部门代表就有关事实和依据进行陈述；

三、申诉当事人就事实、理由、证据或依据进行申辩，并可以出示相关证据材料；

四、接收并审核有关证据，经听证主持人允许，听证委员可以就有关证据进行质问，也可以向到场的证人发问；

五、有关当事人作最后陈述；

六、听证主持人宣布听证结束；

七、申诉处理委员会进行无记名投票表决，形成书面意见。

（听证记录）

第三十一条　听证记录员应当将听证的全部活动进行笔录，听证主持人和听证记录员签名。听证笔录还应当有当事人当场签名或者盖章。

（申诉决定程序）

第三十二条　听证结束后，听证主持人应当主持评议并制作纪律处分申诉决定书。申诉评议决定书由参与听证的委员总数的二分之一以上无记名表决通过。

（申诉决定书）

第三十三条　纪申委要根据实际情况提出处理意见，区别不同情况，做出下列决定：（一）原处理决定正确的，维持原处理决定。（二）原处理决定不当或者处理明显不当的，撤销该纪律处分，认为需要改变纪律处分的，通知处分职能部门代表更改纪律处分。

纪申委的决定不得加重申请人的处分。

纪申委决定书一式三份，申诉人一份，处分职能部门一份，纪申委存档一份。

（送达）

第三十四条　纪申委应将申诉评议决定书及时送达申诉人。送达方式可以采取当面直接送达，也可按照申诉人提出申诉申请时留下的通信地址邮寄，特殊情况下也可采取校内书面公告的形式。采用邮寄方式送达的，答复申诉人的日期以邮件寄发地邮戳日期为准。

（申诉期间学生学习权保障）

第三十五条　在申诉期间，原处分决定暂缓执行。关于开除学籍申诉案，学校应让学生继续在校学习，直至纪申委申诉决定维持原处分。申诉人在校继续肄业期间，学校除不授给毕业证书外，其他修课、成绩考核、奖惩应比照在校生处理。

（申诉撤回）

第三十六条 在未做出申诉决定前，学生可以撤回申诉。要求撤回申诉的，应以书面形式提出。申诉委员会自接到申诉撤回申请书起，申诉程序终止。申诉人于申评会未做出申诉决定书前撤回申诉案，视同未曾提出。

（再审程序）

第三十七条 纪律处分申诉案件有下列各款情形之一的，申诉人或其他利害关条人，可于申诉决定书送达次日起算 7 日内，书面向校长提出再审请求：

一、纪申委决定，所引用校规或法规，有明显错误。

二、决定书内容，有明显前后矛盾。

三、纪申委组成不合法。

四、程序显然瑕疵错误。

五、违反回避规定。

六、采认证据、证物或证人，显有伪造、变造或伪证。

七、遭受胁迫利诱等不正当行为或方法，致影响决议，有具体事实的。

校长如认为有理由者，交由纪申委进行再审。

（教示义务）

第三十八条 对于维持开除学籍纪律处分的申诉申请人，应书面告知如不服本申诉决定，可于决定书送达次日起算 30 日内，向教育行政部门提起申诉、行政复议或向人民法院提起行政诉讼。书面通知与决定书一起下达。

（停止评议）

第三十九条 申诉提起后，学生就申诉事件或牵连之事项，已经向教育行政部门提起申诉、行政复议或向人民法院提起诉讼的，应即通知纪申委停止评议，待停止评议原因消灭后继续评议。但开除学籍处分的申诉不在此限。

（决定书效力）

第四十条 评议决定书经核定后，须以密件送原处分职能部门，原处分职能部门应即遵照执行。

（秘密义务）

第四十一条　申诉案件数据需归档，善尽管理之责，相关数据应经纪申委主任同意始得调阅。

第四十二条　纪申委的表决、委员的个别意见，应予保密。涉及学生隐私的申诉案件，申诉人的基本资料应予保密，委员不得就此事对外发言。如有具体不当行为者，应由纪申委谕知不适任停权处分，如引起侵权纠纷，纪申委有追究具体不当行为人员的权利。

（经费）

第四十三条　纪律处分申诉制度的运作，应由学校编列专款预算项下支应。

（法定程序完成）

第四十四条　本办法经本校校务会议通过后方可实施，并报省教育厅备查，修正时亦同。

（附则）

第四十五条

一、本办法应列入学生手册，并广为宣导，以使学生了解本办法的功能。

二、学校为畅通学生意见，应就学生陈情、建议、检举及其他方式所表示的意见，另订定规范处理。

第四十六条　本办法最终解释权归校长办公会。

第四十七条　（施行日期）

本办法自发布日施行。

（二）草拟普通高等学校学生教育行政申诉实施办法

教育部××号令

《普通高等学校学生教育行政申诉实施办法》已于×年×月×日经部长办公会议讨论通过，现予发布，自×年×月×日起施行。

教育部部长　××

×年×月×日

普通高等学校学生教育行政申诉实施办法

第一章 总 则

第一条 为规范高等学校学生申诉行为，保障学生的合法权益，根据教育部《普通高等学校学生管理规定》（教育部部长令第 21 号）和有关法律法规，制定本办法。

第二条 本办法所称的申诉，是指学生对学校学生申诉处理委员会作出的涉及本人在入学资格、退学处理或者违规、违纪处分方面的复查决定不服，向省高等学校学生申诉处理委员会提出的意见和要求。

第三条 普通高等学校的全日制研究生和本科、专科（高职）学生认为学校侵害其人身权、财产权等权益的以及对学校取消其入学资格、退学处理或对高等学校的纪律处分决定有异议的，可以依据本办法提起申诉。

第四条 学生应坚持严肃、认真、诚实的原则提出申诉；受理机关应坚持公开、公正、实事求是和有错必纠的原则处理学生的申诉。

第二章 申诉的受理

第五条 各省、自治区、直辖市的教育厅必须成立普通高等学校学生申诉处理委员会。申诉处理委员会由 5 至 7 人组成，委员归省教育厅领导，由法制办、学生管理处、宣教处、高教处、高校科研师资处等部门处长（主任）及省教育厅法律顾问组成，负责受理普通高等学校学生申诉。

第六条 申请人在认为学校侵害其人身权、财产权等权益的以及对学校取消其入学资格、退学处理或对高等学校的纪律处分决定有异议的，在接到学校复查决定书之日起 15 个工作日内，可以向省、自治区、直辖市教育厅提出书面申诉。学校复查决定送达之日起，受处理或处分的学生在申诉期内未提出申诉的，申诉委员会不再受理其提出的申诉，但其情形特殊，应叙明具体理由或提出证明者，不在此限。

第七条 受理申诉案件应由申诉人提交书面申诉书和学校复查决定书复印件。申诉书应载明以下内容：（一）申诉人的基本情况；（二）被申诉人的基本情况；（三）申诉时间；（四）申诉请求；（五）申诉请求的理由；（六）其他需要载明的内容。

第八条 委托法定监护人或其他代理人代为办理的学生申诉，应提供委托书和法定监护人、其他代理人的身份证明材料。

第九条 申诉委员会应当自接到申诉申请书之日起 3 个工作日内对申诉材料进行审查，根据具体情况做出如下决定并送达申诉人：（一）申诉请求符合本办法规定，予以受理；（二）申诉材料不齐备，要求申诉人在 3 日内补正；（三）有下列情况之一，不予受理，出具不予受理通知单：

1. 申诉人不符合本办法规定的申诉人资格的；
2. 申诉事由不符合本办法规定的申诉范围的；
3. 申诉材料不齐备且在限期内未补正的；
4. 超过申诉期限并无特殊理由的；
5. 已经提请申诉并由本申诉委员会作出过复查结论的；
6. 司法机关已经裁定的。

第三章 申诉的处理

第十条 申诉处理委员会处理学生申诉，可采取书面审理和听证会议两种方式。纪申委处理事实清楚、证据充分、争议不大的简单申诉时，可以采取书面审理方式进行。申诉人和处理处分职能部门分歧较大的，申诉委员会认为有必要通过听证会议方式进行复议的，可以召开听证会议对申诉进行复议，举行听证会议应征得申诉人同意。

第十一条 申诉委员会依据法律、法规、规章和学校的有关规定，对原处分决定所认定的事实、适用的依据、处理的程序等进行复查。申诉委员会采取书面审查方式进行复议的，由申诉委员会主席指定委员（至少两人）对相关当事人进行询问，开展必要的查证并听取申诉人的陈述及申辩，形成书面审理意见后报申诉委员会，并经 1/2 以上委员同意方可通过。

第十二条 对于被受理的申诉请求，除已被撤回外，纪申委应于接到书面申诉之日起 15 个工作日内作出复查决定并答复申诉人。因故确需延期作出复查决定的，申诉委员会应提前告知申诉人。

第十三条 申诉处理委员会应在处理期限内完成评议，申诉案经审理逾期限未达成评议者，可以延期一周，延期原因要通知申请人，但是，涉及申请人受教育权的申请不得延期；申诉案逾越期限未审理者，申诉人可陈请教育厅厅长径行裁决。

第十四条　申诉处理应该实行回避制度、保密制度，必要时实行听证制度，如果申请人要求听证的，必须举行听证。

第十五条　听证主持人在听证活动中应该公正地履行主持听证的职责，保证当事人行使陈述权、申辩权。

第十六条　申诉处理委员会要根据实际情况提出处理意见，区别不同情况，做出下列决定：（一）原处理决定正确的，维持原处理决定。（二）原处理决定不当或者处理明显不当的，予以撤销，认为需要修改处理决定的，通知处分职能部门代表更改处理决定。

申诉处理委员会的决定不得加重申请人的处分。

申诉处理委员会的决定书一式三份，申诉人一份，被申请人一份，申诉处理委员会存档一份。

第十七条　申诉处理委员会应将申诉评议决定书及时送达申诉人。送达方式可以采取当面直接送达，也可按照申诉人提出申诉申请时留下的通信地址邮寄，特殊情况下也可采取校内书面公告的形式。采用邮寄方式送达的，答复申诉人的日期以邮件寄发地邮戳日期为准。

第十八条　在申诉期间，申诉处理委员会认为有必要的，可以决定原处分暂缓执行。

第十九条　在未做出申诉决定前，学生可以撤回申诉。要求撤回申诉的，应以书面形式提出。申诉处理委员会自接到申诉撤回申请书起，申诉程序终止。申诉人于申评会未作出申诉决定书前撤回申诉案，并视同未曾提出。

第四章　行政责任承担

第二十条　行政过错根据情节轻重、损害后果和影响大小，分为一般过错、严重过错和特别严重过错，由有关本机关和会同人事、监察部门结合实际情况认定。

第二十一条　对于一般过错的直接责任者、直接领导责任者和间接领导责任者，可以单独给予或者合并给予责令作出书面检查、取消当年评优评先资格、通报批评处理。

第二十二条　对于严重过错，按下列规定追究行政责任：

（一）对直接责任者，给予行政降级以下处分，合并给予取消当年评优评先资格、通报批评、诫勉、停职处理；

（二）对直接领导责任者，给予行政记大过以下处分，合并给予取消当年评优评先资格、通报批评、诫勉处理；

（三）对间接领导责任者，给予行政警告或者行政记过处分，合并给予取消当年评优评先资格、通报批评处理。

第二十三条 对于特别严重过错，按下列规定追究行政责任：

（一）对直接责任者，给予行政撤职或者行政开除处分；

（二）对直接领导责任者，给予行政降级以上处分；

（三）对间接领导责任者，给予行政记大过以上处分。

给予行政记大过处分的，合并给予取消当年评优评先资格、通报批评、诫勉处理；给予行政降级处分的，合并给予取消当年评优评先资格、通报批评、诫勉、停职处理；给予行政撤职处分的，合并给予取消当年评优评先资格、通报批评处理。

第二十四条 因行政过错侵犯了申请人的合法权益，造成损害并涉及赔偿的，省、自治区、直辖市教育厅应当依照《中华人民共和国国家赔偿法》的有关规定予以赔偿，并依法向行政过错责任人追偿。

第二十五条 有下列情形之一的，应当进行调查，以确定有关行为人是否应当承担行政过错责任：

（一）申请人投诉、检举、控告的；

（二）使用已经废除的法律、法规、规章和规范性文件的；

（三）经行政复议，复议机关作出变更或者撤销决定的；

（四）经行政诉讼，人民法院作出撤销或者部分撤销判决的；

（五）本机关要求调查处理或者在人大、政府执法检查中，被认定为错误行为或者显失公正，要求调查处理的。

第二十六条 行政过错责任人有下列情形之一的，应当从重处理，构成犯罪的，移送司法机关处理：

（一）一年内出现两次以上应予追究行政过错的；

（二）干扰、阻碍调查人员对其行政过错行为进行调查的；

（三）对投诉人、检举人、控告人打击、报复、陷害的；

（四）故意导致行政过错发生的。

第二十七条 行政过错责任人主动发现并及时纠正错误、未造成严重后果，或者由于行政管理相对人弄虚作假以及出现不可抗力等因素造成行政过错的，可以从轻或者免予追究行政过错责任。

第二十八条 法律、法规、规章对行政过错责任追究另有规定的，从其规定。

第五章 附 则

第二十九条 对接受成人高等学历教育的学生、港澳台侨学生、留学生的管理参照本规定实施。

第三十条 省、自治区、直辖市的教育行政部门应当根据本规定制定或修改学生申诉管理规定，报本机关备案并及时向社会公布。

第三十一条 本规定自×年×月×日起施行。

参 考 文 献

[1] 李旭兵. 被勒令退学一年后才知, 郑大学子状告母校 [EB/OL]. (2005 – 10 – 14) [2007 – 03 – 02]. http: //www. ha. xinhuanet. com/fuwu/jiaoyu/2005 – 10/14/content_5344091. htm.

[2] 储国强. 考试作弊, 西安科技大学 19 名学生被开除 [EB/OL]. (2006 – 06 – 07) [2007 – 03 – 26]. http: //xian. qq. com/a/20060607/000023_1. htm.

[3] 何兵. 现代社会的纠纷解决 [M]. 北京: 法律出版社, 2003: 6.

[4] 李拓. 和谐与冲突——新时期中国阶级阶层结构问题研究 [M]. 北京: 中国财政经济出版社, 2002: 2 – 3.

[5] 崔树义. 关于社会冲突的类型分析 [J]. 社会主义研究, 1996 (4): 60 – 63.

[6] 王亦君. 专家研讨高教法, 认为立法滞后导致学生维权不畅 [N]. 中国青年报, 2005 – 06 – 30.

[7] 邓兴军. 北京实施处分学生听证制 五成违纪生要求听证 [N]. 北京青年报, 2004 – 01 – 19.

[8] 谢玉萍, 林冬妹. 大学生与法 [M]. 广州: 暨南大学出版社, 2009: 201.

[9] 陈钟. 青岛科技大学推出撤销处分制, 综合名次要中游 [EB/OL]. (2005 – 11 – 17) [2007 – 03 – 04]. http: //www. cnradio. com/2004news/wenjiao/t20051107_504124014. html.

[10] 桑德尔. 自由主义与正义的局限 [M]. 万俊人, 译. 南京: 译林出版社, 2001: 15.

[11] 谢晖. 论法律关系 [EB/OL]. (2006 – 12 – 05) [2007 – 03 – 05]. http: //article. chinalawinfo. com/article/user/article_display. asp? ArticleID = 23699.

[12] 张静. 学生权利及其司法保护 [M]. 上海: 中国检察出版社, 2004.

[13] 张驰, 韩强. 学校的法律治理研究 [M]. 上海: 上海交通大学出版社, 2004.

[14] 周光礼. 法律制度与高等教育 [M]. 武汉: 华中科技大学出版社, 2005.

[15] 陈鹏,祁占勇.教育法学的理论与实践 [M].北京:中国社会科学出版社,2005.

[16] 周雄文.论高等学校自主权的法权范畴 [J].湘潭大学学报:哲学社会科学版,2005 (3):140 – 144.

[17] 郭兰英.高等学校学生权利问题研究 [D].湘潭:湘潭大学,2003:38 – 48.

[18] 程红艳.儿童在学校中的自由 [D].上海:华东师范大学,2004:1.

[19] 卢毓清.关于校规的应然价值的重新诠释 [J].教学与管理,2003 (11):17 – 19.

[20] 刘稳丰.高校处分学生法律规制研究 [D].湘潭:湘潭大学,2003.

[21] 方益权.论学生处分权的法理基础及其程序设计 [J].教学与管理,2006 (8):40 – 43.

[22] 廖金芳,彭志忠.论高校处分权 [J].文史博览,2006 (3):77 – 78.

[23] 董立山.高等学校学生身份处分权问题研究 [D].湘潭:湘潭大学,2006:192 – 193.

[24] 尹晓敏.校学生申诉制度研究 [J].高教探索,2004 (9):24 – 26.

[25] 陈久奎,蔺全丽.台湾学生申诉制度述评 [J].重庆师范大学学报:哲学社会科学版,2004 (3):100 – 105.

[26] 胡肖华.论学校纪律处分的司法审查 [J].法商研究,2001 (6):47 – 51.

[27] 茨威格特,克茨.比较法总论 [M].潘汉典,等,译.贵阳:贵州人民出版社,1992:1.

[28] 广东非凡精诚律师事务所.活的法律 [M].北京:商务印书馆,2001:12.

[29] 王中宪.试论社会与社群的概念界限 [J].学习与探索,2000 (5):91 – 94.

[30] 米尔恩.人的权利与人的多样性——人权哲学 [M].夏勇,张志铭,译.北京:中国大百科全书出版社,1995.

[31] 刘武军.试析和谐社会建设中的道德博弈 [J].广西民族大学学报:哲学社会科学版,2008 (1):124.

[32] 王玉珍.道德秩序的经济学分析 [M].北京:经济科学出版社,2005:123.

[33] 晋乾泰.中国共产党纪律学 [M].北京:红旗出版社,1993:68.

[34] 刘德林.教育惩罚的本质与运用 [J].中小学管理,2004 (4):28 – 32.

[35] 琳达·凯夫林·波普夫,丹·波普夫,约翰·凯夫林.家庭美德指南:激发孩子与我们自己最好的内在品质 [M].汤明洁,译.北京:中国言实出版社,2009:26 – 27.

[36] 尤炜.洞见:透视当前教育问题 [M].北京:中国人民大学出版社,2008:244.

[37] 邱兴隆. 比较刑法 [M]. 上海：中国检察出版社，2004：307.

[38] 耶林. 为权利而斗争 [M]. 郑永流，译. 北京：中国法制出版社，2004.

[39] 顾培东. 社会冲突与诉讼机制 [M]. 北京：法律出版社，2004：12.

[40] 陈光中，江伟. 诉讼法论丛 [M]. 北京：法律出版社，1998：293－298.

[41] 徐静村. 纠纷解决与法 [EB/OL]. (2004－12－09) [2007－03－05]. http：//www. xingbian. cn/template/article. jsp？ID＝4129&CID＝166829717.

[42] 赖波. 48 大学生因作弊被勒令退学 [N]. 华西都市报，2005－10－19.

[43] 党玉红，胡亚琴. "非典"时期勤工俭学被开除，一大学生状告学校 [EB/OL]. (2004－03－19) [2007－03－06]. http：//news. sina. com. cn/s/2004－03－19.

[44] 陆妍思. 恋爱隐私权 VS 大学校规 [EB/OL]. (2002－11－22) [2007－03－02]. http：//news. sina. com. cn/s/2002－11－22/0951815114. html.

[45] 侯毅君. 女大学生怀孕被开除续：学生状告母校索赔百万 [EB/OL]. (2003－01－10) [2007－03－02]. http：//sina. com. cn.

[46] 左益，张北坪. 同居怀孕大学生被开除事件的调查 [N]. 中国教育报，2002－12－01 (1).

[47] 郭少峰. 北京教委撤销中央民族大学开除作弊生决定 [EB/OL]. (2006－09－11) [2007－03－07]. http：//edu. people. com. cn/GB/4799651. html.

[48] 朱洲，韩雅舟. 作弊被开除，5 学生状告沈师 [EB/OL]. (2007－02－08) [2007－03－16]. http：//www. ln. xinhuanet. com/xwzx/2007－02/08/content_9259971. htm.

[49] 张学勇，雷远东. 大学生教室拥吻被开除续：法院裁定暂停执行退学 [N]. 华西都市报，2004－10－21 (5).

[50] 杨连成. 学校有了申诉制度，怎样行使才得当 [N]. 光明日报，2006－03－30 (5).

[51] 龚莲，田青瑶. 上海大学生不服学校处分可向教委申诉 [N]. 东方早报，2005－10－14.

[52] 蒋波. 一人留校察看，三人仍开除学籍 [N]. 生活日报，2006－11－16 (3).

[53] 福建农林大学校长办公室. 校第一例学生申诉案复查结束 [EB/OL]. (2007－03－05) [2007－03－12]. http：//www. fjau. edu. cn/news/news_show. php.

[54] 吴殿朝，崔英楠，王子幕. 国外高等教育法制 [M]. 北京：中国人民公安大学出版社，2005：207.

[55] 黄海霞. 大学生考试作弊被勒令退学，状告北京市教委败诉 [EB/OL]. (2005－07－14) [2007－03－15]. http：//health. beelink. com. cn/20050714/1885715. shtml.

[56] 谢绮珊. 北京教委撤销北外开除女博士决定 [N]. 广州日报, 2006 - 06 - 30 (5).

[57] 尹力, 黄传慧, 段于民. 高校学生申诉制度存在的问题与解决对策 [J]. 高教探索, 2006 (3): 40 - 44.

[58] 王丽丽, 赵国勤. 专家质疑高校勒令退学做法违反《行政处罚法》[N]. 检察日报, 2006 - 01 - 09 (4).

[59] 罗峰, 蔡坟君. 江西高校开学前改校规 [EB/OL]. (2005 - 09 - 02) [2007 - 03 - 13]. http://www.jxcn.cn/525/2005 - 9 - 2/30039/76861.html.

[60] 刘薇. 中央民大开除 11 名作弊学生, 教委公开说不 [EB/OL]. (2006 - 11 - 16) [2007 - 03 - 02]. http://tw.0437.gov.cn/edu/Print.Asp? ID = 1320.

[61] 辛梓. 申诉之路 [EB/OL]. (2004 - 04 - 19) [2007 - 03 - 05]. http://idm.cctv.com/news/socioty/20050419/100006.shtml.

[62] 罗峰. 申诉之路 [EB/OL]. [2009 - 01 - 03]. http://classroom.dufe.edu.cn/jp/081/kcms - 2.htm.

[63] 殷啸虎, 吴亮. "高校处分权" 及其法律监督——对大学生怀孕被退学案的个案研究 [EB/OL]. (2006 - 05 - 18) [2007 - 03 - 02]. http://www.modernlaw.cn/1/1/05 - 18/2308.html.

[64] 劳凯生. 中国教育法制评论: 第 4 辑 [M]. 北京: 教育科学出版社, 2006: 286.

[65] 杨解君. 《行政复议法》的立法缺陷分析 [J]. 法学, 2000 (2): 85.

[66] 朱芒, 邹荣, 王春明. 《行政复议法》的若干问题 [J]. 法学, 2000 (2): 87.

[67] 湛中东. 高等教育与行政诉讼 [M]. 北京: 北京大学出版社, 2003: 283.

[68] 李俊峰. 甄胜诉三峡大学撤销勒令退学处分案 [EB/OL]. (2005 - 03 - 07) [2007 - 03 - 15]. http://www.ycty.chinacourt.ong/public/detasl.php? id = 1273.

[69] 曾献文. 谁来监管高校的处分权 [N]. 检察日报, 2003 - 03 - 03.

[70] 应松年, 王成栋. 行政法与行政诉讼法案例教程 [M]. 北京: 中国法制出版社, 2003: 85.

[71] 袁兆春. 高等教育法学 [M]. 济南: 山东人民出版社, 2004: 270.

[72] 温辉. 受教育权可诉性研究 [J]. 行政法学研究, 2000 (3): 52 - 59.

[73] 胡肖华, 徐靖. 高校校规的违宪审查问题 [EB/OL]. (2006 - 12 - 27) [2007 - 03 - 15]. http://blog.sina.com.cn/slblog_498bba5f010006pk.html.

[74] 赵仁明. 人民法院对周某某诉我校不授予学士学位行政争议案作出行政判决 [EB/OL]. (2005 - 03 - 09) [2007 - 03 - 15]. http://www.zdxb.zju.edu.cn/article/show_article_one.php? article_id = 3305.

[75] 郁震，邵雅菁．高等学校学生工作法律适用性问题研究［EB/OL］．（2005－02－02）［2007－03－03］．http：//www.h-edu.com/html/20050202172050.htm.

[76] 沈岿．公立高等学校如何走出法治真空——学校与学生的关系维度［EB/OL］．（2006－02－27）［2007－03－05］．http：//xinwang.fyfz.cn/art/128149.htm.

[77] 汪亚芳．论学校管教权［M］//劳凯声．中国教育法制评论：第1辑．北京：教育科学出版社，2002：139.

[78] 李晓兵．热点教育纠纷案例评析之学生篇［M］．北京：中国法制出版社，2007：50－60.

[79] 华声报讯．长沙男女学生同宿案续：7办案法官严重枉法被查处［EB/OL］．（2001－03－07）［2007－03－01］．http：//news.sina.com.cn/s/201663.html.

[80] 应松年．国家赔偿法研究［M］．北京：法律出版社，1995：22.

[81] 朱孟强，文辅相，黎宇宁．高校与大学生法律关系研究综述［J］．清华大学教育研究，2002（6）：60.

[82] 褚宏启．论学校在行政法律关系中的地位［J］．教育理论与实践，2000（3）：29－32.

[83] 杨昌宇，许军．特别权力关系之于我国高等学校与学生法律关系［J］．黑龙江干部管理学院学报，2002（1）：37－40.

[84] 于亨利．高校学生管理中的法律关系探析［J］．西安电子科技大学学报，2001（4）：71－73.

[85] 刘洪涛．公立高校与学生之间的法律关系［EB/OL］．（2004－11－04）［2007－02－05］．http：//www.law-lib.com/lw/lw_view.asp? no=4052.

[86] 梁京华，赵平．浅议学校与学生的法律关系［J］．中国高教研究，2001（9）：64.

[87] 石磊．对大学生与学校之间法律关系的思考［J］．山东省青年管理干部学院学报，2003（11）：49.

[88] 苏万寿．学校对学生教育实施处分的性质与法律救济［J］．华北水利水电学院学报，1999（3）：39－41.

[89] 蒋少荣．略论我国学校的法律地位［J］．教育理论与实践，1999（8）：21.

[90] 马怀德．公务法人问题研究［J］．中国法学，2000（4）：40－47.

[91] 罗豪才．行政法论丛：第6卷［M］．北京：法律出版社，2003：134.

[92] 杨临宏．特别权力关系理论研究［J］．法学论坛，2001（4）：63.

[93] 曾惠燕．高校学生的权利与义务［M］．北京：中国社会科学出版社，2006：36.

[94] 王光忠，程涛．论公共权力的历史变迁［J］．求实，2001（11）：80－81.

[95] 秦惠民. 走入教育法制的深处——论教育权的演变 [M]. 北京：中国公安大学出版社，1998.

[96] 温辉. 受教育权入宪研究 [M]. 北京：北京大学出版社，2003：37.

[97] 劳凯声. 变革社会中的教育权与受教育权 [M]. 北京：教育科学出版社，2003.

[98] 尹力. 试述父母教育权的内容——从比较教育法制史的视角 [J]. 比较教育研究，2001（11）：11－16.

[99] 霍国富，刘海军，余少君. 农业银行机构业务实务 [M]. 长沙：湖南科学技术出版社，2005：77.

[100] 于安. 也说高校学生是否有权状告学校 [N]. 法制日报，2004－02－09（5）.

[101] 胡建淼. 其他行政处罚若干问题研究 [J]. 法学研究，2005（1）：70－81.

[102] 全国人大常委会法制工作委员会国家法行政法室. 《中华人民共和国行政处罚法》讲话 [M]. 北京：法律出版社，1996：28－29.

[103] 马焕灵，李春玲. 权利解读：走入大学生纪律处分纠纷的司法困惑深处 [J]. 江西教育科研，2007（1）：47－50.

[104] 王海明. 新伦理学 [M]. 北京：商务印书馆，2001.

[105] 巴甫洛夫. 条件反射演讲集：动物高级神经活动（行为）的二十五年客观研究 [M]. 中国科学院心理研究室，译. 北京：人民卫生出版社，1972：224.

[106] 马斯洛. 动机与人格 [M]. 许金声，程朝翔，译. 北京：华夏出版社，1987：53.

[107] 约翰·斯图尔特·密尔. 论自由 [M]. 许宝骙，译. 北京：商务印书馆，1982：75－76.

[108] 夏勇. 人权概念的起源：权利的历史哲学 [M]. 北京：中国政法大学出版社，1996：224－245.

[109] 黄向阳. 德育原理 [M]. 上海：华东师范大学出版社，2000：150.

[110] 刘德林. 教育惩罚的本质与运用 [J]. 中小学管理，2004（4）：28－32.

[111] 涂尔干. 道德教育 [M]. 陈光金，等，译. 上海：上海人民出版社，2006：119.

[112] 来维龙. 基于学生改过迁善内在动机的教育惩罚研究 [D]. 济南：山东师范大学，2006.

[113] 解志勇. 论行政诉讼审查标准 [M]. 北京：北京公安大学出版社，2004：213－214.

[114] 陈新民. 德国公法学基础理论 [M]. 济南：山东人民出版社，2001.

[115] 彭云业，张德新. 论比例原则在我国行政法中的适用 [J]. 山西大学学报，2002（3）：98－101.

[116] 范剑虹．欧盟与德国的比例原则 [J]．浙江大学学报，2000（5）：98－103．

[117] 高景芳，谷进军，李超．行政法之比例原则初论 [J]．河北科技大学学报，2003（2）：25－26．

[118] 城仲模．行政法之一般法律原则 [M]．台北：三民书局，1999：150．

[119] 周叶中．宪法至上：中国法治之路的灵魂 [J]．法学评论，1995（6）：1－12．

[120] 李龙．良法论 [M]．武汉：武汉大学出版社，2001．

[121] 程昭伦．高等学校与学生之间的法律关系研究 [D]．武汉：武汉大学：2005：45．

[122] 曾波，胡新范．权力不自由 [M]．北京：中国社会出版社，2005：140．

[123] 李伯超，胡肖华．潇湘宪政论丛：第二卷 [M]．湘潭：湘潭大学出版社，2007．

[124] 夏雪芬，刘稳丰．论法定原则在高校处分违纪学生的适用 [J]．吉林省行政学院学报，2004（2）：87－88．

[125] 王名扬．美国行政法 [M]．北京：中国法制出版社，1998．

[126] 伯纳德·施瓦茨．行政法 [M]．徐炳，译．北京：群众出版社，1986：218．

[127] 侯书栋，吴克禄．高校学生管理中的正当程序 [J]．高等教育研究，2004（5）：93－94．

[128] 刘苹．正当程序在美国 [J]．人大复印报刊资料（法学），1999（4）：7－8．

[129] 劳凯生．中国教育法制评论：第3辑 [M]．北京：教育科学出版社，2004：273．

[130] 龚向和．受教育权论 [M]．北京：中国人民公安大学出版社，2004：20．

[131] 赵敏．罪犯受教育权的价值解读 [J]．辽宁警专学报，2005（5）：75－78．

[132] 范履冰，阮李全．论学生申诉权 [J]．高等教育研究，2006（4）：75－78．

[133] 洛克．政府论（下）[M]．叶启芳，瞿菊农，译．北京：商务印书馆，1985：6．

[134] 马克思，恩格斯．马克思恩格斯选集：第3卷 [M]．北京：人民出版社，1972：140．

[135] 张树义．冲突与选择：行政诉讼理论与实践 [M]．北京：时事出版社，1992：16．

[136] 季卫东．法律程序的意义 [EB/OL]．（2006－03－05）[2007－03－11]．http：//www.lnfw.net/xfrq/Article_Print.asp? ArticleID=370．

[137] 罗庆德．从现代法治理念探讨学生申诉制度与办法——以师范校院为例 [D]．台湾：国立台湾师范大学，1993：87．

[138] 金劲彪．高校学生申诉处理委员会的主要特点及运行原则 [J]．中国成人教育，2006（4）：39－40．

[139] 贺日开. 高校学生申诉处理委员会的合理定性与制度重构 [J]. 法学, 2006 (9): 39-46.

[140] 代小琳. 维护学生利益, 北大清华设专门机构处理学生申诉 [EB/OL]. (2006-03-05) [2006-09-08]. http: //news. ewe. com. cn/show_news. php? blockid = 76articleid = 12604.

[141] 上海师范大学. 上海师范大学学生申诉处理委员会名单 [EB/OL]. (2006-03-10) [2006-09-21]. http: //www. shtu. edu. cn.

[142] 王亚芳, 苏林琴. 中国教育学会教育政策与法律研究专业委员会第二届年会综述 [EB/OL]. (2001-12-22) [2007-03-14]. http: //www. naea. edu. cn.

[143] 王敬波. 我国高校规章制定权的法律规制 [EB/OL]. (2006-11-24) [2007-03-15]. http: //law. china. cn/thesis/txt/2006-11/24/content_242437. htm.

[144] 李江涛. 中央民大不执行北京市教委决定, 坚持开除作弊生 [EB/OL]. (2006-11-17) [2007-03-16]. http: //www. univs. cn/newweb/news/education/2006-11-17/699741. html.

[145] 薛刚凌. 行政诉权研究 [M]. 北京: 华文出版社, 1999: 144.

[146] 姜明安. 行政法与行政诉讼法 [M]. 北京: 北京大学出版社, 1999: 141-148.

[147] 劳凯声. 中国教育法制评论: 第1辑 [M]. 北京: 教育科学出版社, 2002: 45.

[148] 林悠. 论我国公立高等学校的行政诉讼被告资格 [D]. 合肥: 安徽大学, 2004.

[149] 湛中乐. 高等教育与行政诉讼 [M]. 北京: 北京大学出版社, 2003.

[150] 布鲁贝克. 高等教育哲学 [M]. 王承绪, 等, 译. 杭州: 浙江教育出版社, 1987: 42.

[151] 黄德宽. 对大学自律与他律的思考 [N]. 学习时报, 2006-08-07 (8).

[152] 王平. 民事合同与行政合同的比较 [N]. 武汉大学学报: 人文社会科学版, 2000 (3): 356-360.

[153] 史亚洲. 论我国公立高校与学生的法律关系 [N]. 西安航空技术高等专科学校学报, 2005, 11 (6): 54-56.

[154] 李金祥. 行政合同与民事合同之比较及思考 [EB/OL]. (2003-09-06) [2007-03-16]. http: //www. law-lib. com/lw/lw_view. asp? no = 2019.

[155] 何兵. 现代社会的纠纷解决 [M]. 北京: 法律出版社, 2003.

[156] 渠敬东. 缺席与断裂——有关失范的社会学研究 [M]. 上海: 上海人民出版社, 1998: 17-18.

[157] 顾培东. 社会冲突与诉讼机制 [M]. 成都: 四川人民出版社, 1991: 2-7.

后　记

　　本书是我对博士生活的一个交代。她就像自己的孩子一样，让我付出了太多的心血。但是自己的劳动是微不足道的，三年的博士生活让我对这个世界和这个世界的人们充满了无限感激之情，我爱这个世界！

　　《圣经》上有一段话："爱是恒久忍耐，又有恩慈；爱是不嫉妒、不自夸、不张狂，不做害羞的事，不求自己的益处，不轻易发怒，不计算人的恶，不喜欢不义，只喜欢真理；凡事包容，凡事相信，凡事盼望，凡事忍耐。"博士生活和博士论文的写作，让我深刻地体会到了这段话的意蕴，因为在这个过程中，我接受了太多的爱。怀着一颗感恩的心，我必须把我的感激之情表达出来。

　　本书从开题、构思、写作到交稿，得到了恩师吴志宏教授的悉心指导。吴老师治学严谨，对弟子要求严格有加。个人水平所限，得到了比师弟、师妹更多的批评和指导，我也曾经为被批评而懊丧过，但是我的妻子张姝娜博士曾经对我说："你以后出息了，回想起吴老师对你的严厉批评，一定会更感激他的。"诚哉斯言！

　　在学期间，我聆听了陈玉琨教授的"当代教育评价研究"课程。陈老师思维缜密，学识丰富，见解独到，他的课对我思维方式的完善意义深远，这是我终生受益的。陈老师曾祝福博士生们享受博士论文

后记

写作的快感，我体会到了，不过陈老师只是跟我们说了一半，另一半是痛苦，正所谓"痛，并快乐着"，原来如此！此间，我还聆听了陈永明教授的"教育行政学"课程，陈老师见多识广，特别是他对中国传统文化的见解，对我从民族性格的角度考察纪律处分纠纷问题是大有助益的。在博士论文开题的时候，我曾经得到范国睿教授的指导，范老师风度翩翩，学识渊博，讲解生动深刻，给我留下了深刻的印象。真诚地感谢三位老师！

在学期间，我与同学李军、李春玲、王俭、李敏、祝新宇、杨琼、张娜、朱浩、刘宏波、王伟等相处和谐，团结有加，彼此间结下了终生难忘的友谊。"独学而无友，孤陋而寡闻"，从他们那里，我得到更多的灵感和启发，也正是从他们那里，我得到了太多的帮助。华东师范大学公共管理学院的朱琪老师和王健辅导员，事无巨细，不厌其烦，均予通知，实在是工作细致。天公恩眷，有缘识得李克建博士、张斌博士、李冲锋博士和郑流爱博士。此辈人等才气过人，间有冲锋博士忙中偷闲，为我作传记一篇，此中谢意无以言表。我爱他们！

本书的写作得到了沈阳师范大学教育科学学院院长周润智教授的指教，得到了我的同事郝淑华老师的热情帮助。郝老师是兼职律师，她提供的材料对本书的写作意义重大。同时，本书还得到了华东师大张文国老师、辽宁隆丰律师事务所王乃龙律师、沈阳法意衡平律师事务所段春毅律师的指点和帮助。我的同事张艳帮我做了细致的数据统计工作，我的硕士导师教育法学专家张维平教授一直关注我的博士论文写作。我感激他们！

师弟孙锦明、吴景松和赵银生为本书做了细致的文字修改工作，我的朋友孙福广、孟艳丽、吴东升、张镱、李欣、刘洋、姚萍、刘宏伟、夏爱华在英文材料的处理方面给了我太多的帮助。沈阳师范大学的赵为处长、沈阳音乐学院的严万山老师、沈阳美术学院的张海涛先生，沈阳理工大学的张丹老师、沈阳航空学院的金凤女士、沈阳建筑大学的黄喜来老师、辽宁大学的王志老师为我的调研提供了便利条件。如果没有他们的帮助，我的论文是很难成稿的。我谢谢他们！

教育科学出版社的庄严老师和杨晓琳老师以及拙著的责任编辑杨巍和

刘灿老师，先后为本书的编辑和出版付出了辛勤的劳动。他们的敬业精神和严谨作风，常令我感怀，在此谨表谢忱。

在三年的求学历程和本书的写作当中，我的妻子张姝娜默默地承担了更多的家务。她今年也要博士毕业了，我很感激她，也很高兴能够与她比翼齐飞。我的儿子马吉海是我前进的动力，也是令我想起来就要流泪的宝贝，因为在他咿呀学语的时候，我们狠心地把他托付于他人照料，我们欠他实在是太多了！

马焕灵

2010 年 4 月 30 日

后 记

责任编辑　刘　灿　杨　巍
版式设计　孙欢欢
责任校对　曲凤玲
责任印制　曲凤玲

图书在版编目（CIP）数据

高校学生纪律处分纠纷及其处理／马焕灵著．—北
京：教育科学出版社，2011.3
　（教育博士文库）
　ISBN 978 - 7 - 5041 - 5608 - 2

　　Ⅰ.①高 …　　Ⅱ.①马…　　Ⅲ.①高等学校 - 学生 - 纪律
- 处罚 - 中国　　Ⅳ.①G647.36

中国版本图书馆 CIP 数据核字（2011）第 003215 号

出版发行	**教育科学出版社**			
社　　址	北京·朝阳区安慧北里安园甲 9 号	市场部电话	010 - 64989009	
邮　　编	100101	编辑部电话	010 - 64981265	
传　　真	010 - 64891796	网　　址	http://www.esph.com.cn	
经　　销	各地新华书店			
制　　作	国民灰色图文中心			
印　　刷	保定市中画美凯印刷有限公司	版　　次	2011 年 3 月第 1 版	
开　　本	169 毫米×239 毫米　16 开	印　　次	2011 年 3 月第 1 次印刷	
印　　张	15	印　　数	1—3 000 册	
字　　数	224 千	定　　价	30.00 元	

如有印装质量问题，请到所购图书销售部门联系调换。